天野郁夫

国立大学・法人化の行方

自立と格差のはざまで

東信堂

まえがき

大学はいま世界的に、何世紀に一度という激変期を迎えている。その急激な変化の現実を追っているとわが国の大学も例外ではなく、国立大学の法人化もまたそうした世界史的な変化がもたらした、避けがたい選択であったことがみえてくる。

国立大学だけでなくわが国の大学全体にとって、第二次大戦後の新制大学制度の発足に準ずる大改革であったその法人化から、早くも四年が過ぎようとしている。法人化によって国立大学の何がどのように変わったのか、国立大学はどのような新しい課題に直面しているのか。国立大学はどこへ行こうとしているのか。それらはわが国の高等教育システム全体に、ひいては日本という国家の将来に、どのような関わりを持っているのか。本書は、ようやくその一端がみえ始めた法人化の衝撃を、可能な限り実態に即して捉え明らかにすることを目的に編んだものである。それは法人化を切り口とする国立大学論であると同時に、わが国の高等教育システム論でもある。

簡単に、本書の構成と概要を紹介しておこう。

全体は序章・終章と、本体部分である五つの章からなっている。このうち序章と終章は、文体からわかるように、講演記録をもとにしたものであり、本書の導入と総括にあたる。国立大学の法人化にシステム問題と組織問題があるとすれば、主としてシステム問題を扱った部分といってもよい。

序章　国立大学論――格差構造と法人化

イントロダクションにあたる序章は格差と法人化の問題を軸に、これまでの歴史的な経緯を踏まえた、システムとしての国立大学論である。わが国の高等教育システムのなかで、国立大学は全体としてエリート・セクター的な位置を占め、「親方日の丸・護送船団方式」という言葉で特徴づけられる、国家の手厚い「庇護と統制」のもとに置かれてきた。しかし、その国立セクターの内部は、明治以来の歴史に強く規定された多様な機能と形態の大学から構成されており、格差として意識されたその大学間の差異をどう正当化するのかが、これまで隠された、しかし最重要の政策課題とされてきた。

その政策の流れは「種別化」から「多様化」、さらには「個性化」へと跡づけることができるが、そうした動きと深く関わって推進された法人化は、格差問題を打開するものではなく新しい、いっそう困難な局面を付加する役割を果たしている。法人化による「市場と競争」原理の導入を契機に、エリート・セクターとして研究機能が重視される国立大学の間に研究機能の強弱、ひいては研究費に代表される外部資金の獲得能力の差異が、これまで以上に可視化され、顕在化し始めたからである。「個性化」という名の機能・役割の分化、実質的な格差のいっそうの拡大を、どこまで許容し、どう正当化するのか。法人化は、国立大学の一部をエリート・セクターから排除する役割を果たすのか。高等教育システム全体のなかでの国立大学セクターのあらたな位置づけと、格差対応のための新しい国立大学政策との必要性が、この序章から引き出される課題である。

第1章　法人化への道

序章の後にくる、本書のいわば「本論」の部分を構成する五つの章のうち、第1章から第4章までの各章は国立大学の組織問題を扱った部分であり、法人化の前史から始まって、法人化二年後の現状まで、国立大学にとって法人化が何であり、どのような変革をもたらし、課題を投げかけているかを、時の経過を追ってあとづけるものになっている。

第1章で扱うのは、法人化の実現に至る歴史的な経緯である。法人化と財政問題との不可分の関係が、ここでの分析から明らかにされる。法人化の必要性の認識は、明治二〇年代、帝国大学の財政的な自立、ひいては政治からの自由、つまり自治の問題との関連で生まれた。しかし、帝国大学をはじめとする官立大学が、部分的ではあるが自治を含む特権的な地位を保証され、財政的に手厚い庇護を受けるなかで、法人化の問題は忘れられたたまま、敗戦を迎える。戦後の新制大学制度のもとで、一挙に数の増えた国立大学も、法人化には一貫して否定的であった。国家財政の疲弊から厳しい財政状況が続くなか、新憲法により自治と学問の自由を保障され国立大学にとって、財政的な自立や自律を求める法人化は、保障された自治と自由をむしろ制約し、奪うものとみなされたからである。その後、一九七〇年代に入るころから、国立大学の革新といっそうの発展を理由に、法人化の必要性が文部省を中心に主張されるようになる。しかしこれも、国立大学側の強い反発を招き、具体化するには至らなかった。

設置形態の見直しを求める声が国立大学関係者の間に生まれるのは、一九九〇年代、自然科学系を中心とした研究大学間の国際競争の激化が、強い危機感を生むようになってからである。文部省という行政機関の一部として、その「庇護と統制」のもとに安住していたのでは、研究を中心とした国際的な大学間競争に勝ち抜くどころか、生き残ることもできない。教育研究の活性化、学問水準の向上のためには、大学の管理運営面での自由の拡大が、つまり国立大学の法人化が必要だとする認識が高まり始めたのである。拡大が求められる自由のなかには、資金の獲得や活用面でのそれも含まれていた。しかし法人化は、こうした国立大学側の内発的な危機感が法人化の構想として成熟するのを待たず、国家による行財政改革の一環として、大学側の意向と関わりなく強行されることになった。すなわち文部科学省からの国立大学の切り離し、法人化は、財政面での自立化、具体的には投入される公的資金の削減と一体の形で推進されることになったのである。組織としての国立大学に対する法人化の衝撃の強度と深度の大きさは、こうした歴史的な経緯を踏まえて理解される必要がある。

第2章　法人化前夜

長い歴史的な経緯とは対照的な短い準備期間を経て、二〇〇四年に実施された法人化が、国立大学という組織体にもたらした衝撃を、一連の調査結果をもとに実態に即して明らかにしようという試みが、第2〜4章の三つの章である。資料として用いるのは、国立大学財務・経営センターによる共同研究の成果である。

第2章は、法人化の直前に、国立大学の学長・事務局長を対象に実施したアンケート調査の結果に基づいている。法人化がもたらした衝撃の大きさを捉えるには、それ以前の国立大学の組織運営の現実を知っておく必要がある。そのねらいから二〇〇三年度末に実施した調査だが、結果を読むと、法人化以前にすでに国立大学と文部科学省の関係、国立大学の組織運営の実態が、法人化を先取りする形で変わり始めており、その意味でも法人化が避けがたい選択になろうとしていたことがわかる。とはいえ、戦後だけでも六〇年近くにわたって教授会自治を基盤に、ボトムアップ型の管理運営を続けてきた国立大学にとって、「外圧」のもとに「強行」される法人化が、新制国立大学の発足時と並ぶ大改革であったことに変わりはない。学長たちのそれに対する不安と期待のない混ざった反応をみることができる。

第3章　法人化一年後の現実

教員による自治を認められた、「知の共同体」としての大学という組織体の運営は、いわば「慣行の束」のうえに成り立っている。国立大学の場合にも、法規や学内規則の類を読むだけでは、その実態を把握することは難しい。あらかじめ回答の選択肢を用意した、アンケート形式の調査の場合にも、その難しさは同じである。ましてや法人化という設置形態の変更と、それに伴う一連の制度改革は、国立大学の「知の共同体」から「知の経営体」への、一大転換を求めるものであった。それがどのような衝撃を組織体に与え、「慣行」を揺さぶり、「運営」から「経営」への移行を推進しつつあるのかを知るには、アンケート調査だけでは不十分であり、直接大学を訪問して当事者にヒアリングを行い、内部資料を集める必要がある。第3章は、法人化から一年余の間に訪問した一〇数校の国立大学での、そうした聞き取りと資料調査の結果をもとにした現状報告である。ヒアリングの対象にしたのは、主として総務・財務等の担当役員と管理職員、それに理系・文系双方の部局長である。

第4章　法人化の進展と課題

この章では、法人化が二年目の終わりを迎えた時点で行った、学長および理事を対象とする意見調査の結果に基づいて、法人化後の大学経営の実態と、そこからみえてきたさまざまな課題が明らかにされる。基本的にアンケート形式をとるが、随所に自由解答欄を設け、学長や役員の生の声を捉えるよう配慮したこの調査は、組織運営・財務・

人材・施設と、経営の全般にわたる包括的なものである。自由回答の結果を中心とした現状分析からは、国立大学法人が直面している厳しい現実と課題を、ヴィヴィッドに知ることができる。

法人化とともに、これまで教授会・部局自治を前提に、意思決定機関である評議会の議長として、同輩集団から大学運営を委託されてきたにすぎない学長は、組織の最高責任者、経営者として、理事・役員、さらには新設の経営協議会の外部委員の任命権を含む、強力な権限を認められることになった。教職員は国家公務員の身分を失って大学の直接の被雇用者となり、また特別会計制度の廃止により、大学は自己収入と運営費交付金をもとに人件費を含む経費をまかなわねばならない。ヒトとカネの配分の権限も学長と執行部の手に移ったことになる。法人化によって国立大学は、これまでのボトムアップ型からトップダウン型の組織へと大きく変わり始めたのである。こうした法人化がもたらした自立性・自律性の拡大に対する学長や役員の評価は、積極的で高い。しかしそれが一方では、ボトムアップ型の大学運営に慣れてきた教員層、他方では文部科学省の指示と規制のもとにルーティン化した業務を執行していればよかった職員層との間に、戸惑いや変化に対する意識・認識のズレを生んでいることも、調査の結果から読み取れる。さらにいえば、国立大学法人制度が本格的に動き始めるとともに、会計制度をはじめとして法人化の制度設計自体に内在的な問題や課題があることも、学長や役員たちの生の声のなかから、聞えてくる。

第5章　大学院の行方

専門職業教育を切り口に大学院、とくに修士課程大学院と専門職大学院の問題を論じた第5章は、これまでの諸章とはかなり異質の論文である。あえてそれを収録したのは、わが国の高等教育システムのなかのエリート・セクター的な部分として、これまで研究と専門職業人教育に特化した、いいかえれば大学院教育を重視する大学群として発展をとげてきた国立大学の将来に、専門職大学院の登場がもたらす大学院教育の構造的な変化が、強い衝撃力を持つと考えるからである。大学院教育における国立大学の私立大学に対する優位は、これまで、博士課程での研究者・大学教員養成もさることながら、理工系修士課程における高度専門職業人養成に果たしてきた役割の圧倒的な大きさによって、担保されてきた。これに対して法科系・ビジネス系など、社会系を中心とした専門職大学院制度の出現は、私立大学の高度専門職業人養成への参加を容易にするものであり、実際に専門職大学院の多数派はすでに私立大学、とりわけ大都市部所在のそれによって占められつつある。今後さらなる発展の予測される大学院レベルの社会系、さらには人文系の専門職業教育への要請に、どう対応していくのか。それは国立大学法人の行方にも深く関わる問題である。

終章　国立大学と国家戦略

全体の総括にあたる終章は、序章での問題提起と第1～5章での組織論的な分析を受ける形で、国立大学法人だけでなく、わが国の高等教育全体に関わる戦略的な政策構想の必要性を説くものである。

法人化は序章、それに第1章でもふれたように、国立大学にとって明治以来の課題であり、第二次大戦後の新しい大学制度のもとでも繰り返し議論されてきた。大学側の強い抵抗もあり、なかなか具体化するに至らなかったその長年の懸案が、新世紀を迎えて実現をみるに至ったのは、一九九〇年代の後半から本格化した行財政改革の矛先が、国家の「庇護と規制」のもとに置かれてきた国立大学に厳しく向けられるようになったことを直接の契機としている。しかしそれが同時に、世界的な変革の流れに根ざした国際的な大学間、とくに研究大学間の競争激化が、わが国の大学を否応なく巻き込み始めた結果でもあることを、見落としてはならない。先端科学技術競争の激化とともに、法人化は国立大学自身にとっても避けがたい選択になりつつあったのである。

「国家の須要」に応じる東京（帝国）大学が、わが国最初の大学として創設されて以来、国立大学群は国家戦略に沿って次々に増設され、公的な資金の投入を受け、国家の手厚い庇護のもとに運営されてきた。高等教育の「プライヴァタイゼーション」の一環ともされる法人化は、そうした国立大学の国家戦略上の重要性が失われたためではなく、むしろそれが高まった結果実現されたとみるべきだろう。ただ、在学者全体の四分の三近くを占めるまでに成長をとげ、巨大化した私立セクターを持つ高等教育システムのもとで、その戦略性はあくまでも私立セクターとの有機的な関連のなかで、再検討されなければならない。法人化は、そうした私立（それに公立）セクターを含むシステム全体を視野に入れた、新しい国家戦略の必要性を生み出したのである。

国立大学の内部組織を含む法人化の制度設計に見直しの必要はないのか、国家・文部科学省と国立大学との関係はこのままでよいのか、さらに根源的な問題として、いまなぜ国立大学が必要なのか、国立大学を含む大学の国家戦略を再構築する必要はないのか。それらが終章で取り上げる問題である。

二〇〇四年の春、それぞれに六年間の中期目標・計画を策定して、法人としての途を歩き始めた国立大学は、発足から五年目にあたる二〇〇八年、目標と計画の達成度を中心に、法人としての業務実績と大学としての教育研究活動の成果について、評価の目にさらされることになっている。

業務面での実績については、これまでも毎年度の報告書を提出し、文部科学省に置かれた国立大学法人評価委員会の評価を受けてきた。二〇〇八年度には、その四年間の実績を踏まえた「暫定評価」が予定されており、その一環として教育研究面の評価が、これから一年かけて大学評価・学位授与機構の手で実施され、評価結果は計画終了時の二〇〇九年に確定される。文部科学省の評価ののちには、総務省の政策評価・独立行政法人評価委員会の評価も待ちかまえている。そして評価の結果は、次の中期計画期間中の運営費交付金の算定に反映されることになっている。各国立大学法人が策定を求められる次期の中期目標・計画は、そうした評価の結果に大きく影響されることになるだろう。

法人化し、「知の経営体」化した国立大学は、ＰＤＣＡ（プラン・ドゥ・チェック・アクション）のサイクルのもとに運営される。その一環として、評価（Ｃ）は国立大学法人に欠かせぬ作業であることはいうまでもない。ただ、国立大学の場合、繰り返し指摘してきたように、法人化は行財政改革の一環として実施されたものであり、しかも法人間には経営上の資源の顕著な、構造化された格差が存在する。それは評価が、国立大学の現実を的確に認識し、その全体的な役割や、それぞれの大学の「個性」を十分に考慮に入れたものでなければならないことを示唆している。業務実績にせよ、教育研究の成果にせよ、アウトプットのみに着目した評価では、公平で形成的な視点が見失われる危険性が大きい。

本書の考察と分析、そこで明らかにされた諸課題が、おそらくは国立大学法人にとって最初の大きな試練となるだろう、その自己点検から始まる評価の過程と次期の目標・計画の策定に、役立てられることを願っている。

二〇〇八年初春

著　者

国立大学・法人化の行方――自立と格差のはざまで／目次

まえがき―――― i

序章　国立大学論――格差構造と法人化―――― 3

はじめに　3

1　国立大学政策の展開　8

2　種別化から個性化へ　20

3　法人化の問題　23

4　法人化と国立大学政策　31

第1章　法人化への道―――― 49

はじめに　49

1　帝国大学の発足と財政制度　50

2　「特別会計法」の成立　54

3　敗戦時までの特別会計制度　59

4　新制国立大学の財政問題　62

5 改善への要望 74
6 特別会計制度の発足へ 78
7 国立大学の設置形態と財政制度 82
8 国立大学の独立行政法人化——結びにかえて 86

第2章 法人化前夜—— 89

はじめに 89
1 概算要求の現実 92
2 外部資金の獲得 99
3 学内の予算配分 106
4 諸資源の活用 113
結び 119

第3章 法人化一年後の現実—— 123

はじめに 123
1 政策課題としての法人化 124
2 国立大学法人の発足 127
3 法人間の差異と格差——物的な資源 128

4 法人間の差異と格差――人的な資源 134
5 意思決定の構造変化 138
6 大学内部の資源配分 143
7 文部科学省との新しい関係 146
結び 152

第4章 法人化の進展と課題――153

はじめに 153
1 法人化の効果と評価 155
2 文部科学省と国立大学法人 160
3 組織運営の構造 167
4 事務部門と事務職員 179
5 財政と自己収入 186
6 民間資金の獲得 191
7 公的な外部資金 196
8 財務――人件費と施設整備費 203
結び 210

第5章　大学院の行方 213
はじめに 213
1 第二次大戦後の大学改革と専門職業教育 215
2 学部教育から大学院教育へ 226
3 大学審議会と大学院改革 236
4 専門職業教育の時代 245
5 専門大学院から専門職大学院へ 259
6 専門職大学院の現況と課題 275
結　び 290

終　章　国立大学と国家戦略 293
はじめに――国立大学は不要か 293
1 日本の国立大学セクター 297
2 国立大学の法人化 303
3 研究費と公的財政支出 308
4 国立大学法人の現実 313
5 戦略的な課題 328

参考文献　342
あとがき――347

国立大学・法人化の行方——自立と格差のはざまで

序章　国立大学論——格差構造と法人化

はじめに

(1)　問題としての格差

国立大学が法人化されて、早くも四年目になります。法人化が国立大学に何をもたらしたのかは、以下の各章にみていただくとして、全体のイントロダクションにあたるこの「序章」では、法人化の問題を国立大学間の格差構造と関連づけて、論じておきたいと思います。それは格差の問題が法人化の現状を把握し、課題を見出すうえで、最も重要な視点だと思われるからです。なぜ、それが重要な視点なのかは、追いおいわかっていただけると思います。

格差構造の問題について関心を持ち、論文（天野、一九六八）を書いたことがあります。大学紛争が始まった一九六〇年代の末ごろのことです。戦後二〇年たった国立大学はどのような状況に置かれているのか。一つの大学集団として捉えたときに、それはどのような構造を持ち機能を果たしているのかを問題として設定し、分析したものです。

当時、国立大学についてはいろいろな問題がありましたが、やはり格差の存在が最も重要な問題ではなかったかと思います。なぜ格差が問題かといえば、戦後の新制国立大学はご承知のように、戦前期の制度的に多様に分化した官立の高等教育機関を再編・統合して発足したものだからです。戦前期には、帝国大学・官立大学・高等学校・大学予科・専門学校・実業専門学校・高等師範学校・師範学校と、さまざまな高等教育機関があり、それぞれに異なる法規が定められ、明示はされていませんでしたが、設置基準もそれぞれに異なっていました。機能的にも完全に分かれていて、総合大学である帝国大学を除くと、すべて単科の高等教育機関、つまり単機能の高等教育機関であったのです。

それが第二次大戦後、再編・統合されて単一の四年制の大学になりました。単科の高等教育機関は、それぞれに新発足した大学の専門学部として引き継がれ、一九四九年に六九校の国立大学が一斉に発足します。当時は戦後の混乱期ですから新しい資源の投入は十分ではなかった、というより戦前期の前身校の資源あるいは遺産が、ほぼそのまま引き継がれただけといってよいと思います。物的な資源という点でいえば、建物やキャンパスはほとんどの大学が前身校のものをそのまま引き継いだわけですし、人的な資源、教員も前身校の教員をそのまま引き継ぐ。資格審査は当然ありましたが、基本的には継承の形になりました。それから知的な資源というか、図書館の蔵書数とか教育課程の主要部分、さらには高等教育機関としての研究の蓄積ですとか、知識創造や情報発信のノウハウなども、戦前期以来の大きな違いをはらんだまま発足をしたわけです。もうひとついえば、社会的資源といいますか、歴史的な伝統も社会的な評価、威信も違う。設置されている地域にも違いがある。そうした差異の継承と温存の結果として、大学間、学部間に強い不平等感があったことは明らかです。とくに大学間の格差感には大きなものがありました。

こうした戦前期から引き継いだ格差については、しかも、それを自覚させるといいますか、意識させるようなさまざまな装置が用意されていました。たとえば、「国立総合大学」は旧帝国大学系の大学だけに許された呼び方で、他の国立大学は「複合大学」と当時は呼ばれていました。旧制大学・新制大学という呼び方もありました。入学試験についても、一期校・二期校の制度があり、ご承知の方も多いと思いますが旧帝大系をはじめ旧制大学の大部分は一期校、それ以外の大学は二期校になっていました。また全国的な性格を持った大学、各地域ブロックの拠点的な大学と、各県一校のいわゆる地方国立大学という期待された役割上の区別もありました。

(2) 差異化の装置――講座制と学科目制

しかし、なんといっても最大の差異化の装置は、講座制と学科目制という教育・研究の基本的な組織の違いでした。これは大学の持つ教育と研究の機能に関わる大学内部の、とくに教員集団の組織原理ですが、その違いは単なる組織原理にとどまらない大きな役割を、大学の性格を規定するうえで果たしてきたのです。

もともと講座制というのは教育だけでなく研究の機能を持つ旧制の大学、それも帝国大学に固有の組織原理でした。それ以外の、研究機能を期待されない高等教育機関は、旧制の高等学校も専門学校もすべて学科目制であったわけです。戦後になって新しい大学制度を作ることになったとき、高等学校も専門学校、師範学校も、すべて新しい大学にいわば「昇格」し、教育と研究の二つの機能を期待されることになりましたから、この講座と学科目という組織原理の違いをどうするのかが、大学基準協会等で議論になりました。しかし結局、結論を出すに至らず今後の検討課題として、前身校の組織形態を残したまま新制大学が発足することになったのです。

その後、一九五四年、新制大学院が発足するのと時を同じくして、正式の組織としてどの大学に、といっても国立大学だけですが、講座を置くかを定めた省令が文部省から出されました。なぜそれが必要になったかといえば、新制度の大学院を開設するにあたって、文部省が大学院の設置を、戦前期にすでに大学院を置いていた旧制の大学・学部だけに限定的に認めることとし、その設置の組織的基礎を講座制に求めたからです。これは国立大学だけの話でしたが、その後一九五六年に文部省は「大学設置基準」を省令として定め、そこに教員組織の基本的な形態として講座制・学科目制の二つがあり、前者は教育と研究、後者は教育のための組織であるということをはっきりと書き込んだのです。

その講座と学科目ですが、講座というのはご承知のように、それぞれがある学問の専門領域を表しています。そこに、原則的には教授一、助教授一、それから助手が工学系だと二、臨床系では三、それ以外は一というように、教授・助教授・助手という三つの職階の教員がワンセットになって、一つの講座を構成する。これに対して学科目制は教育に必要とされる主要教科目に応じて、教科目ごとに一人の教授ないし助教授が配置をされるというものです。前者は「教育と研究」のための、後者は「教育」のための教員の組織原理であるという性格の違いが、はっきりと制度化されたのです。

こうした講座制と学科目制の違いは教員の配置だけでなく、各国立大学に文部省から配分される予算、とくに教員あたりの積算校費の配分単価の違いや、学生定員の違いとも切り離せない関係を持っていました。また大学院研究科（博士課程）の設置が、講座制をとる大学・学部だけに認められたことも、すでにふれた通りです。それは別の言い方をすれば研究機能、あるいは研究者養成機能が、講座制の大学だけに期待されていたことを意味しています。

具体的にいえば講座制は大学院、研究大学、旧制帝国大学を含む旧制大学・学部の基礎であり、学科目制の方は、学部、教育大学、新制大学・学部の基礎ということで、地方国立大学のほとんどが、学科目制をとる大学・学部になりました。文部省は戦前期から引き継いだすべての高等教育機関を、一斉に新しい四年制大学に再編し発足させましたが、実質的には戦前期以来の格差の構造を学科目制か講座制かという形で継承し、再生産することになったわけです。

こうした格差の構造は、隠蔽されていたとみるべきか潜在化していたとみるべきか、国立大学の関係者以外にはあまりはっきりみえませんでした。先ほどもふれたように、一期校と二期校の違いとか、大学院の有無とか、さまざまな形でその一端が表面化してはいましたが、格差の実質がどのように作られ拡大再生産されているのか、まではみえない。すべてが四年制大学として、同じ大学設置基準に準拠した制度上同一の大学であり、しかもすべての国立大学が国立学校特別会計という大きな袋のもとに、「親方日の丸」「護送船団方式」で維持・運営されることになっていました。さらにいえば、私立大学セクターが大きいために、国立大学セクターはいつでもそれとの対比で、ひと括りにして考えられる。急速にマス化が進んでいく高等教育システムのもとで、国立大学は全体としてつねに文部省の統制と庇護のもとに、「エリート・セクター」としての性格を保証されてきたといってよいでしょう。

実際には大学院、とくに博士課程の設置は、学科目制をとる新制大学・学部には認められない。積算校費をベースにした予算の配分額にも、講座制と学科目制では四倍近い格差がつけられているといったことは、文部省や国立大学関係者の間での問題であって外部の人たちにはほとんどみえないし、理解してもらえません。そうしたなかで、文部省は国立大学についてさまざまな政策的な選択や決定をし、格差構造を維持し、さらには修正する努力をしてきたのです。この格差構造に関わって文部省がどのような政策的な方向性を探り、政策的な選択をしてきたのか、それをこれから跡づけてみたいと思います。

1　国立大学政策の展開

(1)　戦前期の国立大学政策

国立大学の問題を考える視点は、いろいろありうると思います。一つはいうまでもなく、日本の高等教育システム全体のなかに国立大学をどう位置づけるのか、つねに巨大な私立大学セクターとの関係で問われなければならない、その問題があります。二つめは機能や規模、持っている資源に著しい違いのある国立大学を、一つの大学集団としてどのように扱うのかという問題です。単純化していえば、文部省が長い間とろうとしてきたのは「種別化」路線です。長期にわたってこの路線がとられてきましたが、ある時期からそれが「多様化」路線に転換されます。現在は「個性化」という言い方がされていますが、これが高等教育全体についても、国立セクターについてもとられてきた政策の基本的な流れといってよいでしょう。そこで順次、年譜的に政策の流れを追っていきたいと思います。

まず戦前期の国立大学政策というか、官立高等教育機関に対する政策について簡単にふれておきます。それは先ほどものべたように多様なタイプの、機能的に分化した高等教育機関を用意するというものでした。大学予科として高等学校を置く。専門学校を専門学校と実業専門学校に分ける。実業専門学校をさらに農・工・商などに分ける。師範学校は一九四三年に高等教育機関になりますが、高等師範を設ける。大学は総合大学としての帝国大学のほかに、医・工・商、それに文理の単科大学を設置するというように、多様な学校種の別を設けて、個別に機能的な対応をしていくというものでした。格差は本来平等であるはずのものの間に発生するものだとすれば、そこでは格差の問題は基本的に存在しなかったといってよいでしょう。

総合大学としての帝国大学について付け加えておけば、戦前期に文学部をきちんと持っていたのは、東大と京都の二校だけ。法文学部を置いたのが東北と九州。あとは、文系の学部を持たない、医・理・工・農等の自然科学系の学部だけの、名ばかりの総合大学ですから、格差があったといえばいえるかもしれません。ただ、戦後の学制改革の過程で、旧帝国大学七校ともほぼ同じ学部構成を持つ、講座制大学院大学として発足するのですから、大学としての同格性を保証されていたとみるべきでしょう。

(2) 新制国立大学の発足（一九四九）——種別化構想の原型

いずれにせよ一九四九年に、こうした機能的に分化し、多元化した戦前期の官立高等教育システムをベースにして、新しい四年制の大学のみからなる単一の国立大学制度が発足します。発足に先立ち新しい国立大学についてさまざまな構想がありましたが、どの構想も新しい国立大学におよそ三つのタイプを想定していました。一つは「国立総合大学」です。これは全国の各ブロックの文教の中心になる大学ということで、想定されていたのは旧帝国大学です。それから「国立複合大学」と呼ぶタイプの大学を、各県に一校ずつ作っていく。これらの大学では教養教育を行い、教員養成の学部を必置し、さらに地域の産業構造に見合った農・工・経などの専門学部を置く。それから可能な限り医学部を置く、という構想になっていました。実質的には旧制高等学校、それから実業専門学校、師範学校、それに医科大学があるところでは医科大学がこれに加わって、一県一大学原則による、いわゆる地方国立大学が発足をすることになったのです。この二つのタイプのどちらにも入らない単科大学、たとえば東京でいえば東京外国語大学、あるいは愛知でいえば名古屋工業大学などは単科大学として残るという構想になっていました。タイプといいましたが、制度上はっきりそうした種別に分けるというのでなく、統合再編の基本原則をほぼそのようにするということで、たとえば東北大学のように旧帝国大学でありながら、県内の他の国立高等教育機関を師範学校まで含めて統合して発足した大学もあります。裏返せば四六都道府県のうち、都・道・府および愛知・福岡（それに特例としての奈良）を除いて、例外なく県内のすべての国立高等教育機関を統合して新大学を発足させることが、占領軍の強い圧力のもとに強行されたのです。

(3) 旧システムへの回帰——政令改正諮問委員会答申（一九五一）

こうして新制国立大学が一斉に発足したのが一九四九年。一九五一年には占領期が終わりますが、この年、政令改正諮問委員会という内閣直属の審議会から、占領が終わった後の日本の体制をどうするのかについて、教育改革の問題にもふれた答申が出されました。当時は「逆コース」などといわれましたが、占領下の改革に対する修正というか再改革の動きが始まったのです。

この答申は広く教育制度の再改革の問題を取り上げていますが、大学についてはそれを二つに種別化するという、重要な提案をしています。一つは普通大学で、四年制。それからもう一つは「専修大学」と呼ばれるもので、これは二年制ないし三年制にする。農・工・経、それから教員養成などの学部を持つ大学は専修大学にするというのです。

これは明らかに戦前期の大学と専門学校・師範学校という、高等教育の二層的なシステムに戻そうという構想です。専修大学として、学科目制中心のいわゆる地方国立大学が想定されていたことは、あらためていうまでもないでしょう。答申にはまた、これ以上国立大学の新増設は認めないとか、新制大学院の設置は旧制大学に限るということも書かれています。

(4) 隠された種別化――大学設置基準の制定（一九五六）

このように大学を二つに種別化するという構想が、この時はじめて出てきたのですが、戦前復帰的なその構想が実現されることはありませんでした。しかし先ほどふれたように一九五六年に大学設置基準が制定されると、そこで講座制と学科目制の違いという、隠された形での種別化が始まります。大学設置基準の規定をみますと、講座制は「教育研究」上必要な専攻分野を定めてその教育研究に必要な教員を置く、それから学科目制は「教育」上必要な学科目を定める云々、となっていました。

こうして講座制と学科目制の大学が、実質的に区別されることになります。講座制は大学院研究科の設置基礎とされましたから、講座制・大学院重視の研究大学が一つのカテゴリーになり、それ以外の大学は学科目制、学部中心の教育大学ということになります。こうした教員組織や機能の違いに応じて、積算校費と呼ばれる予算の単価も、教員の配置数等も違ってくる。なかでも重要な積算校費は教員あたりで講座制を一とすると、学科目制はほぼ〇・三から〇・四と定められて、額はともかく、この比率はほぼ固定的なものとして推移していきます。

こうした組織原理の違いのもとで、旧制帝国大学はすべて講座制の大学になりました。単独で大学に移行した一橋大学・東京工業大学のような、旧制の単科大学も同様です。ただし、ここでも教養教育・一般教育課程の部分は旧制高等学校を引き継いだ教育のみの組織ですから、その部分については学科目制の扱いになりました。これに対して、たとえば神戸大学とか広島大学、それに筑波大学の前身である東京教育大学といった旧制の官立単科大学に、それ以外の官立高等教育機関を統合して発足した複合大学では、旧制の単科大学を引き継いだ学部だけが講座制になり、それ以外の学部、つまり専門学校や師範学校、それに高等学校を引き継いだ部分は学科目制という扱いになりました。一つの大学のなかに講座制の学部と学科目制の学部が併存する形になったのです。

しかもその後長期にわたって、学科目制の大学・学部が講座制の大学・学部に組織変更される例はほとんどなく、その区分はきわめて固定的に扱われてきました。例外は医学部で、六年制の医学部だけは新旧を問わずどこの大学・学部でも、講座制をとることになっていましたが、他の大学・学部については学科目制から講座制への移行は起きませんでした。その後、各大学に一般教育課程の担当組織として教養部が設置されますが、これもすべて学科目制の扱いでしたから、同じ旧制帝国大学系の研究大学の内部でも教養部の地位が一段低く位置づけられ、やがて大きな問題になっていくわけです。こうして隠された制度的な格差を含んだ、国立大学システムが形成されていくことになります。

国立大学にとって重要な変化のひとつは、一九五七年ごろからの理工系の拡張政策との関係で起こりました。旧制大学系の理工系学部・大学院を拡充するだけでなく、理・工・農の学部を中心に学科目制の大学・学部の上にも、修士課程だけの大学院研究科を設置する動きが出てきたのです。修士課程だけといっても大学院研究科ですから、講座制をとらなければならない。そこで学科目制の学部にも大学院だけに限定的に、修士講座と呼ばれる組織が置かれるようになります。修士講座は学科目制よりも積算校費の単価が高いのですが、博士講座と比べればかなり低い。いずれにせよこれによって、理工系を中心に職業人養成を重視する修士課程の整備が進んでいきました。それだけでなく、地方国立大学については学部を新増設していく政策もとられましたから、従来の複合大学のなかに次第に、学部の編成からいえば総合大学といってよい大学群が形成され、地方国立大学の間でも分化が進行し始めたことを指摘しておく必要があるでしょう。

(5) 種別化構想の登場――「大学教育の改善について」答申（一九六三）

一九六三年になって中央教育審議会から、「大学教育の改善について」という、昭和三八（一九六三）年に出されたので「三八答申」とも呼ばれる答申が出されました。種別化構想がはじめてはっきりした形で出てくるのは、この答申のなかです。

ここでは、まず大学を二つのタイプに分ける。一つは「大学院大学」です。これは総合大学が原則で、高度の学術研究と専門職業教育を行う場所とされています。博士課程はこの大学院大学だけに置く。もう一つのタイプは「大学」で、主として専門職業教育の場であり、必要に応じて修士課程の大学院を置くとされています。この答申ではまた、ある意味で当然のことですが、付置研究所は「大学院大学」だけに置くということも明記されています。それから重要なのは、旧制高等学校を引き継いで地方国立大学に設置されている文理学部を再編する。また一般教育課程を自律的な組織にするため、教養部を設置する。それと同時に、これまで一般教育も担当するところから多くの地方国立大学で学芸学部と呼ばれていた教員養成学部を、「目的学部」化してすべて教育学部に名称変更することも盛り込まれました。文理学部・学芸学部・一般教育課程と、戦後、一県一大学原則に基づいて設置された新制・地方国立大学が発足以来抱えてきた組織編成上の問題の処理方針が、この時点で明確に打ち出されたわけです。ついでにいえば、国立学校特別会計制度もこの時に作られたものです。

この「大学教育の改善について」という答申には、「大学院大学」は総合大学を原則とするが、総合大学に近い構成を持ち一部学部のみ講座制をとる大学については、実態に即して適切な設置をとる。それから文理学部、学芸学部、教育学部の再編をする。地方国立大学は総合大学化をはかっていく。理工系の修士課程の大幅な増設をするといったことも、書き込まれています。要は、「大学院大学」と「大学」という二つのカテゴリーに国立大学を分け、それぞれに異なる方向で機能の分化・充実強化をはかっていこうというのが、この答申の基本的な考え方でした。

これははじめにふれたことですが、中央教育審議会の答申から大学審議会の答申、さらに現在の中教審大学分科会の答申まで、審議会答申の高等教育の部分で国立大学の問題だけを表立って取り上げたものは、ほとんどありません。国立大学だけに関する答申は中教審以降、存在していないのです。しかし、実際に答申を読んでみると、国立大学が隠された主役であることがわかる記述が、数多くあります。答申のほとんどは、国立大学の問題を想定ないし前提して行われているといっても言い過ぎではないという感じを受けるのですが、「三八答申」もその例外ではありません（国立大学政策の推移については、天野、二〇〇三、参照）。

(6) 種別化構想の発展——中教審の「四六答申」（一九七一）

次の重要な答申は、一九七一（昭和四六）年のいわゆる「四六答申」です。これは御承知の方も多いと思いますが、大学紛争の激しかった時期に審議が行われ、それがほぼ収束をみた七一年に答申が出されました。種別化構想はこの答申のなかに、さらに発展した形で登場してきます。高等教育機関として高等専門学校や短期大学のことも書かれていますが、それを除くと三つのタイプの大学レベルの高等教育機関を構想しています。一つは「研究院」と呼ばれるもので、高度の学術研究を行い博士学位を授与する機関です。次が「大学院」で、ここは特定専門分野の教育を行い社会人の再教育等も行う。それから三番目が「大学」で、これにはほぼ三つの類型が考えられるとしています。「総合領域型」、「専門体系型」、「目的専修型」の三タイプがそれです。

つまり、「三八答申」時の「大学院大学」をさらに二つに分け、研究機能をいっそう強調する形になっていることがわかります。別の見方をすれば「三八答申」のなかで「大学」について、必要に応じて修士課程を置くとしていた部分を、修士課程を拡充するにつれて専門職業人養成、つまり教育重視の修士課程「大学院」と、研究と研究者養成中心の博士課程「研究院」とに分けることにしたのだといえるかもしれません。さらにいえば、この答申では、教育と研究の分離が強くいわれていまして、それが「研究院」と「大学院」、「大学」の区分という形で表現されたとみることもできるでしょう。

この答申が、具体的に実現されたもののひとつが、新構想の筑波大学の設置です。筑波大学は唯一、新構想と呼ぶにふさわしい大学として設置されましたが、まさに「四六答申」のモデル的な大学として作られたのであって、そこでは研究者養成のための「研究院」と、専門職業人養成の「大学院」が完全に分離されています。つまり、この大学ではじめて二年制の修士課程だけの大学院研究科が、五年制の博士課程研究科と別に開設されることになったのです。筑波大学についてはその他にも、たとえば教育と研究の機能を分ける学群・学系制とか、管理運営機能の強化をはかる副学長制、さらには参与会など、さまざまな新しい試みがされたことはご承知の通りです。現在の国立大学の法人化は、こうした筑波大学での「実験」の延長線上にあるといってもいいでしょう。

新構想大学としてはこのほかに、専門職業人養成の修士課程大学院大学が、教育系で三校（上越・兵庫・鳴門の各教育大学）、技術系で二校（長岡・浜松の各技術科学大学）新設されました。また部分的に、たとえば「研究院」に相当するものと思われますが、博士課程の「独立研究科」がいくつかの大学に開設されます。しかし、「四六答申」の内容に沿って既存の大学を種別化の方向で大幅に改革し、国立大学の内部で種別化を積極的に押し進めるということはありませんでした。

(7) 格差構造の改善――高等教育計画の開始（一九七五）

答申が出されてから二年後の一九七三年、わが国はいわゆる「オイルショック」に見舞われます。このオイルショックによる国家財政の窮乏化は、日本の高等教育行政にも、大きな衝撃を与えるものでした。中教審の「四六答申」が挫折したひとつの大きな理由は、そのオイルショックにあったといえるかもしれません。そうしたなかで、オイルショック直後の一九七五年、これも「四六答申」の提言に基づいて高等教育計画が策定され、第一次の計画が開始されます。

「四六答申」のころ、国立大学については規模の拡大が問題になっていました。私学セクター中心の高等教育のマス化が進行するなかで、国立大学の学生収容力の相対的な規模が、年々縮小していく。それを二五％くらいの水準まで引き戻そうという案も、計画の立案中にはありました。それがオイルショックに伴う財政困難から吹き飛んでしまい、国立大学については規模の大幅拡大よりも大学としての計画的な整備、つまり質的な改善の方に力がかけられるようになったのです。

これは国立大学の間にあった戦後の新制国立大学発足以来の格差構造の、一種の是正策といってもよいかもしれません。学部・学科構成が、とくに一県一大学を原則に発足した「地方国立大学」の場合、たまたまそこに立地していた官立の諸学校を統合して発足しましたから、「E－E大学」などといわれますが、教員養成（Education）学部と工学（Engineering）・経済学（Economics）などの専門学部だけの二学部大学、まさに「複合大学」も少なくない。その一方で旧帝国大学系の国立総合大学なみの学部編成を持つ大学もある。著しく不均衡になっていましたが、それを是正していく。とくに旧制高等学校を継承した人文・理学系の学部や文理学部をいわば「原資」にして、それを改組し分離・分化させて複数の新しい学部を作ることや、技術者の養成需要に応えるための工学部の新増設が、積極的に行われるようになりました。またこの時期は医師不足が問題化し、少なくとも各県に一つの医学部を置くよう、国立大学を中心に医学部を大量に新増設する必要があるということで、国立の医学部や医科大学が一挙に増えました。

こうして地方国立大学では、旧文理学部が改組されて人文学部と理学部になり、人文学部から分かれて経済学部が作られ、理学部が理工学部になり、さらに工学部や医学部が加わって複合大学が次第に総合大学化していくことになります。また博士課程の大学院研究科も、これまでは旧制大学・学部の上に「煙突型」に乗っているものだけだったのが、独立研究科ということで、お茶の水女子大学と静岡大学が最初だったと思いますが、新制大学・学部にも工学系・理学系の博士課程研究科が、多くは複数の学部の上に小規模の博士課程（自然科学研究科や社会科学研究科など）を置く形で、設置されるようになっていきます。

(8) 研究大学育成策とエリート・セクター化

こうした形で教育重視の地方国立大学と、旧帝大系を中心とした旧制大学系の研究大学との間で、前者にも小規模ながら研究大学的な部分を作り、格差是正をはかる動きが広がっていくのですが、実はそれとほぼ並行的に、伝統的な研究大学の研究機能をさらに強化するための動きが進んでいきます。四六答申の「研究院」構想にみるように研究機能強化も重要な国立大学政策のひとつであり、高等教育計画の開始と時を同じくして、研究費の重点的・競争的な配分を強化しようという動きが始まったのです。

この当時、オイルショック後の財政緊縮のためにシーリングが厳しくなり、とくに国立大学については、最も基盤的な教育研究経費である積算校費の伸びを抑える動きが強くなりました。ゼロシーリングで積算校費の単価が前年なみに抑えられ、まったく増えない時代がやってきたのです。そうした厳しい状況に対応するためと思われますが、文部省は「特別教育研究経費」という国立大学のための新しい予算項目を立て、これが次第に膨らんでいくことなります。積算校費が抑制・削減される一方で、それに代わって特別教育研究経費の増額がはかられる。この予算項目は研究活動の活性化・高度化にねらいがあり、高度化推進特別経費等、いくつかの名称の特別教育研究経費が、重点的に配分されるようになります（阿曽沼、二〇〇三）。

こうして、研究機能の強い大学をさらに強化しようという動きが平行して進行するのですが、国立大学セクター全体としてみると規模拡大の抑制・研究機能の強化ということで、一九八〇年代になってますます「エリート・セクター」化の傾向が強まっていきます。私立大学、私学セクターの方がマス化の担い手であることがこの時期にさらに鮮明になったというか、誰も疑うことのできないような状況になってきて、国立大学はいったい何のため誰のためにあるのかという疑問も、公然と提起されるようになりました。そしてそのことが国立大学の修士課程・博士課程の大学院を拡充し、専門職業人の養成機能や研究機能を強化して、エリート・セクターとしての性格を否応なく、さらに強めていかざるを得ない状況を作っていくのです。大学院の比重を高め、研究機能を強化し、理工系を中心に高度専門職業人材の養成を強化する。それから、国立大学として社会や地域に対する貢献機能も果たすべきだということに、だんだんなっていくわけです。

(9)　大学院重点化政策の出現

次の大きな政策の転換は、一九八七年の臨時教育審議会の答申から始まりました。臨時教育審議会は、ご承知のように、当時の中曽根内閣のもとで一九八四年に設置された内閣直属の審議会です。その臨教審の最終答申は、国立大学についていろいろ言及しています。財政面での自主性の拡大と経営努力を国立大学に求めるべきだとして、設置形態の再検討にもふれていますが、これについてはあとで、法人化の問題との関連でお話しすることとして、国立大学は役割を明確にし、そこでの教育研究活動は基礎的・先端的なもの、特殊なものに重点を置くことが望ましいなどとのべています。この臨教審答申自体は政策的に直接、大きな影響をもたらすことはありませんでしたが、その後の高等教育政策にじわじわと力を及ぼしていったことは間違いありません。

なによりも臨教審答申を受けて一九八七年に大学審議会が発足しました。それからあとの展開はご承知のことが多いかと思いますが、その大学審の答申と関係のない、しかし重要な変化のひとつである、一九九〇年代初めに登場してきた国立大学の重点化政策について、まずふれておきたいと思います。

その重点化政策は、東京大学の法学部が大学院部局化するという形で始まりました。大学院部局化とは何なのか。講座というのは（独立研究科は別として）基本的に学部に置かれるものですが、それを東大法学部についてはすべて大学院講座にする。講座は教員組織ですから講座が大学院に移れば、これまで学部に所属していた教員は大学院の教員ということになる。東京大学大学院教授という職名がこの時からできたわけです。

なぜこのような、明治以来の講座の性格を大きく変えるような政策を、しかも正式にどこかで検討することなしに始めたのか。これにはいろいろな説があるようですが、ポリシー・ステートメントとして明言されたことはなく、文部省が東京大学との協議のなかで内部的に決め、しかも法学部から他学部へ、また他大学へとなし崩し的に広げていったために、非常にわかりにくい改革になっています。はっきりしているのは予算の増額を求める大学側と、研究大学の大学院の抜本的な改革をはかりたい文部省との思惑が一致したところから、この動きが急進展したという点です。

どのような考え方でそうなるのかよくわかりませんが、講座を学部から大学院に移せば、学部は大学院とは別組織になり、講座制の大学院の下に学部があるという形になります。そこで大学院講座の予算のほかに、（おそらくは）

学科目制の学部予算が付いてくる。その結果、だいたい一・五倍ほどに予算額が増えることになるのだと、その当時関係者から聞いたことがあります。法学部はもともと非実験系の講座が多数で、積算校費の額が文系学部のなかでも少ない。それを増やしてもらうための便法だったともいわれていますが、ひきかえに講座を大講座化し、大学院に「高度の専門性を有する職業人」養成のための「専修コース」が新設されることになりました。これまで研究者養成に専念してきた東大法学部の大学院が、小規模ですが実務家養成のコースを開設する方向に舵を切ったのですから、きわめて影響力の大きい取引であったと思います。

こうして法学部が取引に成功しますと、大学院講座の方が格上のようにみえますし、東京大学のなかでいちばん大学院生が少ない法学部が大学院部局化したのですから、研究科の在学者数が学部のそれを大幅に上回っている他の部局は、当然のこととして、大学院講座化を要求するようになりました。同様の要求が次々出てきて、東京大学はあっという間にすべての学部が大学院重点化・部局化しただけでなく、他の旧帝国大学系の大学にもその動きが広がっていきます。結果的に文部省は旧帝大系以外を含めて一三大学でしょうか、重点化して、そこで打ち止めということになりました。まるで手品のような方法で一三の研究大学が、これまで以上に大きな予算を獲得することになったということです。ここでも再び研究機能の強化に名を借りて、特定の大学に限って予算の増額をはかる、いいかえれば資金面での格差構造を強化する方向で政策的な選択がされたのです。

2　種別化から個性化へ

(1)　種別化構想の転換——大学審の「二一世紀の大学像」答申（一九九八）

さて、大学審議会の答申ですが、さまざまな答申のなかで、国立大学の問題にいちばん関わりが深いと思われる一九九八年の「二一世紀の大学像」答申にふれておきたいと思います。これは大学審の諸答申のなかでも最も包括的で、長文の答申です。

そこには国立大学についても、いろいろなことが書かれていますが、最も重要なのは大学が「それぞれの理念・目標に基」づいて、「総合的な教養教育の提供を重視する大学」、「専門的な職業能力の育成に力点を置く大学」、「学部中心の大学」……「大学院中心の大学」等に、「多様化・個性化」していくことが重要だといっている部分です。これは大学の「高度化・個性化・多様化」という、大学審の掲げるキャッチコピーに見合うものですが、その重要性はここで種別化構想が放棄されている点にあります。あらかじめ文部省が制度の枠を設け、大学をカテゴライズするのでなく、それぞれの大学が選択的に多様化・個性化の方向に分化していくのが望ましいという考え方に、大きく転換したのです。

これは大学一般についての言及ですが、答申はさらに国立大学の役割についてものべています。この時期には、あとでふれますが法人化問題がすでに浮上していました。その法人化は国立大学の民営化論をベースに持った、行財政改革がらみのきわめて政治的な主張であり、文部省としては対応するために国立大学の役割は何かをはっきり言明せざるを得なくなったのです。そこには計画的な人材養成であるとか、学問的な継承、先導的・実験的な教育研究、地域貢献といった期待される役割が並べられています。

もうひとつ、この答申で重要なのは、国立大学については今後、大学院の規模拡大に重点を置くとしている点です。状況によっては学部段階の規模縮小も検討するというところまで踏み込んでいまして、エリート・セクターとしての国立大学を全体として、大学院重視の方向に大きく振ろうという答申になっています。

これで、二一世紀に向けての大学改革の基本方針は確定したかにみえたのですが、答申が出てからわずか三年後の二〇〇一年に「大学（国立大学）の構造改革の方針」、いわゆる遠山プランが、大学審の審議や答申には関係なく、きわめて唐突に出てきました（新世紀に入ってからの国立大学政策については、天野、二〇〇六、参照）。

(2) 遠山プランの登場――「大学（国立大学）の構造改革の方針」（二〇〇一）

ご承知のようにこの「プラン」は、①国立大学の再編・統合を大胆に進める、②国立大学に民間的経営の手法を導入する、それから③大学に第三者評価による競争原理を導入するという三つの柱からなっています。それぞれがどういう形で具体化されたかも、ご承知の通りです。このプランは中身をよく読んでみますと、次のような具体策を書き込んでいます。

まず国立大学の数を大幅に削減する。その際、単科大学は統合の主要な対象になる。スクラップ・アンド・ビルド、つまり閉校や廃校もありうる。国立大学の地方移管もありうる。行政単位としての府県はもはや国立大学の設置の基本単位ではない。教員養成系の大学・学部を再編・統合の主要な対象とする――こうした思い切った政策が打ち出され、そのある部分が実施に移されて、九九校あった国立大学が八七校になったことはご承知の通りです。

地方移管とかスクラップ・アンド・ビルドはまだ具体化していませんし、教員養成系の大学・学部の再編・統合も進んでいません。しかし、戦後の新制国立大学発足以来最もドラスティックな改革構想が、行財政改革の動きを先取りする形で文部科学省自身によって打ち出されたことは、今後の国立大学の行方を考えるうえで記憶にとどめておかなくてはならない点だと思います。二番目の柱にあたる民間的経営手法の導入は、次の年の二〇〇二年に「新しい『国立大学法人像』について」という検討会議の報告が出され、それに基づく国立大学法人法の成立となって実現されるわけですが、それは別項でふれることにします。

(3) 選択的多様化・個性化へ――「高等教育の将来像」答申(二〇〇五)

国立大学のあり方にふれた最新の審議会答申は、二〇〇五年の中教審大学分科会の「高等教育の将来像」答申です。ここでも九八年の「二一世紀の大学像」答申と似た内容の提言がされていますが、大学の機能分化ということで、大学について総合的教養教育、幅広い職業人育成、高度専門職業人教育、世界的研究・教育拠点など七つの機能を想定し、各大学はそのどれかに特化するか、さまざまな組み合わせを選ぶ。大学自身による選択的な多様化や個性化の推進が必要だということを強調しています。

この答申はあまり大きな反響を呼びませんでしたが、よく読んでみると文部科学省の重要な政策転換をはっきりと宣言していることがわかります。たとえば選択的な多様化・個性化を進めるのは、政策誘導による。つまり財政的な措置によりそれを促進する。「きめ細やかなファンディング・システム」という言い方もされていますが、その典型例がCOEやGPということで、その公募方式の、申請と評価に基づく競争的な資金配分の種類と額が年々増えていることはご承知の通りです。また国立大学の役割についても、九八年の「二一世紀の大学像」答申とほぼ同じようなことが繰り返しいわれています。

3　法人化の問題

だいぶ駆け足になりましたが、以上が戦後の国立大学政策の大きな流れです。その大きな流れのなかで、これまでふれなかったもうひとつの重要な国立大学に関わる問題は、いうまでもなく法人化問題です。これについても、あらためておさらいをしておきたいと思います。

(1) 戦前・戦後の法人化論

法人化の議論はその歴史をたどってみますと、戦前期の一八八〇年代、つまり明治の二〇年代にすでにあったことがわかります。帝国大学（東京大学）が発足するのが一八八六（明治一九）年ですが、明治二〇年代の前半にはさまざまな法人化の議論がされています（第1章参照）。なぜこの時期にそういう議論があったかといえば、それは帝国議会が開設されることになり帝国大学の予算も議会で審議される、審議の対象とされることで帝国大学の財政的な自立性が保たれなくなれば、大学としてのさまざまな特権が侵されるのではないかという危惧の念を、大学の側が持ち始めたからです。

当時の世論も大方は法人化を支持する方向にありまして、大きく分けると三つの案が出されていました。一つは「基本財産案」で、国が一定の基本財産を提供して、その利子収入で大学を運営する。北海道大学の前身である札幌農学校が作られた時、国有地の交付を受けて各州に設置されていたアメリカの州立大学がモデルとされましたが、基本財産を付与してそれで札幌農学校を維持しようという構想が、すでにそのころありました。帝国大学にもそうした基本財産を持たせたらどうかということです。

二つめは「法人案」で、これは法人格を認めたうえで政府予算から一定額の経常経費を保障し、議会の議論に左右されないようにするという考え方です。三つめが「帝室費案」というもので、「インペリアル・ユニバーシティ」なのだから、皇室の資産を使って帝国大学の経費を負担してはどうかという考え方です。二番めの案は、現在の国立大学法人法による国立大学の運営方式に近い考え方といってよいでしょう。

これらの案はどれも実現しませんでしたが、基本財産とはいわないまでも自己収入による「基金」の積み立てが認められ、この時期から始まって戦後の新制大学の切り替えの時まで続きました。官立高等教育機関全体の予算の四～五％にあたる基金が積み立てられていたことが知られています。

このように帝国大学の発足期こそいろいろな議論がありましたが、その後法人化の問題はほとんど議論されることがないままに戦後を迎えます。戦後も法人化の議論はあまりされなかったのですが、この問題に最初に火を付けたのは永井道雄が一九六二年に提起した「大学公社論」です。その後、本にもなっていますが（永井、一九六九）、世界的な視野からみて日本の大学改革が遅れていることを危惧して、教育・研究の活性化をはかるためには国立大学が真の自治を確立しなければならない。そのためには文部省という行政機構から分離・独立して、管理運営の自立性を獲得する必要がある。それを大学公社という形で実現しようと問題提起したのです。すべての国立大学を公社化しようというのではなく、従来の国立大学とは別にいわば「新幹線」大学を創り、それと古いタイプの管理運営機構を持った大学と競い合わせようという案でした。ただ、この永井の構想では財政的な基盤については、国が全面的に面倒をみることが大前提になっていて、戦前期のように財政的な自立がベースになった案では必ずしもありませんでした。

(2)「四六答申」と設置形態の改革論

大学紛争の時期に審議を開始し、それが収まった一九七一年に出された中央教育審議会の「四六答申」は、中教審としてはじめて国立大学の設置形態の問題にふれた答申になっていています。

行政機構である文部省の一部という現行の設置形態をあらためて、「一定額の公費の援助を受けて自主的に運営され、それに伴う責任を直接負担する公的な性格を持つ新しい形態の法人に国立大学をする」という構想は、現在の国立大学法人を先取りするものといってよいでしょう。「国の財政援助は、標準教育費による定額補助の方式によるものとし、事業計画・給与水準・収入金については相当大幅な弾力性」を認める。「自主的な運営努力により独自の特色を発揮できるようにする」という答申の提言は、現行の国立大学法人の設計とほとんど同じです。管理運営にあたる理事機関を、大学のなかに設置するということもいっています。法人化の具体的な構想はこの時期から始まっていることがわかります。

単にそういっていただけでなく、かなり詳細にその具体化を当時の文部省が検討していたことが、同じころやってきたOECD教育調査団との討議のなかでの発言から知ることができます。一九七〇年にOECDが日本の教育の現状調査のために、著名な日本研究者であるロナルド・ドーアを含むチームを派遣し、その報告書が一九七一年に出されました。『日本の教育政策』というタイトルで翻訳も出ています(OECD、一九七二)。この報告書のなかに、文部省側と調査団メンバーとの間で持たれたコンフロンテーション・ミーティングの記録が載っていますが、それを読むとそのことがわかります。

「自己改革のエネルギー」は、自主的な組織のなかからしか生まれない。「管理運営・財政について、実質的な自主性を与え」ることにしたい。「政府は予算の監査を定期的に行うが、予算の見積額を大学に与え、それをどう使うかで細かい指示はしない。法人化移行への最終案はまだできあがってはいないが、中央教育審議会は……来年提案するはずで、この際法人化移行の方法や、大学と政府の関係が詳細になる」とまでいっていまして、かなり詰めた議論がこの時期されていたと思われます。

しかし、この改革構想は、とくに大学関係者には不評で具体化されることはなく、新構想の筑波大学でその一部が実現されるにとどまったことはご承知の通りです。そして一九八四年に内閣直属の臨時教育審議会が発足しますと、この議論がまた再燃するわけです。

(3) 法人化論の再登場――臨時教育審議会答申（一九八七）

その臨教審の基本的な考え方も、大学の抜本的な改革のためにはやはり「国立大学に公的な法人格を与え、特殊法人として位置づける」必要があるというものでした。ただその可能性について具体的に検討を重ねてきたが、「理論・実際の両面にわたり考慮すべき事項が多」く、「さらに幅広く、本格的な調査研究を必要とするという結論に到達せざるを得なかった。国および大学関係者はこの課題について、積極的に取り組」んでほしいということで、具体的にどうすべきだと提言するには至らないまま答申を締めくくっています。

(4) 管理運営の弾力化――「二一世紀の大学像」答申（一九九八）

それからさらに一一年たって、一九九八年に「二一世紀の大学像」答申が出ますが、このなかでも法人化の問題が扱われています。次にふれますが、独立行政法人化の話が浮上してきたのが、一九九七年。そのころにはすでに大学審議会での審議が進んでいて、九八年の初めに答申が出るのですが、そこには「独立行政法人化を初めとする国立大学の設置形態のあり方については、今後さらに長期的な視野に立って検討することが適当である」と書かれています。同時に答申には国立大学の管理運営の仕組みの改革についても、具体的な提言があちこちに散りばめられていることがわかります。

国立大学の独立行政法人化を求める政治的な圧力が強くなるなかで、文部省としても、国立大学の改革に積極的に取り組んでいるのだということを示しておかないと危ない。政治的圧力への対応という形で、答申は国立大学の問題にふれているわけです。

たとえば、教育研究組織の柔軟な設計ということで、講座・学科目の編成を柔軟化する必要がある。人事・会計・財務についても、国立学校特別会計の規定を改め、「教育研究経費の使途や繰り越しの取り扱い、大学教員の給与決定や兼職兼業の取り扱い等について柔軟性の向上を図る方向で検討」すべきだ。評議会は大学の最高意思決定機関とされているが、その性格を明確化し、外部の有識者を加えた大学運営協議会を設置する必要がある。それから第三者評価機関を設置して評価結果を予算配分に反映させることも検討する、とも書いています。この他に副学長制度の問題であるとか、管理運営の強化の問題にもふれています。

このように、「二一世紀の大学像」答申は、国立大学の組織構造の柔軟化や管理運営の弾力化をはかり、部分的に自由化・自律化を進めることによって、法人化を避けようという意図がうかがえる答申になっていました。しかし現実の事態は、そうした大学審の答申が勧告する慎重な動きとは違って急激な進展をみせ、法人化の実現に至ったことはご承知の通りです。行財政改革の圧力が法人化への要求としてまともに国立大学に及び、教育研究の活性化というよりも行財政面での効率化の視点から法人化が議論され、具体化に向けて動き出したのです。

(5) 行財政改革と法人化論

行財政改革の視点からする、いわば「外圧」としての法人化論ですが、まず一九九六年一一月に行政改革会議で、国立大学の民営化を検討すべきだという議論が出てきました。九七年三月には財政構造改革会議でも国立大学のあり方の見直し論が出ています。同じ九七年の一〇月には行政改革会議で具体的に、東京大学と京都大学を独立行政法人化したらどうかという話が出るまでになりました。九七年には行政機関の一部のいわゆる「エージェンシー」化、あらたに独立行政法人制度を設けるべきだという議論が進んで、それを国立大学にも及ぼすかどうかが問題になりつつあったのです。

その年の一二月には行政改革会議の最終報告が出されますが、そこには「国立大学の独立行政法人化は、大学改革方策の一つの選択肢となりうる可能性」を持っている。「大学の自主性を尊重しつつ、教育研究の質的向上を図るという長期的な視野に立って検討を行うべき」だと書かれています。そのすぐあとに大学審の「二一世紀の大学像」答申もあり、これで法人化問題はひとまず先送りになったかと思われました。

ところが一年後の九八年一二月に、今度は「中央省庁等改革推進本部」のなかで、国立大学の独立行政法人化要求が再度出てきました。結局、当時の文部大臣であった有馬朗人元東大総長との間で、五年後を目標に法人化を検討するという合意がされて、翌九九年の夏には文部省自身が、高等教育局長の発言として「文部省・大学にふさわしい独法化のあり方を検討する」と明言するに至りました。自民党の文教部会もこの問題の検討を進め、二〇〇〇年五月に「これからの国立大学のあり方について」というリポート(通称「麻生リポート」)で、独立行政法人通則法(九九年七月成立)そのままの適用は不適切であり、通則法に準拠はするがそれとは別に「国立大学法人法」を作って法人化を具体化することを宣言します。

こうして二〇〇〇年七月には、文部省に四部会からなる「法人化に関する調査検討会議」が設置され、〇二年三月に報告書「新しい『国立大学法人』像について」が出され、国会での審議を経て「国立大学法人法」が成立し、〇四年の春には一斉に八七の国立大学法人が発足するという経緯をたどるわけです。

(6) 若干のコメント

以上、国立大学の法人化に至る経緯をみてきましたが、法人化の問題が文部省にとって歴史的にみて長年の政策課題、一種の宿題だったことがわかります。行財政改革が外圧として及んできた結果の法人化だといいましたが、それは実現のひとつの契機にすぎなかったといってよいのかもしれません。国立大学が「国立」の、つまり公費によって運営される大学である以上、問題は設置形態云々以上に財政・財務にありました。法人格を与えられればただちに財政基盤が問題になる。ところがこの問題が最重要の問題として、検討会議等で議論されたようにはどうもみえないのです。

法人化論の始まりは明治初期のことですが、それはなによりも財政的基盤の問題として、政府からの分離・独立の基盤としての財政的自立の問題として提起されました。ところが戦後の法人化論議は文部省との関係、管理運営の問題に大きくウエイトがかけられてきました。戦後民主主義のおかげで大学自治が憲法によって保障されたということもあるでしょうが、額の大小はともかく財政的基盤が、運営に必要な経費の全額が、しかも国立学校特別会計という形で政府によって保障されてきたためといってよいでしょう。

法人化をどのように進めるかについても、たとえば東大・京大の法人化論にあったように、いくつかの選択肢もありえたでしょう。ところがストラテジーが慎重に検討されることはなく、早い時期からすべての国立大学を一斉に、同時に法人化することが決められていました。せっかくの法人化の議論が、「独立行政法人通則法」の枠からどのように逃れ、国立大学の独自性を主張するかということばかりに、エネルギーを使い果たしてしまったのではないかと思えてなりません。

4　法人化と国立大学政策

(1)　格差構造の顕在化

ここまでは歴史的な話です。その、国立大学政策と法人化というこれまでみてきた二つの問題が、二〇〇四年の国立大学法人の成立によって合体し、一つの問題として提起されるようになりました。そこから顕在化してきたというか、可視化されるようになった格差構造をめぐる新しい問題は何かを、これからみていきたいと思います。

戦後の新制国立大学の発足と同じように八七の国立大学法人の発足も、従来からの格差構造を継承する形でスタートしました。今になってみると二〇〇一年の「遠山プラン」は、単科大学の一部に統合の動きを生じ、法人発足時までに国立大学は九九大学から八七大学に減ったという意味で、法人化直前の再編・統合政策的な役割を果たしたようにみえます。法人化後の単科大学の経営基盤の問題を考えての統合であったのかどうかはわかりませんが、とくに医科系の単科大学が一県一大学原則による国立（複合）大学と一緒になりました。格差構造の是正策のひとつとみえるというのはそうした意味合いですが、明確な政策的な意図があったのかどうかは疑問です。いずれにしても、既存の大学の統合を含めて法人化を機にあらたな資源の投入があったわけではなく、それまでの格差構造は新法人にそのまま引き継がれることになりました。

何が引き継がれたのか。もちろんこれまでみてきたように、新制大学の発足から半世紀余の間に、戦前期からの遺産としての格差がある程度是正されたことは間違いありません。タコ足大学だ、駅弁大学だといわれてきた地方国立大学のなかにも、統合移転をしてキャンパスの整備が進み学部の数も大幅に増えて、形態上で総合大学化したものが少なくありません。大学院の博士課程研究科を持つ地方国立大学も増え、また少数ですが付置研究所や研究センターを持つ大学も出てきました。しかし戦前期からの前身校の制度上の位置づけの違いをそのまま引き継いだ、遺産としての格差構造は、基本的に形を変えることのないまま依然として残り、引き継がれているといってよいと思います。

その基礎にあったのはこれまでみてきたように、なによりも講座制と学科目制という大学・学部間での差異的な取り扱いの蓄積です。それが国立大学間・学部間の人員や予算の格差となって、引き継がれてきました。それはまた、とくに国立大学にとって重要な、研究や研究者養成面での機能の格差にもつながっています。しかも一時は積極的な格差是正策がとられたこともありましたが、七〇年代の後半になると基盤校費の伸びが抑えられるのとひきかえに、特別教育研究経費や競争的な研究経費、とくに科学研究費の増額がはかられ、さらにはこれももっぱら研究費中心の外部資金の導入が奨励されるということで、研究機能の面での格差はさらに開いてきました。

そのうえに二〇〇四年に法人化が実施されたわけですが、それと同時に国立学校特別会計制度も廃止されました。これまでは国立学校特別会計という大きな袋のなかに全国立大学の予算が一括されていまして、一般の大学関係者はいうまでもなく研究者でも、具体的にみることができる大学別の数字はわずかに文部省年報に載っている予算の額だけでした。それぞれの大学にいくら配分されているのか、それがどのような基準に基づいて算出されているのか、各大学でどのように使われているのかは、これまではほとんどみえていなかったのです。

ところが法人化と同時に国立大学の予算は法人ごとに個別に計算され、配分されることになり、大学別の予算額がデータとしてはじめて表に出てきました。どの程度の物的資産を持っているのか、教職員の数や予算額はどうか、授業料収入や付属病院の診療収入等の自己収入、さらには受託研究費等の外部資金の額はどうかといった個別の大学法人ごとの数字が、目に見える形で示されることになったのです。

これまでは診療報酬も授業料収入も直接、各大学に帰属するのでなく、いったん国立学校特別会計に入り、一般会計からの繰入金を加えた総額を文部省が各大学に配分する形になっていましたし、教職員は国家公務員ですから、その人件費は別途計算されて一般会計からの繰入金の主要部分を占めていました。それが法人化とともに予算の所要額が大学ごとに計算され、そこから自己収入や外部資金の額を差し引いた金額が、運営費交付金として渡され、後は人件費を含めてそれをどう使って大学経営をしていくかは自由、ということになったのです。

(2)　経営資源の格差

それは国立大学が法人格を持つ組織体として、一つの経営体として、個別にその姿を現したことを意味しています。その結果、さまざまなことがみえてきました。最も鮮明にみえてきたのは格差構造ではないかというのが、強調しておきたい点です。しかもそれはこれまでの制度上の差異に根ざした格差ではなく、それを基盤にしたより広がりの大きな、経営資源の格差ではないかと思うのです。

なによりもこれまで指摘してきたような、たとえば教員・職員数、学部や大学院研究科の開設状況、付置研究所やセンターの数、施設設備等に示されたいわば顕在的な経営資源の格差だけでなく、隠された資源の格差がさまざまにありますが、最も象徴的なのは、「特定運営費交付金」と呼ばれるものです。運営費交付金が、「標準」と「特定」の二つの部分からなっていることはご承知の通りです。大学法人はそれぞれに、自分のところが標準運営費交付金と特定運営費交付金をどれだけの額、文部科学省から受け取っているか知っていると思いますが、その数字は予算書や財務諸表には出てこない数字です。

その特定運営費交付金は、標準運営費交付金ではカバーされない必要経費とされています。標準運営費交付金は、大学設置基準をベースにした教員・学生比をもとに計算されています。しかし、それだけでは法人化以前に受け取っていた予算額をカバーできない大学が、たくさん出てきます。かつて五〇〇億の予算を受け取っていたある大学が、標準的な計算では自己収入を含めても四〇〇億にしかならないとしたら、残りの一〇〇億を別の形で措置しなければ、大幅な予算の減額が生じて経営が成り立たなくなってしまうでしょう。その足りない一〇〇億をカバーするのが特定運営費交付金ということに、単純化していえばなります。

それではどのような大学で特定運営費交付金が多いかといえば、それはどこよりも研究機能が強い大学です。「特定」分のなかには付置研究所の予算も入っていますがそれ以上に、これまで講座制・学科目制の違いを基礎に積み上げられてきた大学別の予算額の違いが、特定運営費交付金の額の違いになって現れてきているのです。研究機能の強い大学は、大学院重視ですから当然といってしまえばそれまでですが、これまで付けられてきた教員や職員の定数、したがって人件費や管理経費の額も大きい。特定運営費交付金は、講座制と学科目制の遺産に対応するものとして設定された予算部分といってもよいでしょう。

法人化前の国立大学は、旧帝大・旧官大・新官大などさまざまな呼び方がありますが、戦前期以来の歴史を引きずったそれぞれの属性に応じて、文部省の庇護・統制のもとに一定の安定的な秩序のなかに組み込まれていました。国立大学政策はその秩序、いいかえれば格差構造を維持し、再生産する形で進められてきたといってよいでしょう。国立大学はそれぞれに、その秩序のなかでの自大学の位置、所属している大学群を意識し、たとえば「あの大学にこの予算が付いたから、二、三年のうちに自分のところにも付くだろう」、「あの大学が、部局の重点化に成功したのだから、うちの大学も重点化されるはずだ」ということで、その格差構造の再生産に力を貸してきたのです。

それが突然の法人化で「親方日の丸・護送船団方式」の時代は終わり、これからそれぞれの大学が自立した経営体として、自由に競争しながら発展の方向を探るべきだということになりました。いわばハンディが違う法人間での自由な競争という状態が生じたわけです。そうなるとあらためて一つの経営体として、経営に必要なさまざまな資源をどの程度持っているかが重要な問題になってきます。

その経営資源を、ヒト・モノ・カネに分けてみますと、「ヒト」という資源で第一に重要なのは、教員や職員の数です。これは旧制の大学と、専門学校・高等学校・師範学校の違いがベースになり、学科目制と講座制の違いとして引き継がれてきたもので、人的な資源のストックが違っています。「モノ」でいえば、キャンパスや施設・設備が中心になりますが、旧制度からの継承資産の違いは公表された評価額でみても、大学間で驚くほどの差があります。しかも、たとえば建物の老朽化度などをみますと、やはり旧制の研究大学の方で更新が進んでいることがわかります。施設整備の五か年計画などが、繰り返し作られてきましたが、研究機能が強いところに優先的に新規予算が付きやすい。施設整備の予算は限られており、補正予算などで戦略的なメリハリを付けようとすればするほど、特定の大学や特定の学部に偏ることが避けがたくなる。いずれにしてもキャンパスにせよ施設・設備にせよ、物的資産の格差をそのまま引き継いでそれぞれの法人は発足したのです。

「カネ」については、予算規模がまず大きく違っているだけでなく、そこに占める人件費の比率が違っています。それは裏返せば物件費として、あるいは教育研究経費として使うことのできるカネの額に大小がある、ということになります。そうしたなかで、人件費相当部分以外の基盤校費については、毎年一％の効率化係数がかけられることになっています。聖域視されてきた人件費についても最近は、国家公務員の定員削減とのからみで一定比率の削減を求める話が出ています。その一方で外部資金や競争的研究費、それについてくるオーバーヘッド（間接経費）の獲得努力が求められていますが、これについては大学間で獲得額に大きな違いがあることが知られています。国立大学全体として一律に削減とシーリングがかかってきていますから、小規模で研究機能の弱い大学ほど厳しい状況になることは避けがたいといわねばなりません。

カネについてはもうひとつ、付属病院の問題があります。付属病院は、国立大学法人の経営にとってどういう位置を占めるのか。自己収入を産む金の卵なのか、それともコストがかかり経営を圧迫するお荷物なのか、各大学とも判断しかねているところかと思います。その病院には、毎年二％の経営改善係数がかけられています。収支とも金額が大きいだけに読みを間違えると、大変な財政上のマイナス点になるという問題も抱えています。付属病院を持つ大学と持たない大学、それも経営的な資源の差違の重要な一部ということになります。

(3) 人的資源の量と質

そうした法人として継承した経営資源の差異として、とりわけ重要なのは人的な資源、しかも教員以上に職員、しかも職員の数と同時に質の問題です。これが経営体になることによってクローズアップされてきた、最大の問題といってもよいかと思います。

職員の質の問題だといっても、最小規模の国立大学法人は奈良教育大学ですが、事務職員が約四〇人、最大規模の東京大学には一、六〇〇人います。事務職員が五〇人前後の大学はいくつもありますから、数も確かに問題です。しかしそうした事務職員の数の少なさは、質の問題の重要性をさらに際立たせるものといってよいでしょう。法人化により、ルーティン化された定型的な業務だけをやっていればよいという時代は終わり、専門的な職務能力とか企画立案能力が、事務職員にも要求される時代がやってきました。それは国立大学が経営体化したことの必然的な結果であり、職員という人的資源の質が、大学の経営を左右する大きな要因になってきたことを意味しています。

ところが法人化されて「人事権は学長にあります。職員の採用も配置も自由にどうぞ」といわれても、国立大学には自力で人事をした経験がほとんどありません。しかも法人としての規模には著しい違いがある。ということは、法人によって人材のストックもフローもまったく違うということです。個別大学ごとに人事が細分化され固定化されれば、とくに小規模大学の場合には、人事が停滞して経営上の問題を生ずる危険性が当然予想されます。これまでは中級以上の管理職ポスト（移動官職）については文部科学省が人事権を持ち、またそれ以外の一般の職員についても同じ国家公務員ということで、大学間の人事交流がありました。それが大学ごとの人事になり、採用や研修も、移動や昇格もすべて自前でしなければならないとなれば、対応できる大学とできない大学が出てきます。

ことの善し悪しは別にして、文部科学省がこれまで果たしてきた人材配分のバランサーとしての役割が大幅に縮小しつつあるいま、いったいどうするのか。採用から能力開発、昇進等を含めて人事について、国立大学の側が全国的な、あるいはブロック単位のなんらかの共同・協力体制をあらたに構築しなければ、職員の質の大学間格差は今後急速に開いていくことになるでしょう。

この問題は教員の問題とも、深く関わっています。職員の専門性が低い、企画立案能力に乏しい、能力開発の努力も十分ではないということになれば、もうひとつの人的資源である教員への依存が強まらざるを得ません。もともとわが国の大学は教授会自治ということで、教員中心の大学運営がされてきました。教員が教育研究だけでなく管理運営に直接携わることが、当然視されてきたわけです。法人化し、経営の機能の確立が求められるようになったいまも、そうした教員の意識はあまり変わっていません。どの大学にも経営の責任主体として、学長の任命による役員会が設けられたことはご承知の通りですが、実際には役員会のほかに拡大役員会とか戦略本部、部局長会議、学長補佐といったさまざまなポスト、会議や委員会を設け、役員以外の教員の参加を求めることで大学を動かしています。執行部の規模が実質的に、それだけ膨らんでいるわけです。

本来、教員は教育研究の専門的職業人として大学に雇用されているのですが、明治以来の大学自治の伝統のもとで、管理運営も教員が担うのが当然視されてきたために、執行部から依頼されれば断れない、あるいは断らないで経営の一端を担い、しばしば本来ならば事務職員が果たすべき役割や仕事を肩代わりすることが起こってくる。法人化とともに教員の実務スタッフ化、あるいは教員の職員化といってもよい現象が生じ、教員の忙しさが倍加しているのが現状ではないかと思うのです。

国立大学の場合、経営協議会はあくまでも「協議会」で、経営上の責任を担っているわけではありません。私立大学の理事会とは基本的に違います。国立大学の場合、理事会にあたるものは役員会ですが、そのメンバーである理事は実質的に、学長の任命する教員主体の学内者からなっています。私立大学法人と違って、経営と教学がいわば一体化しているわけです。経営と教学が未分化だという言い方が、正しいかもしれません。あるいは国立大学法人というのは、「国立」「大学」「法人」という、それぞれが相対的に異なる三つの部分から構成されているというべきかもしれません。

「国立」の部分というのは、文部科学省所管の法人だという部分です。予算はいうまでもなく人事の一部も、依然として文部科学省に握られている。それに「法人」の部分が学長を中心とする執行部・本部という形であらたに加わったというか、独立し、教学と経営は分離する形になりました。しかしその「法人」・執行部に役員や、さまざまな委員会の委員、室長、学長補佐など、さまざまな名目で加わっている教員は、いってみれば教学・学問の府である「大学」から「法人」への出向者です。一般の教員はいうまでもなく、専任職である理事・役員も二年の任期が終われば、それで定年退職を迎える人は別にして、またもとの教授職に、所属の部局に戻らなければなりません。つまり「法人」の運営は事務職員は別として、経営の専門家ではなく、いわば素人の教員が「大学」から「法人」に出向するという形で担われているのです。いまはまだ過渡期だからやむを得ないことで、やがては経営と教学、「法人」と「大学」が機能的にも組織的にも分離していくのでしょうが、教員中心の大学経営の長い伝統と職員の能力開発の遅れを考えると、ドラスティックな変化はなかなか起こらないのではないかと思われます。

いずれにせよここでまた教員についても職員についても、人的資源の規模が大きな意味を持ってきます。わずか五～六〇人しか職員がいない、教員も一〇〇人前後という小規模単科大学で、法人の経営に必要な人材をどの程度確保できるのか、育成できるのかという問題があらためて問われることになります。教員が積極的に法人の経営に関われば関わるほど、教員の教育研究の時間は失われ、同時に事務職員の能力開発が遅れるという悪循環が起きかねません。経営の機能的な分化と強化が、これからの国立大学法人の最重要の課題になっていくでしょう。

(4)　制度的な経営資源

これまでみてきたような格差と直接の関係はありませんが、そうした格差を固定化させ強化するものとして、制度的な経営資源とでも呼ぶべきものの制約もあります。

たとえば、国立大学の施設整備の予算は、全面的に文部科学省に依存しています。大学がそれぞれに減価償却をし、資金を積み立てて自ら対応することはできない仕組みになっています。自分で新しい建物を作るかどうかの決定権限は、国立大学法人の場合にはないということです。教職員の給与も国家公務員ではなくなったのですから、各大学が自由に決めてよいことになっています。しかし非公務員であっても運営費交付金が国からきており、そのうちの人件費相当額が国家公務員の給与水準を参考に計算されてくる限りは、人事院の諸規定や毎年の人事院勧告等を無視することはできません。給与水準の決定についての自由度は高くないという問題もみえてきています。

それから学生定員や学生納付金も、文部科学省の定める標準額を基本に一定の幅で上下させてもよいことになっていますが、これも難しくて、私立のように自由に決めることはできない。文部科学省との協議が必要ですし、授業料を引き上げて自己収入を増やしたいと考える大学ほど、他大学との競争力が弱い場合が多いのですから、なかなか踏み切れません。学生定員を増やして授業料収入を増やしたいと考えても、一八歳人口の急減した現状では私学との競合の問題もあり不可能に近い。大学院の定員は学部との見合いで増員をはかることが可能のようですが、たとえば経済学部などで、いまの教員数ならもっと学生数を増やしても、教育条件を切り下げることなく十分やっていけることがわかっていても、それができないという問題もあります。

予算の単年度主義とからんだシーリングの問題もあり、一％の効率化係数と二％の経営改善係数が毎年かかってくるというだけでなく、国家予算全体の削減をめぐって議論が戦わされるなかで、聖域なしということで、人件費相当分の五％カットというような話が浮上してくる。長期にわたって安定的な資金、運営費交付金の保証を期待するのは難しい状況があるわけです。

法人としての利益にあたる剰余金の問題についても、それをどのような扱いで、六年の中期計画期間のなかで使えるのか、まだ不透明な部分が残されています。ほんとうに「剰余」金なのかということについても、会計上の難しい問題があるようです。退職金も政府依存で年度ごとに計算されて引き当て額が配分されてきますが、法人が独自に任用した教職員については、自前で支給しなければならない。退職金積み立てをどうするのかという問題もあります。

こうした制度的な経営資源の制約がいろいろある。法人になったといっても、私立大学法人とはまったく違っています。経営の自由を与えられたといいますが、制約条件が非常に多いなかでの大学経営になっている。裏返せば競争的な環境といっても、大学それぞれの独自の経営努力で格差構造を打破し、全体のなかでの自大学の位置を変えていくことが難しい状況があるということです。国立大学法人の今後を考える場合に、忘れてはならない点でしょう。

(5)　制度的多様化から選択的個性化へ

世界の大学はとりわけこの一〇数年、急速にこれまでの「知の共同体」から「知の経営体」へと、その性格を変えてきています。国立大学もまたそうした変革の大波のなかで、経営体としての性格を強めざるを得なくなってきていました。副学長の制度化や運営諮問会議の設置など、法人化に先立って進められてきた管理運営システムの改革の動きは、その現れとみてよいでしょう。そして二〇〇四年の法人化により、役員会が置かれ、経営協議会が置かれることによって、国立大学は明確に「経営体」化されました。それはこれまでのように、教職員のポストと予算を国によって保障され、ポストに空きができれば自動的にそれを埋め、配分された予算を年度末までにきちんと使い切るという大学運営の仕方が、できなくなったことを意味しています。そしてそれとともに経営資源や経営能力の格差が鮮明に、可視化された形で浮上してくることになりました。

この格差は財務諸表に最も明示的な形で示されています。法人化されて最初の二〇〇四年度の財務諸表の分析にあたって、文部科学省も国立大学財務・経営センターも、国立大学を八つのグループに分けています。グループの分け方は若干違っていますが、センターの分類によれば、①旧帝大、②医総大（医学部・付属病院を持つ総合大学）、③医無総大（医学部・付属病院を持たない総合大学）、④理工大（理工系学部のみの大学）、⑤文科大（文科系学部のみの大学）、

⑥医科大（医学部・付属病院のみの大学）、⑦教育大（教員養成系学部のみの大学）、⑧大学院大（大学院のみの大学）の八グループに分けています。旧帝大が別格であとは学部編成の違い、とくに医学部・付属病院の有無が分類の主要な基準になっていますが、財務の分析という視点からすれば妥当な基準といってよいかと思います。

このように、国立大学法人をいくつかの指標によりグループ分けして財務諸表を分析すると、この八つの大学グループ間で、財務諸表のさまざまな指標に著しい違いがあることがわかってきます。もちろん、それぞれのグループ内でも大学間の違いは大きいのですが、現状では各大学がどれほど努力をしてもそうした指標について、グループ内での上下はともかく、グループの枠を越えることは不可能に近いことがわかります。

たとえば、人件費比率をみると、それが五〇％を切っている大学もあれば、八五％になっている大学もある。そしてそうした差異の底には、先ほどお話した標準と特定の額の違いが隠されています。いくつか数字がわかっている大学をみても、ある大学は標準運営費交付金一〇〇に対して、特定は二〇程度ですが、別の大学は一六〇もある。もちろん付置研究所等の分も入っていますから、この数字だけで何かをいうことはできません。しかし講座制・学科目制以来の大きな格差構造がその背後に潜んでいることは、別格扱いされている旧帝大系の大学群を、それ以外の大学群と比べてみれば明らかでしょう。また自己収入の比率についても、それを高めるための努力の大小と関係なく、付属病院を持つ大学と持たない大学、文系の大学と理系の大学とで大きな差があることは、あらためていうまでもありません。

引き継いだ経営資源の違いによるそうした違いが財務諸表に現れてくるのですが、その差違にどう対応していくのか。文部科学省がこの数年打ち出している、予算配分面でのプロジェクト主義はその問題と大きく関わっています。先ほどもふれた二〇〇五年の大学分科会「高等教育の将来像」答申は、この点で重要なことをいっています。

たとえば、高等教育について、「計画と各種規制の時代」は終わった、これからは「将来像の提示と政策誘導の時代」だといっています。「政策誘導」の手段は具体的には財政的な措置、財政的な支援です。しかもなによりも大学の変革を促すための財政的支援ですから、それがプロジェクト主義の予算となって現れてくる。実際に文部科学省の最近の予算項目をみますと、大学改革のための云々という謳い文句で、いわゆるＣＯＥ予算と、さまざまなＧＰ予算が一括して掲げられています。

このプロジェクト主義予算は、国公私を問わず、特定のテーマについて各大学から申請を求め、その内容を評価して競争的に資金を配分するという考え方に立っています。国立にせよ私立にせよ、教育研究の基盤的な部分の国費負担分はこれからは膨らめない。その代わりに競争的に配分されるプロジェクト型の予算を増やしていく。ここでプロジェクト型予算と呼んでいるものが、たとえば二〇〇四年度で五三〇億円あります。そのうちの三八〇億円はＣＯＥ予算ですが、このほかに「特色ＧＰ」と呼ばれるものが六三億円、「現代ＧＰ」が五四億円、それから専門職大学院の強化のための予算三一億円などが主なものです。つまり、ＣＯＥ予算は研究教育予算ということになっていますが、実質的には研究中心の予算ですから、プロジェクト型予算といってもその七割までが研究関連のものです。それ以外の予算が教育に関わる部分ということになります。科学研究費に代表されるそれ以外の外部資金も、ほとんどが研究関連ですから、プロジェクト主義の予算は著しく研究重視の予算になっているといってよいでしょう。

そうしたなかでそれぞれの大学が選択的な個性化をはかるということになれば、研究重視の方向に行くかそれとも新分野の、したがってプロジェクト型予算の付きやすい、大学院レベルの専門職業人養成重視の方向に行くしかありません。高等教育政策全体が研究重視、大学院重視の方向に動いているのですから当然といえば当然ですが、格差構造の視点からすれば経営資源の格差とも関係して格差構造が固定化し、さらに拡大する方向に行く可能性がきわめて高いところに問題があります。プロジェクト型予算の形をとって出てくる高等教育政策、国立大学政策に対する適応能力に大学によって大きな差異があるからです。

たとえばＣＯＥ予算は、大学院博士課程研究科を持っていなければ申請資格がありません。法科大学院ですら優秀な学生集めに苦労しているのに、ビジネス系の専門職大学院をといっても、地方の国立大学で十分の数の学生を集められる大学は限られています。それらを含めて、格差がこれまで以上に広がっていく可能性が大きいといわざるを得ません。とくに教育中心の地方国立大学では基盤校費が年々削られ、プロジェクト型の競争的配分が増えていけば、教育力の低下は避けることができないでしょう。

(6) 研究費にみる格差の拡大

これまで具体的な数値を示すことなしに格差の話をしてきました。具体的な裏づけとなる数字がないわけではありませんが、法人化からまだ数年でここで示せるほど十分に整理ができていません。一つだけ二〇〇四年度の、いわゆる外部資金についての表を用意しましたので、みていただききたいと思います（表０-１）。

まずＣＯＥ予算ですが、これは二件以上もらっている主要大学を、件数の多い順から並べてあります。金額は総額が二六四億円になりますが、国立大学だけに限っているためです。一三大学で七三％を占めていることがわかります。さらにいえば、八大学だけで六七％を占めています。ＣＯＥ予算を四億円以上獲得している大学も挙げておきました。大学間に大きな格差があるのはみた通りです。

二番めは科研費等です。これには文部科学省・日本学術振興会のものだけでなく、他省庁からの受給分も入っています。総合科学技術会議が作った資料に示された数字ですが、それによれば国立大学全体で一、五九六億円、八

表0-1　国立大学の外部資金予算

1) COE関係

件数　204 (30大学　183件　90%)

28～12　東京28　京都23　大阪15　名古屋14　東北13　北海道12　東京工業12 (7大学　117件　57%)

8～4　九州8　神戸7　広島5　筑波4　一橋4　千葉4

2　群馬　横浜国立　金沢　岐阜　鳥取　岡山　徳島　長崎　熊本　東京医歯　東京外語　東京農工　お茶ノ水　長岡技科　北陸先端　豊橋技科　奈良先端

金額　264億円 (13大学　194億円　73%)

東京43　京都32　大阪23　東北19　名古屋17　東京工業17　北海道15　九州12 (8大学　178億円　67%)

神戸8　筑波4　東京医歯4　一橋4　広島4　奈良先端4　千葉4

2) 科研費等　1,596億円

東京309　京都175　大阪137　東北122　九州85　名古屋83　北海道83　東京工業60 (8大学　1,054億円　66%)

筑波35　広島33　神戸32　東京医歯26　千葉24　岡山22　金沢16　徳島15　長崎15　熊本15　奈良先端15　新潟13　群馬12　愛媛12　岐阜11　横国10

3) 受託・共同研究費 (億円)

東京232　京都90　大阪89　東北74　九州47　北海道41　東京工業32　名古屋30　広島19　筑波17　神戸16　岡山16　東京農工14　奈良先端14　山口13　熊本12　徳島11　千葉11　静岡10　北陸先端10

4) 研究経費 (億円)

東京253　東北158　大阪158　京都134　北海道76　名古屋70　九州69　東京工業66　筑波64　広島45　神戸31　千葉31　岡山26　新潟25　熊本24　東京医歯21　金沢21　長崎21

1) ～3) +4)

	外部資金		自己資金	
東京大学	584億円	+	253億円=	837億円
名古屋大学	130億円	+	70億円=	200億円
広島大学	56億円	+	45億円=	101億円
熊本大学	28億円	+	24億円=	52億円

大学だけで六六%になります。一〇億円以上科研費等を受け取っている大学は表にあるような大学です。

三番めに受託・共同研究費というものもあります。これは各大学が企業等から受ける研究費ですが、総額は計算できていません。一〇億円以上の大学はそこにあるような大学です。四番めの研究経費というのは各大学の財務諸表のなかに出てくる、研究に使ったと申告されている経費の額です。これは二〇億円以上の大学を挙げておきました。

これらは(四番めを除いて)研究に関わる外部資金ですから、一見してわかるように、研究機能の強い大学、研究大学に集中しています。大学は教育と研究の二つを主要な機能としていますが、教育面での格差は数値的にそれほどはっきりみえるわけではありません。研究活動の面で格差が現れてくるわけで、それが研究費の獲得額や支出額の違いとして明瞭に示されているということです。

これら外部資金獲得額で上位の大学の間にも、いつも上位に挙がっている常連的な大学とどこかに名前が出てくるだけの大学とがあり、常連的な大学が研究費をほぼ独占していることも、ここからみえてきます。COEから受託・共同研究費までの三つの金額を足し合わせたものを外部資金とし、研究経費を自己資金としていくつかの大学——特別の意図があるわけではありませんが、旧帝大のなかでトップの東京大学と最後の名古屋大学、それから文系旧官大のなかの広島大学、医科系の旧官大として熊本大学をとってみますと、一見して驚くほどの研究費の格差があることがわかります。その格差は、外部資金の導入の努力を支える経営資源の違いを残したまま、COE予算や科研費をはじめとする競争的な資金の増額が続けば、ますます傾斜を強めていくことになるでしょう。研究費は直接大学の収入となる間接経費(オーバーヘッド)を別途上積みする方向にありますし、研究費の一部は個別の研究者の、たとえば大学院での研究教育活動等を通じて、教育経費や管理経費に回っていくでしょうから、研究費の獲得額の多い大学の教育研究条件はますます良くなっていくとみてよいでしょう。

そうした格差構造の拡大が意図されたものなのかどうか、またわが国の高等教育や国立大学法人の未来にとって、望ましいものなのかどうか、あらためて検討を要する問題になりつつあるのではないかという思いが強くします。

(7) 法人化時代の国立大学政策

その問題については、「終章」であらためてふれることにして、ここでは法人化時代に対応する国立大学政策の必要性を指摘しておきたいと思います。

行政機構の一部であった時代と違って法人化された国立大学については、文部科学省の政策がきわめて重要な意味を持ってきます。国立大学の多様性や個性に応じた適切な対応をするのかしないのか。文部科学省自身がグループ分けをして、財務諸表の分析をしていることはすでにみた通りですが、その分析は、たとえば運営費交付金の額の算定、基盤的な校費の保証といった政策とどのように関係づけられるのか。中期目標・計画の達成度を評価する場合に、これまでみてきたような経営資源の差異をどう考慮していくのか。単一の、共通の視点で評価をすることが妥当なのかどうか。

国立大学法人をグループ分けせざるを得ないとして、グループの境界設定にはそれぞれの大学の努力だけでは越えられない枠があります。とくに重要なのは、研究機能面で設定されている枠です。具体的には、たとえば旧制帝国大学系の研究大学とそれに準ずる地位を占めている、旧官大や旧高専系から力を付けてきた筑波や広島、神戸といった大学の問題です。

日本という国家が国際水準の研究大学をいくつ育成し、持とうというのか。トップ三〇という話もありますが、傾斜のかかった研究資金の競争的な配分だけでは、国公私を通じて三〇校の研究大学を持つことは難しいでしょう。基盤的な教育研究投資を戦略的に進めなければ、外部資金にだけ頼っても本格的な研究大学の育成は困難です。ストックの格差を放置したまま、フローだけで研究機能の強化をはかるのは、不可能ではないかと思います。世界で五〇位以内、一〇〇位内にランクされるような大学をいくつ、どのように育成していくのかという視点が、政策的に重要ではないかと思うのです。研究者養成の基盤になる大学院博士課程の編成自体、文部科学省がこれまでとってきた政策の蓄積です。研究者養成の拠点的な大学を国公私を通じていくつ、どのように育成していくのか。文部科学省、いや政府はこれまで以上に明確な政策的な理念なり、目標を持っていく必要があります。また、高い頂点を持った高等教育システムを作り上げ、維持するためには、それを支えるがっちりした基盤、広い裾野が必要だということも忘れられてはならないでしょう。旧七帝大を中心とした研究大学だけでなく、旧官大や新官大をはじめとする地方国立大学群のなかにそれに準ずる研究大学群を育成していかなければ、旧帝大系の研究大学自身のレベルアップは望みがたいのです。

八七の国立大学を含めて七五〇近い大学を持つ巨大な高等教育システムのもとで、大学の個性化・多様化は当然のことです。研究機能がひと握りの研究大学に集中していくのも、避けがたいことといわねばなりません。しかし、それは歴史的に形成されてきた格差構造の固定化と、格差のいっそうの拡大を容認することと同じではありません。評価と競争に基づく教育研究の活性化、大学の個性化を促進し、国際的な競争に耐えうる大学と高等教育システムを作り上げようというのなら、文部科学省は格差構造の変革を進め、流動的で弾力的な高等教育システムを構築しなくてはならないと思います。

文部科学省の中教審大学分科会はすでにみたように、「将来像答申」のなかで「きめ細やかなファンディング・システム」の必要性を強調しています。その象徴ともいうべき各種のプロジェクト型予算にしても、またこれまでの新規概算要求に代わる教育研究特別経費にしても、体系的で計画的な政策を組み立てて配分していかなければ、国立大学間だけでなく国公私の大学間格差も広がり、結局は全体として高等教育システムの国際的な競争力の低下を招きかねないでしょう。法人化によってそうした国立大学間の、ひいては国公私立大学間の格差構造の新しい問題がみえてきたということ、格差問題が新しい局面を迎えたということを強調しておきたいと思います。

第1章　法人化への道

はじめに

国立大学の法人化に伴い、国立大学の財政・財務のあり方が大きく変わろうとしている。

しかし、法人化問題も財政・財務の問題も、最近になって突如として浮上してきたわけではない。それは明治以来、つまり日本の近代大学が成立して以来の長い歴史を持っており、現代的な改革の諸問題はその長い歴史と無関係ではないどころか、歴史のなかには改革の成否を分ける多くの教訓が含まれているように思われる。ここではそうした現代的な改革の視点から、国立大学の法人化と財政・財務のあり方をめぐって展開されてきた、歴史的な模索の過程を跡づけてみたい。

その中核となるのは財政的な自立と自律の問題である。「基金」制、特別会計制、講座制、積算校費制などは、いずれもそれを確立するための方策として導入されてきたものであり、しかもそれらは法人化問題と不可分に関わっている。財政的自立を謳った国立大学法人の発足が、この明治以来の課題の解決にどこまで寄与するものになりうるのか。それを検討するさまざまな手がかりが、そうした模索の歴史的過程のなかに隠されていると思われる。

1　帝国大学の発足と財政制度

明治一九（一八八六）年、帝国大学令や諸学校令の公布により、近代高等教育の制度的基礎が確立してからあと敗戦時に至るまで、国立諸学校の財政制度は基本的に帝国大学と他の諸学校とを分け、帝国大学に特別の地位を与える形で展開されてきた。それは帝国大学が総合的な教育研究機関として、他の国立諸学校とは比較にならぬ予算規模を持っていただけでなく、それが長い間、事実上唯一の大学として高等教育制度全体のなかで特別の位置を占めてきたためである。ただそうした大学自治や、学問の自由と結びついた帝国大学の特殊性・特権性と財政・財務との関係が、制度の発足当初から十分に意識されてはいたわけではない。「学問の府」としての大学自治の問題について、関係者の認識がまだ十分に深まってはいなかったからである。しかし同時にそこには、その後の大学財政の展開を特徴づけるいくつかの基本的な考え方が、すでに示されていたことがわかる。

(1)　基金・資金制の構想

戦前期の大学財政に特徴的な考え方のひとつとして、自己収入の重視と、そのための「基金」ないし「資金」の蓄積の構想を挙げることができる。

明治二一（一八八八）年、政府は「文部省直轄学校収入金規則」を公布し、「文部省直轄学校ニ於テ徴収スル授業料、試験料、証明料、其他ノ収入金ハ、之ヲ蓄積シテ基金ト為スコト」ができるとした。当初、国立諸学校のなかには官費生制度をとる学校もあったが、やがて授業料の徴収が一般化する。とくに明治一八（一八八五）年、文部大臣に就任した森有礼は授業料を大幅に引き上げ、それを大学・学校の自己収入の柱とする政策をとった。授業料を中心とした自己収入を一般会計に組み入れて費消することなく別途積み立て、将来の財政的自立性を可能にするための「基金」とすることをはかったのである。おそらくは欧米の大学・学校に学んでのことであろうこの「基金」蓄積の考え方は、明治一二（一八七九）年にすでにみられるが、明治二一年に至って明文化されたものである。

もちろん全体の所要経費からすれば、授業料等の収入そのものが少額であり、それを積み立てた「基金」からの収益がただちに重要な財源たりうるはずもなかった。たとえば明治二三（一八九〇）年末の帝国大学の基金額は五万六千円程度、そこから得られる利子収入は二、八〇〇円程度で、政府支出金四四万六千円に比べれば微々たるものであった（『東京大学百年史』通史2、一九八五、三〇頁）。しかし近代学校制度の発足当初にこのような財政的自立化の構想が政府内部にあり、しかもそのための資金の積み立てが第二次大戦の敗戦時まで継承されたことは注目に値する。なお、敗戦時までに国立諸学校に蓄積された基金の総額は五、六三〇万円、昭和二二（一九四七）年当時の全国立学校年間予算の六％相当だったとされている（神山、一九九五、四二頁）。

(2)　特別会計制度の発足

基金制とともに戦前期を通じて維持されてきた財政に関わるもうひとつの重要な制度は、「特別会計制度」である。明治二三（一八八〇）年に施行された「官立学校及図書館会計法」は、その最初のものである。帝国議会の発足に伴い、官立学校関係の財政制度の整備の必要から導入されたとされるが、帝国大学の場合、それは同時にのちにふれる「帝国大学独立論」とも深く関わっていた。いや、戦前期を通じて維持された「特別会計制度」の終局的な目的は、大学に限らず国立の高等教育機関全体の財政的自立にあったといってもよい。

この制度によれば、文部省の直轄学校は「資金ヲ所有シ、政府ノ支出金、資金ヨリ生スル収入、授業料、寄付金、及其他ノ収入ヲ以テ、其ノ歳出ニ充ツルコトヲ許シ、特別ノ会計ヲ立テ」るものとされた。ここでいう学校所有の「資金」とはそれまでの「基金」にあたるもので、「従来所有スル蓄積金、政府より交付シ若クハ他ヨリ寄付シタル動産、不動産、及歳入残金ヨリ成ルモノ」である。国立学校の予算について一般会計とは別に特別の会計制度を設けるという、戦前期を通じて続く方式の初期的な形態が、この時に作られたことになる。なおこの会計法による予算は学校ごとに編成され、帝国議会に提出されて承認を受けることになっていた。

同じ明治二三（一八八〇）年、上記の会計法を受けて「官立学校及図書館会計規則」が公布され、官立学校は、①政府の支出金、②授業料及試験料、③寄付金、④利子または配当金、⑤土地・家屋の貸付料、⑥実験用生産品売払代、⑦雑収入を「経常歳入」とするものとされた。このうち利子または配当金の原資となる「資金」は、維持資金と特別資金に分けられ、「維持資金ヨリ生スル利子、其他ノ収入ハ、学校一般ノ経費ニ充ツルモノトス」、「特別資金ヨリ生スル利子、其他ノ収入ハ特定ノ用途ニ充テ、其残余ハ該資金ノ増殖ニ充ツルモノトス」と定められた。「経常歳入」はもっぱら「経常歳出」にあて、臨時の歳出の財源は別途定められることも決まった。帝国議会の発足は官立学校の会計制度の整備をもたらしたのである。

ただこの特別会計制度については、それが予算の決定や執行について最も特権的な帝国大学の場合にも、自主性を保証するものではなかったことを指摘しておく必要がある。また建物等の施設費についても、臨時費として特別会計の枠外に置かれていた。その意味で、特別会計制度としてはまだ不完全なものにとどまっていたといえよう（『東京大学百年史』通史2、一九八五、二九頁）。

(3) 大学独立・法人化論

官立諸学校のなかでも「国家ノ須要ニ応スル学術技芸ヲ教授シ、及其蘊奥ヲ攻究スルヲ以テ目的トス」る（帝国大学令、第一条）とされた帝国大学については、明治一二（一八七九）年の時点ですでに政府や帝国大学の内部に、財政のそれを含むさまざまな独立論、ひいては法人化構想のあったことが知られている（寺﨑、二〇〇〇）。すなわち当時、政府部内には帝国大学を「法律上、一個人ト均シク権利ヲ有シ、義務ヲ負担」する独立の法人とし、その法人としての帝国大学を、「皇室ニ属シ、文部大臣之ヲ監督シ、皇室ヨリ下賜セラルル所ノ保護金、及学生ヨリ納ムヘキ授業料、其他帝国大学ノ収入ヲ以テ、之ヲ維持」する構想（「帝国大学令改正案」）があり、また帝国大学内部にも、この構想に近い案（「帝国大学独立案私考」、「帝国大学組織私案」）があった。さらに各新聞もこの問題に強い関心を示し、「大学経費の安定をはかることが大学の独立をはかる捷径だとする〈自治〉論」を展開した（同、二二二頁）。

新聞報道を中心にこれらの案を整理すると、1）基本財産案（国庫金から一時に数百万円を基本財産として与え、その利子収入により大学を維持運営する）、2）法人案（議会の予算審議権の枠外で、大学に毎年一定額の経常経費を与える）、3）帝室費案（帝室費のなかから大学予算を支出する）の三案になる（同、二二五頁）。いずれも議会からの財政的自立を目的としたものだが、それが実現されることなく「会計法」の交付をみるに至ったことは、すでにみた通りである。なお、帝国大学令は明治二六（一八九三）年に改正され、大学自治の根幹となる「評議会」の設置と、「講座制」の導入が決まった。同時に、「帝国大学官制」が定められ、教職員の職階別の定数、それに教員の俸給表が示され、本俸のほか担当講座に応じた「職務俸」の制度が採用されることになった。これらの改正は帝国大学の他の国立学校との制度上の差異がいっそう明確になり、また予算が一定の積算基礎を持ち始めたことを意味している。しかしこの時期の講座制はまだ、教官定数や予算と直接の結びつきを持つに至っていなかった。

2 「特別会計法」の成立

会計法の公布されたのちも官立学校、とくに帝国大学の予算は、議会の厳しい査定を経なければならなかったことから著しく安定性を欠いていた。『東京大学百年史』によれば予算は毎年のように減額され、政府や大学は財政の安定化をはかるため数百万円規模の基本財産の交付を求めたが、実現するには至らなかった（『東京大学百年史』通史2、一九八五、三〇－四〇頁）。しかも京都帝国大学の新設や東京帝国大学の拡張など、予算規模は年々拡大するばかりであり、とくに日露戦争後は議会が厳しい財政緊縮を求めたから、帝国大学の財政問題はいっそう深刻化した。あとでみる「定額支出金制」は、そうした矛盾の解決策として導入されたものである。

(1) 帝国大学特別会計法の制定

明治四〇（一九〇七）年、政府は従来の「官立学校及図書館会計法」を廃止し、あらたに「帝国大学特別会計法」と「学校及図書館特別会計法」の二つの特別会計法を公布した。直轄学校の数が増えて学校ごとの特別会計を置くことが煩雑になったのと、予算規模が大きくまた「学問の府」として特別の位置を占める帝国大学を、一般の国立学校から分離して扱う必要性が認識されたことが、その理由と思われる。

この時点で設置されていた帝国大学は、東京・京都の二校だけである。「帝国大学特別会計法」はこの二校について、第一条に「東京帝国大学及京都帝国大学ハ、資金ヲ所有シ、政府ノ支出金、資金ヨリ生スル収入、授業料、寄付金其ノ他ノ収入ヲ以テ、其ノ一切ノ歳出ニ充ツルコトヲ許シ、特別ノ会計ヲ立テシム」とし、第二条には「前条ノ政府支出金ハ、東京帝国大学ニ在リテハ毎年度百三十万円、京都帝国大学ニ在リテハ毎年度百万円トシ、一般会計ヨリ之ヲ繰入ルヘシ」と定めた。いわゆる「定額支出金制」である。なお第三条には「各帝国大学ノ資金ハ、政府ヨリ交付シ、又ハ他ヨリ寄附シタル動産及不動産、並歳入残余ヨリ成ル」ものと規定されている。

これにより帝国大学は財政上他の国立学校と別個に扱われるようになり、また議会での審議と関わりなく、一定額の予算を保証されることになった。

このことは同時に帝国大学が予算の執行面で、一定の自律性を獲得したことを意味した。毎年政府から交付される定額の予算に自己収入を加え、それをどのように配分・支出するかについて、帝国大学は一定の自由を認められることになったからである。従来の会計法のもとで「大学の財政は一般会計の予算の編成に左右されること多く、大学の経済的自主性は希薄なものがあった」のに比べて、特別会計法が「定額政府支出金制度を採用したことは画期的事象」であった（佐藤、一九六四、二二四－二二五頁）とされている。財政面で帝国大学の自律性を認めることが教育と研究の発展につながることが、ようやく認識されるようになったのであり、その意味でまさに「画期的」なことであった。

その定額支出金の額は右にみた通り、東京帝国大学一三〇万円、京都帝国大学一〇〇万円と定められた。明治四一（一九〇八）年度の東京帝国大学の予算を例にとれば、歳入総額は一七〇万円、うち政府の定額支出金一三〇万円は、七六％を占めていた。自己収入の主要なものをみると「患者収入」一五・五万円（九％）、授業料一三・八万円（八％）となっており、「資金」からの「利益金」（利子収入）は一・一万円（〇・七％）程度にとどまっている。会計法第一条にみられるように「資金」を収入の第一に挙げても、それが自己収入の大きな部分を占める状態ではなかったことがわかる。わずか二校の特権的な帝国大学をもってしても、自己収入に大きく依存した学校経営は成り立ちがたかったのである。

こうして一定の自律性を認められたとはいえ、予算の編成・執行について大学に許された自由は大きなものではなかった。明治四〇(一九〇七)年には、「特別会計法」と並んで「帝国大学経理委員会規則」が定められ、委員には帝国大学分科大学長および書記一人のほか、文部省専門学務局長、大蔵省主計局長および書記官一人がなるものとされた。つまり予算の配分・執行は、文部省と大蔵省の監督のもとに行われることになっていたのである。「実際には経理委員会の前に、東京帝国大学として独自の意思決定を行うべく、予算概算決定に関する学内の委員会がおかれていた」(『東京大学百年史』通史2、一九八五、五五頁)とされるが、財政的な自主性は実際には大きなものではなかったとみるべきだろう。

なお、帝国大学以外の国立学校(および図書館)については、「学校及図書館特別会計法」が公布され、「之ヲ通シテ、一ノ特別会計ヲ立テシメ」るとあるように、全体として一本化された特別会計制度が導入されることになった。三〇数校に達した小規模の官立学校ごとに予算を編成することの煩雑さだけでなく、「年ニヨリマシテハ、或ハ多少ノ余裕ヲ或ル学校ニ於テ生ズルト云フ場合モアル……一方ニ於テ不足ヲ感ズル場合ニ於テ、一方ノ余リヲ以テ之ヲ流用スルト云フガ如キコトハ、不利益ガ無クシテ、学校経営上ニ於テ多大ノ便宜ヲ得ル」(佐藤、一九六四、二八八頁)というのが、その理由であった。

ただ帝国大学と異なり官立学校の場合には政府支出金の定額制はとられず、また経理委員会が置かれることもなかった。二校の帝国大学がいかに特別の扱いを受けていたかがうかがわれる。

(2) 定額制度をめぐる議論

その定額制の導入をめぐっては、帝国議会では激しい議論があったことが知られている。現在の国立大学法人化問題に通ずる興味深い論点が含まれているので、その概略を紹介しておこう（同、二七六－二八六頁、原史料は『帝国議会議事録』）。

まず、法案を提出した文部大臣（牧野伸顕）は、次のように説明した――帝国大学も発足以来二〇年近くを経て、ようやく基礎が定まった。これからは毎年予算を議会で議論するのでなく法律で一定額を大学に保証し、大学が自ら数年後のことを考えて、計画的に予算を使えるようにすることが、「大学ノ経営上ノ便宜」である。もちろん学問は年々進歩するから、新しい予算が必要になるだろう。しかし大学には「授業料、病院ノ収入、其他雑収入」がある。「是等ヲ経営致シテ、増収ノ計画ヲ計ル余地ガ、マダ十分アル」。経費の増加はこうした財源でまかなうことができるだろう。また予算項目はなるべく少なくして項目間の「流用ノ余地」を作るなど、「多少経費ノ自由ヲ許ス」ことにしたい。その代わりに「経理委員会」を置いて「監督ト云フコトヲ厳重ニスル」ことにしたい。

これに対する反対意見（花井卓蔵議員）は、なによりも帝国大学を会計上特別扱いすることに向けられたが、それだけでなく、大学に「財政独立ノ機能ヲ授」けたからといって、それが「ヤガテ学問独立ノ一段階ニナルデアロウ」と考えるのは「一ノ空想」にすぎないという、厳しいものであった。さらに厳しいのは、「帝国大学ノ分科（大学）ノ実況」を踏まえた批判である。「各分科大学ト云フモノハ、群雄割拠ノ有様デ、各々法科大学城、工科大学城、理科大学城、医科大学城、ト云フ城郭ヲ構エテ、得タル所ノ予算ト云フモノヲ最モ多クセシメント、互ニ競争シツツアル、実際ト云フモノハ、殆ド目ヲ当テラレヌ有様」であって、「各分科大学ハ、互ニ教室ノ融通サエモ致サヌ」。そんな状態のところに定額の予算を保証し、自由に配分してよいということにしたら、「彼等ガ恣ナル分捕ヲシテ、結局経理スル事柄ガ出来ズシテ……各分科、喧嘩ノ媒介トナスト云フ有様ニ立至ル」ことになるだろう。必要なのは大学に対する監督を、さらに強化することである。特別会計法が公布されれば「文部大臣ハ大学監督ノ権能ヲ奪ハレ、而シテ各分科ノ分取主義ヲ奨励シテ、ソウシテ学問ノ府ヲ、化シテ財利競争ノ場ニ変ゼシムル」ことになるだろう。

一部にこうした強い反対意見はあったが特別会計法は政府原案通り可決され、公布されることになった。

(3) 定額制度の現実

その定額制は、大学の自己責任による計画的な予算の編成・配分という点でたしかに長所を持っていた。しかしそれは大学の教育研究活動の拡大やインフレの進行などにより、たえずその額を改定する必要を生じざるを得ないという難点を免れることができなかった。制度の発足当時、文部省は一〇年程度は定額の変更の必要性はないと考えていたようだが、その見通しの甘さはたちまち明らかになった。

東京帝国大学についていえば、明治四〇（一九〇七）年に制度が発足してから、四三年には「官吏増俸のため」、四五（一九一二）年「商業科増設のため」、大正三（一九一四）年「行政整理のため」、大正五（一九一六）年「伝染病研究所移管のため」、大正七（一九一八）年「物価騰貴のため」、大正八（一九一九）年「俸給の増加と教育学科設置のため」，大正九（一九二〇）年「物価騰貴と増俸のため」というように、ほとんど毎年のように増額が繰り返されている。それだけでなく定額の政府支出金でまかなえない場合、別の法律によって「臨時政府支出金繰り入れ」を行うこともしばしばあり、大正九年までの間に六回に及んでいる（同、二九一－二九三頁）。

しかも特別会計制度は、臨時的性格を持つ施設整備の費用をも経常歳入でまかなうことを前提としており、施設の営繕や新築の費用として定額外の政府支出金が必要とされる年度もあった。定額制度は事実上、有名無実化し始めていたのである(『東京大学百年史』通史2、一九八五、五二－五七頁)。

3　敗戦時までの特別会計制度

二つの特別会計法のうち、帝国大学特別会計法は大正一〇(一九二一)年、「大学特別会計法」に改められた。大正八年末の大学令の公布により、帝国大学以外の官立大学の設置が認められたためである。改正された会計法では「帝国大学ハ各別ニ、其ノ他ノ官立大学ハ之ヲ通シテ、一ノ特別会計ヲ立」てることになっていたが、大正一四(一九二五)年の改正で、すべての大学が一つの特別会計に包括されることになった(国立学校特別会計研究会編著、一九九四、九頁)。

(1)　新会計法と定額法

この新しい特別会計法の重要な問題点は、引き続き東京・京都の両帝国大学のみに適用された、政府支出金の定額制にあった。それが有名無実化しつつあったことはすでにのべたが、経済成長に伴うインフレの進行と、教育機会の拡大や研究教育活動の活発化による大学の大幅な規模拡大の必要性は、定額制が両大学の自立的な発展の保証よりはむしろ制約要因として働き始めたことを意味した。

大正九(一九二〇)年の帝国議会ではすでにこの制度について、「大学ノ方デハ甚ダ不便ガアリマスガ、是ハ御除キニナリマスカ」とか、「学問ノ研究ト云フ事ニハドウモ際限ガナイカラ、政府支出金ヲ一定シテ動カナイト云フ時期ニ達スルト云フコトハ、ドウモ目当ガ付カナイノデハナイカ」といった、定額制の再検討を求める質問が相次いで議員から出されていた（『東京大学百年史』通史2、一九八五、三六五頁）。実際に「臨時政府支出金繰入れに関する法律」によって、特別会計に繰り入れられる臨時支出金は、たとえば大正一二（一九二三）年の東京帝国大学の場合一、三二四万円と、定額支出金二、八八四万円の二分の一弱に達している。それだけでなく定額支出金の額そのものが経常支出の伸びに追いつかず、大学の財政を圧迫しつつあった。

帝国大学の財源としては定額金のほかに、定額外の使途の指定された（臨時費を含む）政府支出金、それに自己収入がある。自己収入は本来、定額金とともに大学が自由に使用しうる資金であるはずだが、その大きな部分は先にみたように病院収入や演習林収入で占められており、それら収入源となる事業に優先的に配分されざるを得なかった。このことは自己収入や用途指定金の額が増え予算規模が大きくなっても、定額金の伸びが抑制されればそれだけ大学が財政上の自由が増すどころか、逆に抑制されることを意味した。事実、大正一二（一九二三）年の政府支出金についてみれば臨時支出金と用途指定金、つまり大学の自由にならない政府支出金の総額は二、四七八万円で、定額支出金とほぼ同額に達していた。

(2) 定額制の廃止と講座制

定額制の限界は講座制との関係でも意識され始めていた。すなわち、定額制をとらない他の帝国大学では、講座の新設は定員増や予算増を伴うものであったのに対して、定額制をとる東京・京都の両大学では、新規事業の予算要求は「重要ニシテ且経費多額ヲ要スルモノ」に限られ、小規模の定員増や講座増は定額金と自己収入の範囲内で対応することを求められていた。「一ツノ講座ヲ増ストカ云フヤウナ事柄ノ為ニ、一々定額ヲ増シテ行テハ大変」というのが文部省の考え方だったのである（同、通史2、三六九頁）。

先に指摘したように、講座制が帝国大学に導入されたのは明治二六（一八九三）年のことである。しかしその講座制は、人員の配置や予算の配分と直接の結びつきを持っていなかった。ただ教育と研究の長期的な発展をはかるために、講座を予算の積算や人員配置の基礎単位にしようという考え方が、文部省内になかったわけではない。大正一〇（一九二一）年には新増設講座について、講座を実験講座・非実験講座に分け、それぞれに講座俸と校費の額を決め、それを予算の算定基準とする方策がとられている。また東京帝国大学は大正一二年の予算要求の際に、既設の講座についても「内容整備ニ関スル経費」を要求しているが、その要求は「『㈠実験アル学科（医学部、工学部、理学部、農学部）』は『教授一、助教授一、助手二』の定員と講座経費（人件費、物件費合計）二万円、また『㈡思想学科（法学部、文学部、経済学部）』は『教授一、助手一』の定員と講座経費八千円という基準」によるものであった（同、通史2、三七〇頁）。

こうした積算校費的な考え方が出てきた背景には、定額制をとる両大学の経費面での貧困化がある。たとえば一講座あたりの経費をみると、定額制をとらない北海道帝大の一万四千円、東北帝大の九千五百円に対して、東京帝大のそれは七千八百円にすぎなかった（大正一三年）。定額金の増額を求めた大正一三（一九二四）年の東京帝大の文書は「東北、九州、北海道ノ各帝国大学ニ比シ、授業及研究費ハ著シク寡少ニシテ、当初大学ノ本質ニ鑑ミ独立的研究ノ歩武ヲ進メ、国運ノ興隆ヲ期センカ為メニ創定セラレタル定額制度ハ、却テ研究上ノ不便ヲ来シ、大学ノ発展ヲ阻害スルノ結果ヲ招来スルニ至」ったと、歎いている（同、通史2、三七二頁）。

結局大正一三年をもって両帝国大学の定額制は廃止され、全帝国大学の予算が一本化されることになった。それとともに講座を単位とする予算算定方式が導入され、また物件費と人件費の一部（雇員給、傭人料）を合わせて、「校費」という科目がはじめて設けられた（同、通史2、三七四頁）。

講座を教官定員と予算に結びつけようという動きは、このように財政問題を背景に具体化していくのだが、第二次大戦後の国立大学に引き継がれる講座制の原型が固まったのは、大正一五年になってからである(同、通史2、二六一―二六二、三七二―三七三頁)。それによれば、講座は三種類に分けられ、それぞれの教員定数は非実験講座で教授一、助教授一、助手一、実験講座が教授一、助教授一、助手二、臨床講座は教授一、助教授一、助手三と定められた。ただし、この基準は新設の講座だけに適用されたのであり、既存の講座はそのままに残され、不完全講座問題を生むことになった。つまり先発の、しかも定額制をとってきた東京、京都の両大学には、講座の教官定員が上記の基準に満たない講座が多数残されることになったのである。

なお昭和一九(一九四四)年に至って、従来の「大学特別会計法」と「学校及図書館特別会計法」を一本化し、図書館(具体的には帝国図書館)を一般会計に移す形で、「学校特別会計法」が公布された。学校特別会計のなかは帝国大学・官立大学・直轄学校に区分され、さらに帝国大学については大学ごとに区分されていたから、基本的にはこれまで通りということになる。また同法の第一二条は「大学及学校ニ属スル収入ヲ以テ、ソノ歳出ヲ支弁シ、別ニ政府支出金ヲ要セザルニ至リタルトキハ、当該大学及学校ノ為ニ特別会計ヲ設ケルモノトス」とあり、依然として基本財産の蓄積による財政的自立の理想が掲げられていたことが知られる(国立学校特別会計研究会編著、一九九四、一〇頁)。いずれにせよ第二次大戦後の国立学校特別会計制度は、こうした戦時期に作り上げられた遺産を継承するものであった。

4　新制国立大学の財政問題

敗戦後の昭和二二年、「学校特別会計法」は廃止され、国立大学・学校の予算は一般会計の一部として扱われることになった。その理由は財政制度の民主化・合理化のためとされるが（『東京大学百年史』通史3、一九八五、一八五頁）、「第二次世界大戦によって大半を焼失した国立学校施設の復興には、莫大な資金と施設の確保を急速に得なければならなかった状況におかれて、国立学校の財政の自主独立体制のなかで、これを確保することは困難であった」ためという指摘もある（国立学校特別会計研究会編著、一九九四、一〇－一一頁）。後者の説は戦前期の「学校特別会計法」が、資金の積み立てによる国立大学・学校の財政的自立を目的としたものであったことを重視するものだが、その目的が理想にすぎなかったことはすでにみた通りである。いずれにせよ、それから昭和三九年の「国立学校特別会計法」の成立まで、国立大学の予算は一般会計の枠内で処理されることになった。

(1)　大学法試案要綱

昭和二三（一九四八）年、文部省は新しい国立大学制度を前提にした「大学法」の試案要綱を発表した。この試案要綱は、昭和二四（一九四九）年に発足が予定された、新制国立大学の管理運営のあり方を示したものだが、そのモデルはアメリカの州立大学にあったと思われる。試案要綱は第一条で「国立大学ハ之ニ要スル経費ノ大部分ヲ国庫ヨリ受ケ」るものとし、第一一条で財政について詳細に規定している。その内容は以下の通りである（大崎編、一九八八、二五一－二五六頁）。

1．授業料
中央審議会ノ答申ニヨリ、文部省ハ各学生ヨリ徴収セラルベキ授業料、入学金、其他ノ最高額ヲ決定スル。

最高額ハ学部ニ依リ、タトエバ医学部ト、リベラルアート学部ニ於ケル様ニ異ツテヨイ。

2．国庫ヨリノ収入

各大学ハ毎年次ノ金額ヲ国庫ヨリ受ケル。

A．主トシテ大学ノ総行政費ニ充当スル経費。

B．前年度ノ科程ヲ修了シタ学生一人当リ（又ハコレニ相当スル者）ニ対スル費用。

C．前年度専任教職ニアッタ各教員ニ対スル経費。

3．生活費調整

〔上記の〕金額ハ毎年日本銀行小売価格指数ニ基キ調整サレル。

4．特別計画及研究資金

大学ハ、文部省又ハ他ノ政府機関ノ適当ナ法的審議機関ノ特別ノ推薦ニ基キ、特別計画研究事業等ニ対シ、全額又ハ一部ノ補助ヲ国庫ヨリ受ケルコトガ出来ル。

5．施設改善費

大学ハ文部省並ニ中央審議会ノ特別推薦ニヨリ、土地建物設備等施設改善費ニ関シ国庫ヨリ更ニ補助ヲ受ケルコトガ出来ル。

6．都道府県税

都道府県会ハ経常費臨時費或ハ特別目的ノ為、都道府県税ニヨツテ経費ヲ調達スル権限ヲ有スル。

7．寄附金

各大学ノ管理委員会ハ、建物アルイハ研究等ノ特殊目的ノ為、個人又ハ団体ヨリ特別寄付ヲ受ケル権限ヲ有スル。

8．一年ノ経費ガ過度ノ増加ヲ防グ為、前年ニ於ケル該大学、又ハ之ニ附随スル分校ニ在籍スル学生総数ノ一割以上ヲ増加シテハナラナイ。

この（国立）大学法案は大学関係者の強い反対を呼び、結局成立をみることなく終わるのだが、そこに示された国立大学財政についての基本的な考え方には、（アメリカの州立大学がモデルだとすれば、当然のことだが）現在の国立大学法人化のそれとも共通する点が少なくない。たとえば授業料収入の自己収入化、学生・教員数ベースの積算、研究費と施設設備費の別途配分、などがそれである。

なおこの試案要綱については、東京大学の新制大学準備委員会のもとに設けられた学校財政法特別委員会が、昭和二四（一九四九）年初め、それを下敷きにしながら戦前期と同様の全額国庫負担による特別会計制度を提案したことが知られている。その概略は以下の通りである（『東京大学百年史』通史3、一九八五、一八七－一八九頁）。

「国立大学の財政は各大学別の特別会計とし、経費は原則として国庫から全額支出されるものとするが、総経費の金額は次の各項によって決定する。

1．授業料による収入
学生より徴収せらるべき授業料、考査料、入学金其の他は大学の申出によって国立大学委員会が審議決定する。

2．病院、演習林、農場、研究所等の事業から生ずる収入当該事業費とにらみ合わせて、大学の申出に基き、国立大学委員会が審議決定する。

3．国庫よりの収入

各大学は毎年次次の金額を国庫より受ける

A．教官、事務官、技官の給与金

B．主として大学の総行政費に充当する経費

C．前年度の課程を修了した学生一人当たりに対する費用

D．前年度現存した講座に対する経費

E．大学院、研究所、演習林、農場等の研究及実験、実習機関運営に必要な経費

4．5．6．は試案要綱とほぼ同じ

7．寄付金

各大学は建物、設備、又は研究等の特殊目的の為個人又は団体より特別寄付を受ける権限を有する。都道府県が右の寄付金をなす場合には都道府県税によって調達することが出来る」。

ここには長く特権的な地位を保証されてきた旧帝国大学としての、東京大学の立場が鮮明に打ち出されている。当時の総長南原繁は、大学行政官会議でこの案を説明するにあたって「『今や多数設立させるべき全国の大学の予算をいかにして賄ひ、いかに調節すべきかは、頗る重要な問題』であり、『そのためには、大学の財政を出来るだけ合理化し、何らかの客観的規準を見出すことによって予算の科学的編成に努めることはきわめて望ましいこと』であるとし……続けて、『そのことは各種の異なった多くの大学を画一化してその予算を機械的に平均化すること

であってはならず、それぞれの大学の規模と機能に応じた運営が妨げられぬやう配慮されることが必要』であり、『研究機関としての大学の機能――特に……大学院や研究所を持つに至る経費』を保証することを課題として掲げた」のだとのべた（同、通史3、一九〇頁）。

「特別会計の設置といってもそれは、かつてのように資金の保有による財源確保という意図を持つものではなく、新制国立大学全体の財政を確立する『客観的規準』と『科学的編成』が課題であり、その上で、研究所・大学院を持つ旧帝国大学の機能を保障する財政形態が模索されていたのである」（同、通史3、一九〇頁）。

その後、昭和二六（一九五一）年には文部省が「国立大学管理法」案を国会に提出したが、これも成立をみるには至らなかった。ただこの管理法案には財政に関する条文はなく、管理運営と財政の問題が切り離して扱われるようになったことがわかる（大崎編、一九八八、二七三－二八五頁）。

(2) 教育刷新審議会の答申

同じ昭和二六（一九五一）年、教育刷新審議会は「教育財政問題について」の答申を出し、そのなかで「国立大学財政問題」への早急な対応を求めた（日本近代教育史料研究会編、第一三巻、一九九八、一一〇－一一二頁）。この答申は特別会計制度の設置など、その後の国立大学財政のあり方を考えるうえで注目すべき提言を含んでいる。その概要は次の通りである。

1．大学財政の総合計画

国立大学は現在七一校に及び、その財政の実態はすこぶる貧弱であり、その拡充と均衡をはかることが急務である。そのためには大学財政に関する総合的計画を立てる必要がある。

1) 施設の新増設改造ならびに復旧については、国土的に一定の年度計画を立て、大学もしくは学部ごとに緩急順序を定め、逐次充実完成してゆくこと。また、その間新たな大学の設置はこれを差し控えること。

2) 総合計画の樹立に当り七一大学中、大学院（特にドクター・コース）を置くものと置かないものとを分ち、それぞれこれに応ずる施設の拡充整備をはかること。

2. 国立大学特別会計

国立大学に対しては一般の政治、財政の変動の影響を受けることなく、恒常的にその使命を遂行するため、国立大学特別会計の制度を設け、政府は毎年予算をもって一定の支出金の交付を保障するとともに、事業収入、収入超過額、支出不要額、動産不動産から生ずる収入、寄付金等を財源として、資金を蓄積し得る大学に対しては、これを可能ならしめる途を開く外、予備金、借入金の制度を設ける等、大学の予算を充実するよう措置すべきである。その特別会計の内容は次の通りである。

1) 国立大学全体をもって一つの特別会計とするが、各大学ごとにこれを整理区分すること。

2) 大学における歳出については、原則上その財源を政府の支出金による建前を堅持しつつ、資産より生ずる収入、授業料、寄付金その他の収入をも併せ考えること。

3) 資金、予備金、借入金等の制度を設けること。

3. 国立大学予算積算の方法

国立大学の予算を合理的かつ公正ならしめるため、左の方針により、予算積算の基準を設定すべきである。

1) 施設費

イ　建設費については、非実験、実験、臨床の種別に応じ、各部各科ごとに学生一人当りの単価を定め……学部の規模と構成に応じて、それぞれの標準単価により建設費を積算すること。

ロ　設備費、特に研究設備費については、各部各科の特殊性にかんがみ、それぞれ一定の最低設備基準を儲けこれに基づいて設備費を積算すること。

ハ　あらたに施設更新費を設け、老廃施設の更新をはかること。

2)　経常費

イ　学部関係の経常費は、これを運営費、学生費、研究費および旅費に区分し、さらに運営費はこれを事務費、諸給与、維持費に、学生費はこれを授業費、厚生補導費に細分し、それぞれの費目につき、標準教育費を定めること。

ロ　事務費、授業費については、非実験、実験、臨床の種別に応じ学生一人当りの標準単価を、厚生補導費については学生を区別せず平均一人当りの標準単価を、また研究費については非実験、実験、臨床の三種に区別し、講座ごともしくは教官一人当りの標準単価を定めること。

ハ　総合大学における本部経費は学部経常費に依存せしめず、これを独立の費目として設定し、学部構成、本部の規模、学生数等に応じ、適当に勘案すること。

ニ　学部経常費については、大学院を置く大学については別項により区分して計上すること。

3)　大学院を置く大学

大学院を置く大学については研究者養成機関としての使命にかんがみ、その濫設を避けるとともに、その充実にはとくに力を注ぐことを要する。

イ　施設費については、学部施設の状況とにらみあわせて、必要施設を整備すること。

ロ　非実験、実験、臨床の種別に応じそれぞれ最低基準を設け、かつ標準単価を定めること。

ハ　経常費に関して、運営費、学生費等につき標準単価を定めるとともに、特に研究費には格別の考慮を払うこと。

教育刷新審議会のこの答申は、今の時点でみてもよく考慮された妥当な内容のものになっている。その後の国立大学の財政政策は、ほぼこの答申の線に沿って展開されたとみてよい。ただ特別会計化がすぐには実現せず、また運営費・学生費・研究費の区分や本部経費と学部経費、学部経費と大学院経費の区別についてはあいまいなままに予算配分がなされ、多くの問題を生じたことはあとにみる通りである。

(3)　積算校費制と講座・学科目

このように、新制大学への移行により一挙に七〇校を越えるに至った国立大学の財政について最重要の課題は、答申に示された標準教育費や標準単価の考え方にみられるように、「科学的」「客観的」な予算の編成・配分基準を設定することであった。しかし厳しい財政事情と、旧制度のもとでそれぞれに異なる、しかも必ずしも明確ではない基準に基づいて予算配分を受けてきた諸学校を再編・統合して発足した新制の大学・学部に、具体的にどのような新しい基準によって予算を配分するのか。客観性・科学性の問題はひとまずおいて、文部省がとった具体的な方策は講座制と学科目制という、教育研究組織の編成形態の違いに着目したいわゆる「積算校費制」であった。

別途予算化される国家公務員としての教職員の人件費を除いて、国立大学の経費は物件費と総称され、それはさらに一般管理費・教官研究費・学生経費の三つの部分からなっていた。この三者は当初明確に区別されていたが、一般管理費の伸びが抑えられ、その不足を残る二つの部分が補う形になっていったため、教官研究費と学生経費は、文字通り教官や学生のためだけに使われる経費ではなく、予算配分の際の基準あるいは単位にすぎなくなり、「積算校費」あるいは「当り校費」というあいまいな言葉で呼ばれるようになった。

このうち、その金額からいっても配分方式からいっても、最も重要な位置を占めたのは教官研究費、つまり「教官当り積算校費」である。戦前期の帝国大学が「講座制」をとり、「教育研究」のための学問分野をあらわすその講座を、教員および研究費の配分単位としていたことは、すでにみた通りである。これに対して帝国大学以外の官立諸学校では、「教育」の必要な分野ごとに教員を配置する「学科目制」がとられていた。こうした内部組織の編成方式の違いをどうするかは、新制大学制度への移行にあたって重要な論点のひとつであったが、結局、新制国立大学・学部は前身校による組織原理の違いをそのまま引き継ぐことになった。すなわち旧制の大学・学部は講座制、旧制の高等学校・専門学校・実業専門学校・師範学校の後身である大学・学部は学科目制をとり、しかも講座制は教育研究のための組織、学科目制は教育のための組織という性格づけがされることになったのである。

「教官当り積算校費」の配分基礎とされたのは、こうした講座制と学科目制の違いである。そして講座は教育刷新審議会の答申通り、非実験（主として人文・社会系）、実験系（主として自然科学系）、臨床系（主として医・歯系）の三種に、また学科目は非実験、実験の二種に分けられ、それぞれに異なる積算単価が設定されることになった。それぞれの単価とその推移は、**表1-1**にみる通りである。それによれば、積算単価に、非実験と実験・臨床とでは一対三ないし四の差がつけられていたこと、また講座と学科目の積算単価については、はじめはほぼ同じだったものが年とともに差がつけられ、昭和三八（一九六三）年当時には講座制が学科目制の三倍近くになっていたことが知られる。積算された予算の額はこうして講座制と学科目制、非実験系と実験・臨床系の間で大きな差異を持つことになったのである。

学問の性格と関わる非実験・実験・臨床の別はともかく、講座制と学科目制の差異をどのように正当化しうるのかについては、先に述べたように「教育研究」のためと「教育」のためという、目的の違いが強調されてきた。

戦前期の高等教育システムのもとでは、大学のみが教育と研究の二つの役割を果たすものとされ、それ以外の諸学校は教育の役割のみを期待されていた。

表1-1　教官当り積算校費の推移（実額）

区分／年度	講座			学科目	
	非実験	実験	臨床	非実験	実験
昭和24年	89,000	273,000	302,000	82,000	244,000
25	133,000	386,000	419,000	122,500	353,000
26	266,000	772,000	838,000	122,500	353,000
27	266,000	772,000	838,000	122,500	353,000
28	274,000	802,000	876,000	126,000	367,000
29	267,150	781,950	848,250	122,850	357,845
30	253,793	942,853	805,838	116,709	339,935
31	303,000	887,000	962,200	116,709	339,935
32	334,000	976,000	1,059,000	129,500	375,000
33	340,179	1,136,064	1,232,676	131,896	400,125
34	363,100	1,432,900	1,554,800	140,800	485,500
35	435,720	1,719,480	1,865,760	168,960	582,600
36	514,300	2,029,700	2,202,400	199,400	687,700
37	591,500	2,334,200	2,532,800	229,350	790,800
38	653,700	2,579,400	2,798,800	253,400	873,800

注）1　講座の教員構成は次の通りである。

	教授	助教授	助手
非実験	1	1	1
実験	1	1	2
臨床	1	1	3

2　学科目制については、教官当り積算校費は、教官を単位として積算されているが、ここでは比較のため、次の教員構成をとるものとして、学科目単位で算出した。

	教授	助教授	助手
非実験	1	1	0.5
実験	1	1	2

3　教官当り積算校費が講座と学科目とで差があるのは、講座は大学院の授業を担当しているのに対して、学科目は担当していないことによるものである。

表1-2　予算配分状況（昭和26年度）

	庁　費	教官研究費	学生経費
(A) 文部省配布	5,105,600	193,901,149	24,204,307
本部留置額	742,650	24,112,060	7,425,410
学部配布	4,362,950	169,789,430	16,778,960
学部中央留置額	3,783,740	92,431,507	8,260,699
(B) 学科配布	579,210	77,357,923	8,518,261
(B) / (A)	11.3%	39.9%	35.2%

その前身校の担ってきた役割の違いが、新制度のもとですべての高等教育機関が（新制）大学になったあとも、講座制と学科目制という組織原理の違いの形で継承されたのである。昭和二八（一九五三）年には新制大学院が一斉に発足するが、国立大学の場合、大学院研究科の設置を認められたのは、教育と研究の両機能を期待された講座制（いいかえれば旧制）大学・学部だけであった。つまり教育刷新審議会の答申にあった「大学院をおく大学」に対する配慮は、講座制と学科目制による「教官当り積算校費」の違いという形で具体化されたのである。

このことは、大学院（博士課程研究科）を持つか否かによって、制度上同一化された国立大学・学部の間に、予算配分のうえで大きな差異が生じたことを意味する。しかも大学院の設置はその後長い間、旧制度下の大学・学部のみに認められることになった。その講座制・学科目制の差異に応じた「教官当り積算校費」が、額面通りの教官研究費ではなく、一般管理費の不足分を補うためにも使われたことは、すでにみた通りである。

昭和二六（一九五一）年に行われた「大学等研究費の実態調査」によれば、国立大学の予算配分状況は**表1-2**の通りであり、本部さらには学部の留め置き分（一般管理費等に使用される）を差し引いたのち学科に実際に配分された額は、教官研究費で四〇%、学生経費では三五%にすぎなかった（『東京大学百年史』通史3、一九八五、一九一一一九三頁）。

5　改善への要望

こうした国立大学財政の状況は、当事者である国立大学に強い危機感を抱かせるものであった。国立大学協会は、昭和二九（一九五四）年には次のような要望書を文部省に提出し、事態の改善を求めている。

「新しい学校制度の実施以来……国立大学については全体的且つ継続的整備充実の計画が確立されていないのは遺憾にたえない。なお各種国立大学の性格が明らかにされず、従ってその個性に応じた発達と充実の方策が講ぜられていない。また大学の財政についても、その年暮らしの予算が組まれて継続性と安定性に欠けており、建物及び諸設備の充実についても、見透しを持たない現状である。このような行方では、各種の性格を持つ大学がそれぞれの使命を十分に発揮することができず、国立大学協会としてはまことに憂慮に堪えない。よって国立大学の財政計画を樹立し、もって大学の振興を図る必要がある。政府は、右の趣旨に添って、熱意と権威とを持つ適当な委員を以って構成する強力な審議会を文部省内に設置されるよう要望する」（国立学校特別会計研究会編著、一九九四、三五頁）。

要望は、施設設備の整備に重点が置かれているが、国立大学財政全般にわたる審議検討を期待していたことは、同じ二九年の国大協の内部資料「国立大学財政確立に関する改善案」が、特別会計制度の導入や予算制度の改善を含めた、包括的な改善提案をしていることからもうかがわれる（同、三六－三七頁）。

しかし、財政制度の改革はなかなか進まなかった。昭和三八（一九六三）年には、中央教育審議会の大学問題に関する戦後最初の包括的な答申「大学教育の改善について」が出され、その一項として「大学の財政について」が挙げられ、そのなかで国立大学の財政問題にかなり詳細な検討が加えられている。

そこでは「国立大学の財政は……大学の自治の実質的な面の現れである。したがって、そのあり方は、教育研究上の必要に即して、自主性、弾力性を備え、かつ、長期的観点からの計画的運用を可能とするものでなければならない」という認識が示され、そこから「国立大学の財政のこのようなあり方の実現を特別会計制度の採用に求める意見」があるが、過去のそれが「経済事情の変化や大学の発展に伴って必ずしも所期の目的をじゅうぶん達成しえなかったこと」および「現在の国立大学が内容、規模において急速な発展、拡充の過程にあること」を指摘して、その慎重な検討の必要性を要望している。

ただ答申は同時に「一般会計制度における現段階においては、少なくとも、大学特別会計制度に見られた財政上の自主的、弾力的、かつ、計画的な運用のみちをひらくため適切な措置を講ずべき」だとして、「国立大学がその目的・使命を達成するため……財政の上で、一般官庁と異なり可能な限り自主性を確保」できるよう、「教育研究の長期計画に即応する予算措置」、「予算執行上の弾力的運営」、「寄付金の受け入れ使用」の三点について、改善を求めている。

また注目されるのは、「教育研究費の拡充」を求めている点である。「大学総予算に対する人件費の比率は、近年、ほぼ六〇％を占め、人件費以外の管理的経費、教育研究に要する諸経費等は、約四〇％になっている。この割合は戦前（昭和一〇年度—一五年度）のそれとは逆の現象であって、このことは、教育研究に要する諸経費が相対的な低下をきたしていることを示している。特に、研究講義に必要な経費の中心をなす教官研究費についてこれを見れば、講座研究費の非実験系で戦前の三分の一、実験系で戦前の三分の二であり、学生経費は戦前の九分の一という状態である」と指摘して、国立大学予算全体の増額の必要を訴えている。

こうした国立大学財政の窮状については、当時文部省で高等教育行政の衝にあたっていた天城勲の詳細で具体的な分析がある（蝋山編、一九六二、所収、一九一―一九九頁）。それによれば、昭和三六（一九六一）年当時の国立大学経費の内訳は、前記のように人件費が約六〇％を占め、四〇％の物件費についてみれば研究費が四一％、学生経費九％、事業費（営繕費・庁費・旅費等）が五〇％という構成になっていた。ただしこれは予算の積算からみた構成で、「実際の支出の面からみると、大学という機関の管理費、研究費、および教育費の三要素に分析されるが、この三者の区別は、観念上も、また実際の経理区分でも、かならずしも明瞭ではなく、したがって前述の予算積算どおりに使用されているわけ」ではなかった。とくに予算科目上、校費と呼ばれた研究費については「内容的に内訳や積算根拠はな」く、「校費というどの向きに使っても差し支えない科目とされ」ていた。

これに対して戦前期の研究費は講座研究費で、「実験、非実験、臨床について金額の差はもちろんあったが、すべて、内訳と積算の根拠をもっていた……講座研究費は（大きく事業費と諸給与にわかれ、庁費や旅費まで含むものとして）きわめて包括的であり、かつ安定した状態であった」。ところが「終戦を契機として、物価の急騰とすべてのアンバランスに遭遇して、二二年以来、講座経費は崩れ、講座研究費は校費（先の事業費）のみとなり、庁費、旅費、諸給与は分離して、それぞれ別々のあゆみをつづけ、毎年改訂をへて、あるときは節約をうけるなどして、今日にいたった」。「一方、二四年以来、新制の大学が旧制の高等学校、専門学校、師範学校等を母体として創設されたが、これら旧制の学校には研究費の積算がなかったので、うけつぐべき沿革はなく、あらたに学科目としてそれぞれ教授、助教授、助手一人あたりに教官研究費が講座研究費なみのベースであらたにつけられた。その後、講座研究費の単価改定の比率でかならずしも学科目制研究費がのびていないために……格差を生じている」。「なお、旧講座研究費の内訳にあった諸給与は……人事行政の体系整備にともなう給与費として別途の体系に入り、庁費も一人当たりの積算で教官は事務官と別計算され、旅費も研究旅費として、別立てされることになった」。

こうした、十分な検討を経たとはいいがたい戦後の大学財政制度が、どのような問題を生んでいるかについて、天城は次のように指摘している（同、一九七頁）。

「大学の目的遂行のためには、大学経費は、機能に則して管理費、研究費、教育費として現れる。予算積算もこの三種の大別は考慮しつつも、具体的には経費の性質による科目別に積算される。ところが、管理、研究、教育の三機能が、観念上も実際上もかならずしも明瞭に境を画しがたい。卑近な例だが、事務室と研究室の光熱水料は管理費と研究費に区別できても、教室、実験室のそれは管理用、研究用、教育用の別は立てにくく、研究室のそれとても厳密に区別すれば管理費に入れるべき分野がふくまれている。とくに、現在、管理費について研究費のような包括的予算積算がないため、大学本部、学部事務、教室事務の諸経費が、広義の研究、教育の一環という意味で、研究費、学生経費をふくめた大学全体の校費で、すなわち官庁の庁費の意味においてまかなわれている」。

昭和二九（一九五四）会計年度の「国立大学財政実態調査」によれば、こうした予算積算と支出実績との関係は「校費について、予算積算では研究、教育経費が六七・八％、管理費が八・八％、設備費が一二・五％となっているのに対して、支出面でみると研究教育が二九・四％、管理が二四・四％、設備費が三一・四％となって現れ、研究教育経費が管理費及び設備費として流用された結果を示している」。予算配分が「客観的・科学的」とはいいがたい基準に基づいて配分され、必要性に応じて流動的に支出されるという（その後も基本的に変わらない）実態がうかがわれる。

6　特別会計制度の発足へ

ところで、前記のような文部省当局の問題意識を十分に組み入れてのものと思われる、昭和三八（一九六三）年の中教審答申が出されたころ、文部省と大蔵省の間では特別会計制度への移行の方向で、協議が進められていた。

(1)　文部省の逡巡

文部省が昭和三八年に作成した文書「国立学校の会計を特別会計に改めた場合における問題点について」は、当時の文部省のこの問題に対する複雑な態度を伝えている（国立学校特別会計研究会編著、一九九四、四四－四七頁）。それによれば、特別会計化の積極面として、

1)　国立学校の財政運営の自主性が制度的に保証され、学校の運営についても若干の予算執行上の弾力性が期待される

2)　付属病院、受託研究等特定の歳入財源のある事業にかかる経費については、特別会計にした場合、歳入に見合って比較的容易に歳出予算の計上が認められるものと期待されるので、予算が伸び易くなるものと考えられる

3)　かつての帝国大学特別会計法のように政府支出金を一定させることが認められた場合には、教育研究計画

に即応した長期事業計画の樹立が可能となり、数年度を見通した事業をその緩急順序を考慮して時実施することができる（ただし、政府支出金を法定化することは、国立大学が拡充整備の過程にある現段階では、必ずしも適当とはいえない）

などの点が挙げられ、また消極面としては、

1) 教育研究を目的とする国立学校の会計制度は、過去の経緯が示すように、本来独立採算を目的とする事業特別会計になじまない

2) 国立学校の規模内容が安定し、長期にわたる財政の見通しが可能になった段階において特別会計に移行するならばいざしらず、今日のような成長充実期においては、むしろ一般会計の枠の中で整備充実を図るほうが適切ではないか

3) 国立学校の収入の大宗をなすものは、授業料、入学料および検定料等であるが、これらの収入が国立学校の収入のうちに占める比率は、旧学校特別会計当時と異なりきわめて小さい。現段階において特別会計に移行するとしても、経済的独立は期待できず、かえって予算規模の縮小すら懸念される

4) 特定の歳入財源を有する（演習林等の）事業については、予算内容が充実し、当該事業が拡大されることとなろうが、他の事業との間に予算上格差を生ずることが予想され、また国有財産の保有高の多少、寄付金の有無等の事情により、学校相互間に予算上の不均衡を生ずることになろう

5) 特別会計とした場合、積極的に収入の確保と増収に努めることとなる反面、企業的経営方式に流れ、その

ため本来の教育研究事業にそぐわない事態生ずる恐れがなくはないなどの点が挙げられている。文部省が定額法の導入や、独立採算制への移行を伴う（つまり戦前期のそれに近い）特別会計制への移行に消極的、かつ警戒的であったことがうかがわれる。

「国立学校がその管理運営のため必要とする予算が確保され、その予算の弾力的執行が図られるような特別会計制度が考慮されるならば」賛成、「特別会計制度に改める目的が単に、独立採算といった経済的な独立を図るところにあるとすれば、それは不可能であるばかりではなく、教育研究の本来の姿からいっても適当なことではない」ので反対というのが、その結論であった（同、四七頁）。

(2) 大蔵省の態度

昭和三八（一九六三）年末には、大蔵省はこうした文部省の見解を大幅に取り入れる形で、「国立学校特別会計制度について」の骨子を示した。それによれば、

1) この特別会計は、国立学校の内容の充実をはかり、かつ今後における拡充整備を促進する趣旨のものである

2) 国立学校会計の独立採算制を目的とするものではなく、したがって、一般会計の負担軽減を図る目的をもって授業料等の値上げを企図しているものではない

3) 借入金の制度を設け、財政投融資資金を導入して施設（病院）整備の促進に資する

4) 現在国立学校の管理する国有財産は、原則として一切この特別会計の財産としていわば出資されるものと

し、今後その財産が学校としての使用目的に供されなくなった場合においても、これを換金した代金は、従来のような一般行政の財源とせず、この特別会計の歳入として国立学校の内容の充実にあてる

5) 研究費その他国立学校の運営費については、特別会計にふさわしいように実情に即した使用ができるようにする

など、文部省側の危惧の念に答える内容になっている。国立学校特別会計法案はこうした両省の協議を経て、昭和三九（一九六四）年の春国会に提出されて可決され、同年度の予算から適用されることになった。

成立した国立学校特別会計法の第一条は「国立学校の充実に資するとともに、その経理を明確にするため、特別会計を設置し、一般会計と区分して経理する」と謳い、第三条で「この会計においては、一般会計からの繰入金、授業料、入学金、検定料、病院収入、積立金からの受入金、借入金、財産処分収入、寄付金及び付属雑収入を持ってその歳入とし、国立学校の運営費、施設費、小額交付金、借入金の償還金及び利子、一時借入金の利子その他の諸費を持って歳出とする」とした。

なお、この新しい国立学校特別会計法を、戦前期の旧学校特別会計法と比べたときの主要な相違点は、ほぼ次の通りである。

1) 旧特別会計法は資金制度を設け、その資金から生ずる収入等をもって歳出を支弁させ、学校財政の独立を図ることにあったが、新特別会計法は、国立学校の充実に資するとともに、その経理を明確にするために設置されたものである。

2) 旧特別会計法では帝国大学、官立大学および直轄学校に分け、かつ、学校ごとに整理していたが、新特別会計法は全国立大学を一本化している。

3) 新特別会計法では決算上の余剰金のうち一定額を積立金として積み立てるが、この積立金は一本化して扱われ、必要に応じて施設整備に当てるもので、旧特別会計法の資金のように学校ごとに区分されるものではない。

4) 新特別会計法では借入金制度が認められ、付属病院の施設整備をはかることができるようになった。

7 国立大学の設置形態と財政制度

こうして国立大学の財政的自立の問題を問わぬまま、新しい特別会計法が成立し施行されるのだが、昭和四〇年代に入るころから国立大学の法人化と財政的自立の問題が、再び浮上してきた。

(1) 中教審答申と法人化構想

昭和四六(一九七一)年、中央教育審議会は答申「今後における学校教育の総合的な拡充整備のための基本的施策について」のなかで、高等教育の改革に大きな部分をさき、国立大学について「現行の設置形態を改め、一定額の公費の援助を受けて自主的に運営し、それに伴う責任を直接負担する公的な性格をもつ新しい形態の法人とする」ことを提言した。

「大学の管理運営について国……が管理上のすべての責任を負うことは実際上困難であり、しかも、大学を一種の行政機関として人事、会計などに関する一般官公庁の準則を適用することは、教育・研究の効率的な運営を妨げるばかりでなく、かえってその制度的な保障に安住して、自主的に運営する意欲とそれに伴う責任感を希薄にするなど、弊害が少なくない……大学をその目的・性格から見て適切な新しい形態の公的な法人とし、公費による一定額の援助を受けること以外は、管理運営上の一切の責任を負って自主的に運営させることが、かえって大学の発展を助長することになる」。その「新しい形態の公的な法人」に対する財源交付については「その目的・性格に応じて合理的に積算された標準教育費の一定の割合を助成金として交付するとともに、その弾力的、効率的な使用を認めることが望ましい」。大学はその「定額方式による定額補助」を受けて、「事業計画・給与水準・収入金については相当大幅な弾力性が認められ、自主的な運営努力によって独自の特色を発揮できるように」するというのが、その提言の概略である。

提言にはさらに、「授業料などの受益者負担額が妥当な程度の金額となるよう配慮する」、また「このような財政援助については、あくまで国の主体的な立場が保持され、その援助の効果についてつねに厳正な評価が行われることを条件とすべきである」などの条件が、付け加えられている。

答申に示されたこの法人化構想は具体化されることなく終わるが、それが現在の国立大学法人制度に通ずる内容のものであることは、あらためて指摘するまでもないだろう。

(2)　臨教審答申と法人化論

財政的自立と関わる法人化の問題は、昭和五九（一九八四）年に発足した臨時教育審議会でも重要な検討課題のひとつとされた。すなわち昭和六二（一九八七）年の第三次答申では、「国立大学については、広義の国家行政組織としての位置づけが、しばしば瑣末な点に至るまで硬直的に作用し、そのあり方が、ややもすれば画一化し、個々の大学の自発性が制約されている」とし、「財政の基本的部分を国費によってまかなわれ」ている以上、やむを得ないことかもしれないが、「大学の組織計画、予算編成及び執行、資産管理ならびに職員人事等」について「各大学の自由度・自主性は限定され」、その結果として「大学の個性を奪い、自発性を減殺してきたことも事実である」という認識を示して、「今後は各大学の責任の裏付けのもとに、大幅な規制の弾力化を進める必要がある」とのべている。

ここでは各大学の財政的自主性強化の必要性が強調されているにすぎないが、設置形態にふれた部分では、「国立大学については、その組織・運営に改革・改善すべきところが少なくなく、ことに各大学の自主・自立の確立、社会に開かれた活動の展開の必要が以前から指摘され、現行の国立大学という設置形態を改めるべきだとする提案が各方面から行われている」ことから、「これらの提案を受けとめ、国立大学に公的な法人格を与え、特殊法人として位置付ける可能性について具体的検討を重ねてきたが、国の関与のあり方、管理・運営の制度、教職員の身分、処遇上の取扱い、現行の設置形態からの移行の措置など、諸般にわたって理論・実際の両面にわたり、考慮すべき事項が多く、その解決のためには、さらに幅広く、本格的な調査研究を必要とするという結論に達せざるを得なかった」としている。

こうして財政的自立の問題は、教育研究の活性化への要求とからんで、次第に国立大学の法人化問題へと展開し始めていたのである。

(3) 積算校費制の廃止

ところで明治以来、国立大学間および国立大学内部の予算配分に重要な役割を果たしてきた、講座制・学科目制の別を基本とした「積算校費」制は、公的な議論がまったくないまま、平成一二（二〇〇〇）年に突如廃止されることになった。

同年の予算参照書は、その理由を「近年、学問分野の進展により、分離融合や学際的な分野が多くなっており、単純に実験及び非実験に区分する妥当性に乏しくなってきたことから、平成一二（二〇〇〇）年度において、経費の性格及び使途は変更せず、その積算について、従来の組織等の細分された区分を廃止した上で、教官数及び学生数に基づき積算した校費に加え、各大学等を単位として積算する校費を措置することとし、従来の『教官当積算校費』及び『学生当積算校費』を統合し、新規に教官数積算分、学生数積算分及び大学分を内訳とする『教育研究基盤校費』を新規計上した」とのべている。きわめて技術的な理由から、長く続いてきた講座（および学科目）を基礎単位とする予算の積算方式が、十分な検討を経ることなく、簡単に廃止されたことが知られる。

ただその伏線として、昭和五〇年代に入るころから国立大学予算のなかに、教官当たりの積算校費とは別に「特別教育研究経費」という項目が登場し、積算校費の伸びが厳しく抑制されるなかで年々その増額がはかられてきたことを指摘しておかなければならない（阿曽沼、二〇〇三、参照）。その額は平成二（一九九二）年にはすでに教官当たり積算校費の約三分の一に達しており、その後も増え続けてきた。名称からもうかがわれるようにこの「特別教育研究経費」のねらいは、研究活動の活性化とその基盤となる諸条件の整備のため、特定の大学・学部・研究科や学問分野に予算を重点的に投入する手段としての役割を果たさせるところにあった。つまり講座・学科目の別を基礎にした積算校費制は、実質的に崩壊の過程に入りつつあったのである。

いずれにせよ積算校費制が廃止されたのち、校費は「教育研究基盤校費」と名称を変え、学生数・教官数をベースに計算された校費に「大学分」を加え、前年度の配分額を下回らないよう配慮された予算が、各大学に配分されることになった。このことは大学間の配分基準が一変しただけでなく、各大学内部の予算配分の方法についても自由度が増したことを意味する。これまでの積算校費制のもとでは、教官当たり積算校費は本来、各講座・学科目単位で教官に配分されるべきものであり、その一部が一般管理費の不足を補うために、本部や学部に吸い上げられていると「理解」されてきたが、そうした「理解」の制度的な基盤が失われてしまったからである。予算のなかの一般管理費・教官研究費・学生経費という、これまでも擬制であった区分は消滅し、どのような基準でどれだけを各学部・学科・講座・教官に配分するか、管理・研究・教育のそれぞれにどう配分するかは、あらためて各大学内部で検討されるべき課題となったのである。

実際に少なからぬ数の大学が配分基準の再検討を進め、それぞれの教員が手にする研究費の額にも大きな変化が生じたことが知られている。それは文部省が進めてきた教官研究費の抑制とは対照的な、科学研究費の大幅な増額とともに、競争的・重点的な配分への研究費政策の転換を端的に表すものといってよいだろう。

8　国立大学の独立行政法人化——結びにかえて

これまでみてきたように、財政制度と深い関わりを持って明治以来たびたび提起されてきた国立大学の法人化問題は、平成一二(二〇〇〇)年、国の行政機関の一部の独立行政法人化構想が国立大学にも及び、文部科学省内に調査検討会議が設置されたことから急進展し始めた。

イギリスの「エイジェンシー」に倣ったとされるこの独立行政法人制度は、もともと、国立大学を直接の対象として想定することなく構想されたものであり、政治的な経緯から、したがってこれまでの国立大学をめぐる法人化の議論と直接関わりなく、始まったものである。平成一四（二〇〇二）年三月に出された「法人化に関する調査検討会議」の報告書をもとに、大学としての特性に配慮した「国立大学法人法」を用意する形で対応がはかられたが、検討の過程で、法人化された大学の財政的自立性をどう保証するのかについての過去の議論が参照された形跡は、ほとんどみられない。

調査検討会議の報告書『新しい「国立大学法人像」について』によれば、法人化後の国立大学は、国から交付される「運営費交付金」と「自己収入」を財源に、自立的な大学経営をすることになる。さらに具体的に報告書の内容をみれば、次の通りである。

1)運営費交付金は、①学生数等客観的な指標に基づく各大学に共通の算定方式により算出された標準的な収入・支出額の差額（標準運営費交付金）と、②客観的な指標によることが困難な特定の教育研究施設の運営や事業の実施に当たっての所要額（特定運営費交付金）からなるものとする。交付金の算定にあたっては「各大学・学部等の理念・目標・特色・条件等を踏まえた弾力的な……算定方法の可能性を考慮する」。また算定にあたって「第三者評価の結果等を適切に反映させるものとする」。

2)自己収入は、①通常の業務遂行に伴い収入が必然的に見込めるもの（学生納付金、附属病院収入等）と、②それ以外のもの（寄附金等）とに分ける。「前者については、運営費交付金の算出に用いることとし、後者については、原則として運営費交付金とは別に経理し、運営費交付金の算出に反映させない」。

自立的で自律的な大学経営が期待されることから、国立学校特別会計」制度は廃止され、「自己収入」の増加をはかることが積極的に奨励され、「運営費交付金」を含む資金の配分・活用は、全面的に各大学の自由にゆだねられる。ただし、各大学は中期目標を設定し、中期計画を立てて文部科学大臣の承認を受け、六年後にはその達成度について、「国立大学法人評価委員会」による第三者評価を受けることを義務づけられている。その評価結果を運営費交付金の算定に反映させる構想になっていることは、すでにみた通りである。

こうして、明治初期の帝国大学特別会計制度に始まったわが国の国立大学財政制度は、一世紀余を経たいま、国立大学の法人化により、まったく新しい時代に足を踏み入れることになった。それが、国立大学の管理運営システムや教育研究活動に、どのような変化をもたらすのか、大学の自立・自律性はどこまで保障されるのか、さらには運営費交付金の算定基準は「客観的・科学的」なものになりうるのかなど、今後に残された問題は少なくない。わが国の国立大学財政史上最大の制度改革の行方を、注意深く見守っていかなければなるまい。

第2章　法人化前夜

はじめに

二〇〇四年春、すべての国立大学が法人としてあらたな発足をとげた。国立学校特別会計制度は廃止され、各国立大学法人は、学生納付金や附属病院の診療収入等の自己収入に、文部科学省から配分される運営費交付金を加えた予算をもとに、自立的に運営されることになった。

こうした設置形態および経営形態の明治以来の大変革は、国立大学の財政・財務のあり方をも大きく変えるものである。法人化によって国立大学の文部科学省との予算配分をめぐる関係は一変し、同時に国立大学内部にも、予算の配分や活用について大きな変化が生ずることになるだろうからである。国立大学の財政・財務にどのような変化が起こるのか。その変化の現実を明らかにすることは、国立大学法人の今後を考えるうえでの、きわめて重要な基礎作業のひとつである。

そうした問題関心から、国立大学財務・経営センターの研究部を中心とした研究グループ（著者もそのメンバーの一人である）によって、法人化直前の二〇〇四年春に行われた学長・事務局長対象のアンケート調査がある。調査は、国立大学の財政・財務の問題に焦点を絞ったものになっており、その内容は、大きく、①資金の獲得――文部科学省に対する概算要求、②資金の獲得――外部資金、③資金の学内配分、④資金（資源）の活用の四つの部分に分かれている。法人化が国立大学の「経営体」化を求めるものであり、経営の根幹が教育研究活動に必要な、資金の調達・配分・活用にあることからすれば、財政・財務の問題は、そのまま法人化の問題であるといってよい。この章では、法人化を目前にした二〇〇四年三月の時点で、国立大学の財政・財務がどのような状況にあり、法人化後の国立大学に何が引き継がれようとしていたのかを、その調査結果の分析を通して明らかにしたい（データは『国立大学における資金の獲得・配分に関する総合的研究』二〇〇五、による）。

ところで前章でふれた通り、法人化に伴う財政・財務面での変化については、すべてが二〇〇四年四月の法人発足と同時に始まったのではなく、それ以前にすでに変化の一部が準備され、実際に始まっていたことを指摘しておく必要がある。なによりも、文部科学省の国立大学に対する予算配分の方式自体が、二〇〇〇年度に、長く依拠してきた「積算校費制」から「基盤校費制」へと大きく転換しており、それを機に学内予算の配分方式について再検討を始めた大学も少なくない。前章の内容とも一部重複するが、重要なポイントなので簡単に説明しておこう。

国立大学の予算は第二次大戦後、一貫して、講座・学科目、実験・非実験・臨床、学士・修士・博士などの別に定められた単価をベースに部局ごとに「積算」され、配分されてきた（積算校費制）。いわば「ボトムアップ」型、教員・学生・組織ごとの「積み上げ」型の予算編成が行われていたのである。この制度のもとで、一般管理費を中心とした大学全体の運営に必要な経費の大部分は通常、部局別予算に一定の比率を乗じて得られる額を、トップ・スライスの形で吸い上げることによってまかなわれてきた。また教職員定数は別途定められ、それに応じた人件費も教育研究経費とは別に必要額が支給されてきた。授業料や付属病院の診療収入などの自己収入は、いったん国庫に納められて国立学校特別会計の収入の一部に加えられることになっており、奨学寄附金等の外部資金についても同様の手続きがされてきた。

第二次大戦後一貫してとられてきたその積み上げ型の「積算校費」制は、二〇〇一年度で廃止され、〇二年度からは大学ごとに、前年度とほぼ同額の予算が「教育研究基盤校費」として一括して渡され、それを各部局、教員等にどう配分し使用するかは各大学の自由にゆだねられることになった。つまり従来のボトムアップ型の予算配分に対して、予算の一括配分を受けた大学の本部ないし執行部が、独自に配分の基準や額を決める「トップダウン」型の予算編成の、新しい方式を導入することが可能になったのである。もちろん積算校費制が廃止されたからといって、長年続いてきた各大学内の部局や教員に対する従来の予算配分方式が、ただちに変更されたわけではない。その後も従来通りの、積み上げ式の基準による学内予算配分を続ける大学が多数を占めたが、同時にこれを機に少数ではあるが配分方式の変更を試みる大学も出始めた。法人化へのいわば地ならしがすでに始まっていたのである。

さらにいえば、副学長ポストの新・増設や、外部の有識者を委員とする運営諮問会議の開設などによる本部主導の執行体制の強化も、大学経営の自立化を促すものという点で、法人化への準備措置のひとつとみることができる。法人化後の大学運営の根幹をなす「中期目標・計画」の策定作業についても、それが法人化の最終的な決定以前にすでに文部科学省の指示のもとに進められ、国立大学がそれぞれに大学として、教育・研究・社会連携等について独自の目標を設定し、六年先を見越した中期計画の策定する作業を始めていたことを指摘しておく必要があるだろう。つまり国立大学の財政・財務、管理運営については、その自立と自律化に向けて法人化以前から準備が始まっていたのである。

二〇〇三年三月の時点で実施された前記の調査の結果は、そうした法人化に向けた一連の予備的変革の時間的な流れのなかに置いて、読み取る必要がある。以下、「法人化前夜」の国立大学の状況について前記の四つの視点からみていくことにしよう。

1　概算要求の現実

(1)　概算要求のプロセス

法人化前の国立大学にとって、最も重要な年中行事は、文部科学省に対する概算要求であった。広義の概算要求は「基準概算」と呼ばれる、一定の基準に基づいて事務的に計算される人件費、管理運営費、積算校費などの経常的既定経費と、あらたな組織や定員、施設設備、さらにはその運営経費などに関わる「新規概算」の二つに分かれる。ここで「概算要求」と呼ぶのは、このうち「新規概算」にあたる予算要求である。

まず問題にするのは、この概算要求をめぐる意思決定の過程である。部局ごとに置かれた教授会中心の大学運営のもとで、国立大学の最高意思決定機関は、各部局から選出された評議員により構成される評議会であった。国立大学の組織・形態に関する基本法であった「国立学校設置法」にも、「大学の教育研究上の目的を達成するための基本的な計画に関する事項」、「大学の予算の見積もりの方針に関する事項」などの審議・決定権は、「評議会」（一部局のみの大学では教授会）にあると明記されている。概算要求案の審議・決定の権限も当然、制度上は評議会にあった。しかし調査の結果は、それがあくまでも制度上のタテマエにすぎなくなりつつあったことを教えている。

概算要求案の作成の過程は、各部局に概算要求書の提出を求めることから始まる。部局から提出された多様な要求事項を整理しまとめ上げる過程には、評議会（教授会）や部局長会議なども関わるが、中心となるのは学長をはじめとする執行部である。こうして作成された文部科学省への提出案を最終的に決定する権限は、どこにあったのか。決定権限の所在を、「制度的」と「実質的」に分けて尋ねた結果によると、「制度的」には評議会（五〇％）・教授会（一六％）にあるとする大学が最も多いのは当然として、学長一任という大学も一五％を占めている。「実質的」な決定権限となれば、学長（五二％）とする大学が半数を越え、評議会（六％）・教授会（二％）は併せても、一割にも満たない。つまり、それ以外でも学長と事務局、学長・副学長会議などのように、学長を中心とした執行部を挙げる大学が多い。国立大学にとって最も重要な概算要求案の決定権は、法人化以前にすでに学長ないし執行部の手中に移りつつあったことがわかる。

概算要求については、案そのものより要求事項間の順位づけ、すなわち大学としての優先順位・重点事項の決定が重要である。これについても「制度的」には評議会（四二％）、教授会（一一％）にあるとする大学が多いものの、学長（二八％）とする大学がさらに増え、「実質的」な権限になると、学長（六三％）にあるとする大学が三分の二近くになり、評議会・教授会はわずか四％に減少する。概算要求案の決定については法人化以前にすでに、大多数の大学で、実質的に学長や執行部による専決体制が形成されていたとみてよいだろう。

(2)　概算要求の問題点

その概算要求案の決定に中心的な役割を果たし始めた学長が、二〇〇三年度の自大学の概算要求について、どのような問題点を感じていたのかを尋ねた結果（複数選択）が、**図2-1**である。それによれば、「部局提出の概算要求案の魅力不足」（五一％）を半数以上の学長が挙げており、教授会自治を前提にしたボトムアップ型の予算要求では、政策的な意図を前面に打ち出し、重点的・競争的な性格を強めている文部科学省の予算査定方式に対応するのが難しくなった現実を、学長が厳しく認識していたことがうかがわれる。「文部科学省との事前協議」(一六%)もさることながら、「政策の一般的動向の把握」(一八%)の不足を指摘する学長が少なくないのも、それと無関係ではないだろう。同時に企業(二〇%)、学生と親(一七%)、地域(一七%)など、社会的ニーズの把握の不足を学長が挙げている点も注目される。概算要求案は、学内の各部局の要求や利害調整の問題ではなく、大学本部や執行部がさまざまな情報を収集・分析して全学的な視点から作成すべきものだというのが、少なくとも学長にとって一般的な認識になり始めていたとみてよいだろう。

こうした認識は、「法人化後に強化する必要がある」と学長が考える取り組み(複数選択)を尋ねた図2-2に、より端的に示されている。それによれば、法人化後に向けて、学長が最も必要と考えていたのは「部局の積極的な概算要求提出」(三八%)ではなく、「目標・計画との整合性の向上」

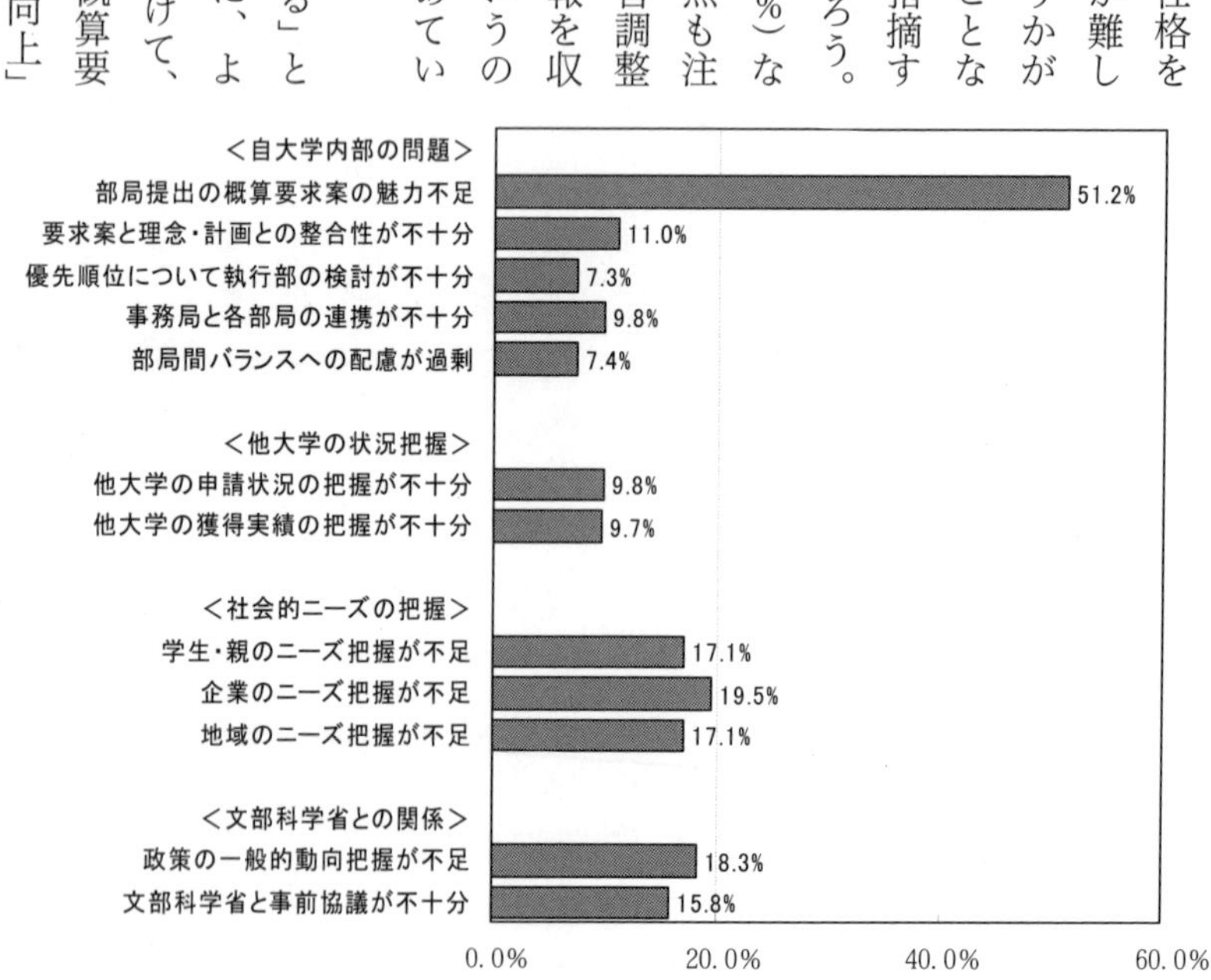

図2-1　平成15年度概算要求で問題を感じた点(複数選択)

(八二%)である。

先にふれたように、法人化への準備として進められた中期目標・計画の作成作業は、大学としての活動の全体像を捉え、それを踏まえた将来への展望や構想の提示を求めるものであった。つまり大学は部局の連合体的な管理運営のあり方を大きく転換し、六年間の中期目標・計画の策定という形で統合的な経営体としての将来像を描くことを、強いられたのである。

そしてその中期目標・計画が、個別部局の要求を越えた全学的な準拠枠として否応なく概算要求の内容を左右し始めていたことが、この回答結果からうかがわれる。「説得的な要求のための実績評価の導入」(五〇%)や、「役員会の決定権限の強化」(四二%)が必要だとした学長も多い。法人化に向けて、概算要求をめぐる意思決定は中期目標・計画の策定を機に「トップダウン」的な方向に、大きく舵を切り始めたといってよいだろう。

概算要求のための取り組みについては、学長たちが、

項目	割合
＜自大学内部の体制整備＞	
部局の積極的な概算要求提出	37.8%
目標・計画との整合性向上	81.7%
役員会の決定権限強化	41.5%
事務局と各部局の連携強化	28.0%
説得的な要求のための実績評価の導入	50.0%
要求事項の受け入れ体制の整備	44.4%
＜他大学の状況把握＞	
他大学の申請状況の把握	2.4%
他大学の獲得実績の把握	2.4%
＜社会的ニーズの把握＞	
学生・親からのニーズ把握	40.2%
企業などからのニーズ把握	36.6%
地域からのニーズ把握	52.4%
＜政策的動向の把握＞	
高等教育・学術関連政策の一般的動向の把握	61.0%
文部科学省と政策関連情報の積極的収集	48.8%

0.0%　20.0%　40.0%　60.0%　80.0%　100.0%

図2-2　法人化後に強化する必要がある取り組み（複数選択）

大学の外に目を向け始めたという点も、大きな変化である。「高等教育・学術関連政策の一般的動向の把握」（六一％）や、「文部科学省の政策関連情報の積極的収集」（四九％）の強化の必要性は、半数前後の学長が指摘している。また地域（五二％）、学生や親（四〇％）、企業等（三七％）からのニーズの把握の必要性を挙げた学長も少なくない。とくに「地域からのニーズ」を挙げた学長が半数を越えている点が注目される。国立大学は新規予算請求のよりどころを大学の内部から外部に求め、外に向けてアンテナを張る必要性を痛感し始めていたことになる。

(3) 法人化後の概算要求

法人化後の概算要求については、調査の時点で、人件費を含めて運営に必要な資金のうち自己収入を差し引いた部分が、「運営費交付金」として各大学に一括配分されること、さらに運営費交付金は「標準」と「特定」の二つの部分に分けられ、「特定運営費交付金」のなかに「特別教育研究経費」という項目が設けられることが、明らかになっていた。

公的な説明によれば、この項目は「国の政策として必要な人材養成、学術研究の推進など、各大学等が既存の資金の範囲内で実施することが困難な新たな教育研究プロジェクト等を、幅広く支援する仕組みであり、総合大学、単科大学、地方大学それぞれの個性に応じた取り組みを対象とするものである」とされ、また「特別教育研究経費については、運営費交付金の増減を伴うことから……各大学等から要求の提出を求めることになる」（『国立大学法人経営ハンドブック』二〇〇四）とされており、ほぼ従来の「新規概算」に相当するものとみてよい。

その「特別教育研究経費」の額や査定・配分の方法等については、調査の時点ではまだ明らかにされていなかったが、国立大学の予算全体が評価に基づく、重点的・競争的な配分を重視する方向にあることを前提として、この新方式が自大学にとって有利・不利のどちらに働くと思うか学長に質問し、同時になぜそう考えるのか、理由を記入してもらった。

「法人化以降の概算要求の査定がこれまでより競争的になった場合、貴学の概算要求は認められやすくなると思いますか」というその質問に対して、「どちらともいえない」（七二%）という回答が圧倒的に多かったが、同時に有利・不利をはっきり述べた大学も三割弱あり、そのなかでは不利（認められにくくなる）と考える学長（二〇%）が、有利（認められやすくなる）と考える学長（九%）を大きく上回っていた。具体的な大学名をみると、自信を持っていたのは旧帝大系の総合大学か理工系の単科大学の学長であり、不利になるとみていたのはほとんどが地方の中小規模の大学か文系の単科、とくに教員養成系の大学の学長であったことがわかる。

「どちらともいえない」という判断停止的な意見を含めて多くの学長が、これについて自由記入欄にそう考える理由をのべており、法人化直前のこの時期に学長が予算制度の改革をどうみていたかについて、生の声を知ることができる。いくつかその声を引用しておこう。

1）認められやすくなる

・「これまでよりも厳格な競争原理が作用することとなれば、本学の教育研究のポテンシャル、過去の研究実績、及び将来の進展等を考慮すると、認められやすくなると考えられる」（A総合大学）。

・「法人化後は、産学・地域連携の重要性が高まるものと考えられる。本学はすでにこの方向で実績を積んでいるので、その点を活かせば有利と考えられる」（A理工系単科大学）。

2）認められにくくなる

・「地方大学としての特徴を出すことは難しく、大規模大学に集中することが懸念される」（A地方大学）。

・「大都市部の大学と財政基盤の弱い本学のような地方国立大学との、不公平な条件下での競争には不安を感じている」（B地方大学）。

・「法人化後は、学内で措置可能な事項が従来に比べて拡大し、小・中規模大学にとっては、概算要求するような事項が減少したため、認められにくくなると思う」（C地方大学）。

・「法人化後は、定員という概念はなくなるが、地方の小・中規模大学では、そもそも定員、予算規模も少ない。今後、新規の計画を企画・実現しようとしても、『人の純増』を要求し、認められなくては実現が不可能である。しかし、今まで以上に純増要求は厳しくなることが予想されるので、結果的には、学内（人的）資源の大きい大学が有利になると考える」（D地方大学）。

・「本学は教員養成大学であり、他大学との一律の競争下では、かなり厳しい状況となると思われる。今後は、国の計画的人材養成を担う大学には、国が政策として財政措置を行う必要があると考える」（A文系単科大学）。

・「統一的な大学基盤整備（投資）が望めないことから、重点投資対象は既に基盤整備が充実されている大規模総合大学に傾斜することが考えられる。また評価制度の導入により客観的な評価基準が重視されることになると、資金量や員数規模による格差が拡大することが予想される。これらのことから本学のような地方単科大学は、相当厳しい状況にあると考えざるを得ない」（B理工系単科大学）。

3）どちらともいえない

・「どのような基準システムの下で評価が行われるのか明確でない」（A地方大学）。

・「概算要求制度がどのように変化するのか見えないため」（B文系単科大学）。

・「国の概算要求総額が制限されると、従来のように古い総合大学に採択が集中する可能性があるが、総額あるいは申請基準が不明確であるため有利不利の判断は困難である（学長、C理工系単科大学）。

・「地方大学であり、全体的に力が足りない。しかし、地域との結びつきなど強みもあると判断される」（E地方大学）。

・「学内体制が十分に戦略的になっているとはいえないため、焦点が絞りきれるかどうか、懸念がある」（D理工系単科大学）。

・「科学研究費の申請率、採択率の低いこと、COE措置状況なし、外部資金獲得状況など客観的指標において他大学に劣っていると思われるため、これら評価に基づく査定が行われた場合、厳しいことが予想される」（F地方大学）。

2　外部資金の獲得

(1)　外部資金の重要化

ここで「外部資金」とは、企業等との共同研究費・奨学寄付金・受託研究費、それに文部科学省等の科学研究費、および二一世紀COE・GP（特色ある教育支援）等のプログラムによる資金を意味している。財政の逼迫に悩む政府は、九〇年代に入るころから国立大学に対して、こうした外部資金の積極的な獲得努力の必要性を、繰り返し強調してきた。しかし科学研究費にせよ企業等からの研究費にせよ、そのほとんどは個々の教員の研究上の能力と自発的な努力によって獲得され、しかも基本的にその全額が個人の（共同研究の場合にはその参加者の）研究目的に使用されるべきものとされてきた。法人化以前には、大学が組織として外部資金の獲得に積極的に関与する必要性も、また外部資金の獲得によって大学が裨益するところも、大きいものとはみなされていなかったのである。

そうした認識が大きく変わり始めたのは法人化の議論が具体化し、外部資金を含む自己収入の獲得に向けて積極的に努力する必要性・重要性が強調されるようになってからである。それはひとつには、「大学評価」の必要性がいわれるなか、入学者の偏差値や就職状況と並んで、研究能力の高さが評価の重要な指標とみなされるようになり、また大学の研究能力の高さをはかる具体的な指標として、科学研究費等の外部資金の獲得額が重要視されるようになった、つまり外部資金の獲得額が大学の社会的威信の指標とみなされるようになったためである。それだけでなくCOEやGPのような、個々の教員ではなく大学という組織体を対象にした、公的資金の競争的な配分プログラムが登場したこと、さらには科学研究費の一部に直接大学の自己収入となる間接経費（オーバーヘッド）が認められるようになったことが、こうした変化に拍車をかける役割を果たした。

とはいえそれは新しい世紀に入って以後、顕著になり始めた変化である。それはたとえば、調査を実施した法人化直前の二〇〇四年春の時点で、「外部資金獲得に関する全学的な戦略・方針」を持っていると答えた大学が全体の四分の一（二四%）にすぎず、現在作成中の大学も一割強（一三%）にすぎなかったことからもうかがわれる。外部資金獲得に向けた全学的な取り組みは多くの国立大学で、ようやく始まったばかりであったといってよい。

ただしそれはあくまでも、外部資金全体を対象とした「全学的な戦略・方針」の現状である。科研費をはじめとする個別の研究費についてみれば、外部資金獲得の努力がすでにさまざまな形で行われてきたこともまた、調査の結果の教えるところである。それを科学研究費と、それ以外の外部資金に大別してみることにしよう。

(2) 科学研究費の獲得努力

まず、事実上すべての大学（九五％）が重視していると答えた、「科学研究費」の獲得努力である。この最も長い歴史を持つ外部資金は、わが国で最大規模の、研究者個人（あるいはグループ）を対象にした競争的な研究資金であり、その採択数や獲得額は各大学の研究機能の強弱をはかる客観的な指標として、大学間のランクづけなどに早くから用いられてきた。このため、とくに研究機能を重視する国立大学では、科研費の採択数や受給額を増やすために教員に向けたさまざまな働きかけが、これまでにもなされてきた。

調査結果によれば、すでにほとんどの大学が、事務局による申請書の不備のチェック（九五％）、学長・部局長による教員への申請要請（九二％）、募集案内の全教員への通知（八二％）等の全学的な努力をしていた。科研費関係者（五七％）、審査委員経験者（三七％）、採択実績を持つ教員（三七％）等による説明会を開催していた大学も、四〜六割に近い。さらに、以下にのべるように科研費獲得に向けて教員を動機づけるための、「インセンティブ・システム」を導入している大学（四六％）が半数に近く、各教員の科研費獲得状況をデータベース化し、公表している大学（三一％）も三割を越えていた。

調査では、科研費獲得に向けた全学的な取り組みの具体例についても自由記述欄に記入を求めたが、多くの大学が解答を寄せており、関心の強さがうかがわれる。それによれば多くの大学において学長・部局長が文書で、あるいは部局長会議や教授会などにおいて口頭で、教員に科研費申請への積極的な努力を求めている。しかしさらに踏み込んで、

・「庶務課長名で計画調書の提出がない教官名を所属の長に連絡している」（A医系単科大学）
・「中期目標・計画に一人最低一件以上申請することを明記」（A理工系単科大学）
・「数年間申請のない教官については、各部局長から個別に申請を促した」（B医系単科大学）

・「『科学研究費補助金獲得推進要項』を制定し、部局長会議及び学内通知により周知」（B理工系単科大学）
・「科学研究費未申請者に学長名で申請を促す通知を出している」（A地方大学）など、事実上すべての教員に申請を求めている大学も少なくなかった。

また調査では、科研費獲得のための「インセンティブ・システム」の具体的な内容についても尋ねているが、それによれば最も多いのは

・「教育研究基盤校費の配分にあたり、傾斜配分制度を実施、評価項目に科学研究費の申請率を設定、一定の率を下回った場合は配分額の減額、上回った場合は減額分を財源に増額して配分」（A総合大学）
・「申請件数に対し、申請者の所属する部局に重点化経費（外部資金導入促進経費）として予算配分。獲得件数に対しても教育研究基盤校費の際、奨励的経費として予算を配分」（B地方大学）など、申請等の努力に応じた基盤校費や学長裁量経費等の、部局に対する配分額の増減であった。さらに
・「申請者に対し、学内で措置した『大学特別経費』から研究費を支給」（C地方大学）
・「申請者、採択者に基盤校費のなかから重点配分経費として配分」（A文系単科大学）
・「申請しないものに対し研究費を減額」（D地方大学）など、

教員個人を対象にしたインセンティブ・システムを設けていた大学もある。まだ一部に限られている「間接経費」付きの科研費の範囲が拡大されれば、大学側の教員に対する働きかけはさらに強化されることを予想させる。最大規模の外部資金である科学研究費の獲得競争が、すでに個々の研究者だけでなく組織としての大学自体を巻き込んで展開されつつあったことがわかる。

(3) その他の研究費

その他の外部資金としては企業等との共同研究・奨学寄付金・受託研究などがあるが、科学研究費に比べて一般的とはいいがたく、また医・薬・工・農などの理工系分野に偏っている。このため全学的な取り組みとしては、教員に対する獲得要請(七二%)のほかは、募集案内をホームページに掲載(六八%)、募集案内をメール等で教員に通知(六五%)など、情報の提供・伝達が中心になっていた。ただその情報提供も、受託・共同研究促進のためのデータベース集の作成(六〇%)、教員別の獲得状況のデータベース作成と公開(二一%)と、さらに一段と水準を高める努力をしていた大学もある。また多くの国立大学に設置されている「地域共同研究センター」を通じて、積極的に「外部資金の獲得強化」をはかっている大学(六二%)や、TLO・知財本部を通じた「ライセンス収入の獲得強化」をはかっている大学(三八%)も、かなりの数にのぼっていた。科研費だけでなく、外部資金獲得を奨励するための「インセンティブ・システム」を設けている大学(三九%)も四割に近い。

・「学長が関係する教官に、口頭やメールで依頼」(A理工系単科大学)
・「学長が各部局教授会へ出向き、資料説明を行って依頼」(A地方大学)
・「共同研究は目標件数を部局毎に設定。研究助成は基幹委員会で公募内容の紹介、毎月の申請数及び採択数の発表」(B地区大学)

という、突出した事例もある。次にのべるCOE予算を先頭に、こうした全学的な取り組みをはかる大学の数は、法人化を機にさらに増えていくことが予想された。

(4) 二一世紀COEの衝撃

個々の教員・研究者でなく大学内の組織を対象に、申請と審査の過程を経て競争的に配分される「二一世紀COE」プログラムの出現は、こうした外部資金の獲得に向けた大学としての全学的な取り組みを、一気に制度化する方向で大きな影響力を及ぼすものであった。

調査の結果によれば、「重視する外部資金」として二一世紀COEを挙げた大学（六六%）は国立大学の三分の二に近く、科学研究費に次いで多くなっている。（ちなみに共同研究は四〇%、奨学寄付金二三%、受託研究二〇%）。しかも、COE予算獲得のための全学的な取り組みは、ある意味では科学研究費の場合以上に積極的に進められており、「執行部による部局提出申請案の検討」（七七%）、「獲得をめざした学内（全学）組織の設置」（六八%）、「執行部を中心としたトップダウン方式の申請書作成」（五九%）などを、大多数の大学が実施していた。獲得を目標に「学内重点・競争的配分資金の手当」をしている大学（四三%）も、四割を越えている。

「部局中心のボトムアップ方式による申請書作成」をした大学（五七%）も半数を越えるが、それぞれの方式での採択率についての調査結果をみると、執行部が関与した場合に比べてボトムアップ方式だけのそれは低くなっている。全学的な取り組みや執行部中心の検討体制は、それなりの成果を上げていたとみるべきだろう。

(5) 外部資金の重要化がもたらすもの

このように、法人化後に向けて国立大学は外部資金を重要視し、その獲得に向けて努力を始めていたが、それが大学、具体的には国立大学全体と自大学に対してどのような影響を及ぼすと思われるかについても、学長に尋ねてみた。

図2-3は、国立大学全体への影響を聞いた結果だが、それによれば「教育・研究活動が活性化する」（九〇%、「そ

う思う」「やや思う」と答えたものの合計。以下同じ）、「獲得競争を通じて大学間の序列構造が流動化する」（八一％）と、肯定的に捉えている学長が大多数を占める半面、「獲得に結びつきやすい」あるいは「短期的に成果の出やすい」領域・テーマに研究がシフトし（それぞれ七五％、六四％）、その結果として「獲得に結びつきにくい」、また「短期的に成果の出にくい」研究基盤が弱体化する（それぞれ五三％、五四％）ことを懸念する学長も、過半数にのぼった。「資金面での政府離れが進行する」（三三％）とみる学長は三分の一程度、「教官の関心が、これまで以上に教育から研究へシフトしていく」（三五％）ことを懸念する学長も、ほぼ同数いる。外部資金重視の方向について学長たちは、功罪相半ばするとみているといえるだろう。

　自大学の場合についても、「教育研究活動が活性化する」（八七％）と考える学長が圧倒的に多いことに変わりはないが、自分の大学の「序列構造における地位が向上する」（五六％）と考える学長は半数強にとどまっている。資金獲得競争が激しくなり、教育・研究活動が活性化されたとし

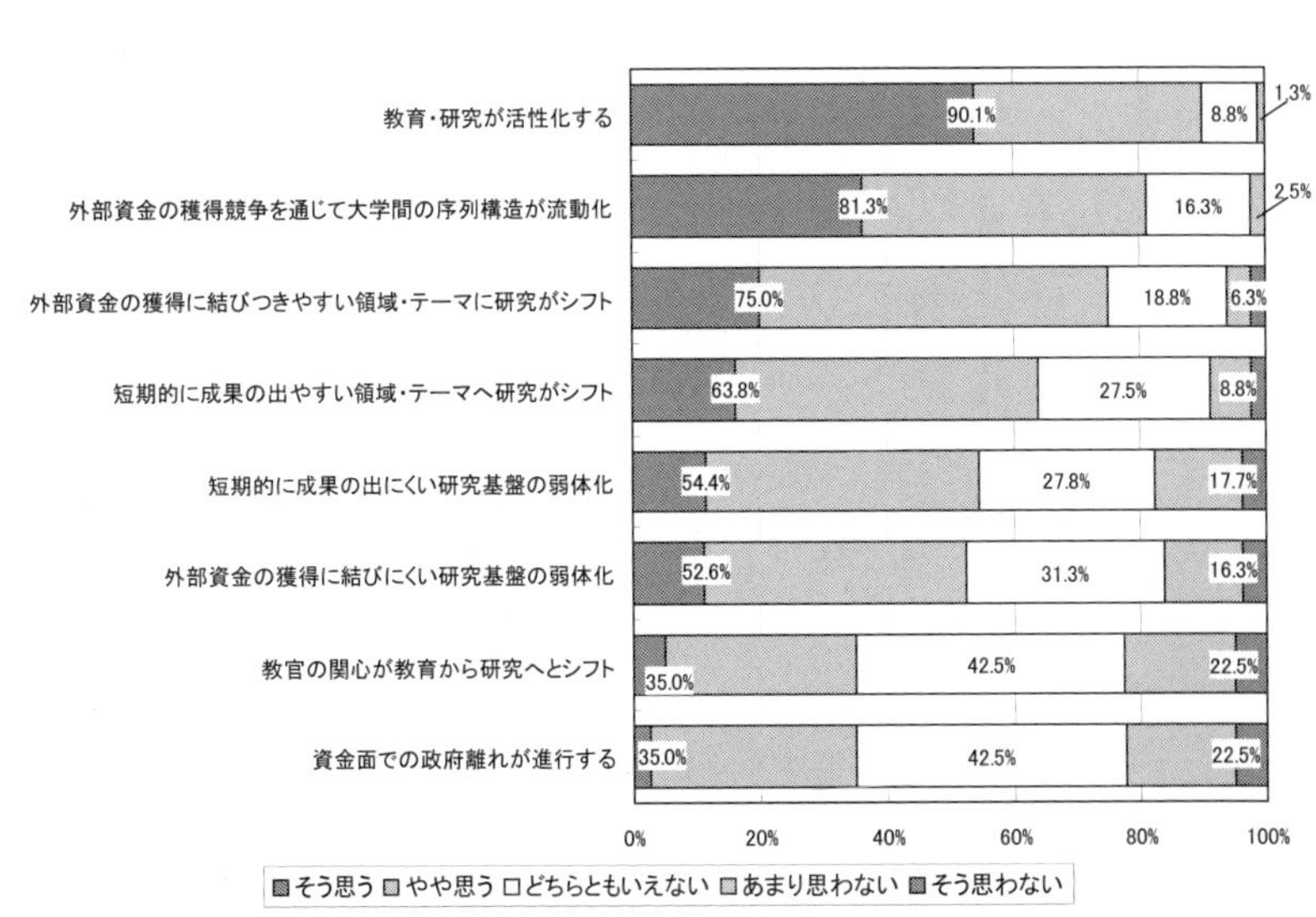

（注：表中の数字は、左=「そう思う」+「やや思う」、中央=「どちらともいえない」、右=「あまり思わない」+「そう思わない」、を意味する）

図2-3　外部資金の重要性が高まることの影響

ても、自分の大学の地位向上につながるとは限らないという、（おそらくは競争力が強いとはいえない大学の）学長たちのさめた認識がうかがわれる。

3　学内の予算配分

(1)　積算校費制から基盤校費制へ

国立大学の財務について最も重要なのは、文部科学省から獲得した予算の、学内における配分である。先にみたように二〇〇〇年まで、戦後長く続いた「積算校費」制のもとでは、新規概算分を除く経常費予算は一般管理費のほか、講座・学科目、実験・非実験・臨床、学士・修士・博士などの別に定められた単価をもとに積算された教育研究費が、部局別に計算されて各大学に渡されていた。また、施設整備費と人件費はこれとは別に支給されることになっていた。経常費予算の大部分を占める教育研究費は、実際には教育研究以外の管理・運営に必要な経費を含む包括的な経費であり、大学本部は通常それに一定の比率（大学の規模や慣行によって異なる）をかけた額を、トップ・スライスの形で吸い上げ、本部共通経費にあててきた。同様に各部局も、渡された予算の一定部分（多くの場合二分の一程度）を部局運営のための共通経費としてきた。各講座や研究室、教員に教育研究費として直接渡されるのは、このように、大学本部および所属部局の運営に必要な共通経費を差し引いた残額であり、その額には大学・部局によってかなり大きな差があった。同じ部局内に実験と非実験の講座や学科目が併存する場合には、講座や教員への配分基準をどうするかというさらに複雑な問題もあった。ただ積算校費制の歴史が長いことから、大学・部局によって違いはあるものの、文部科学省の定めた単価をベースに吸い上げの比率や配分の基準は、かなり安定していたとみてよい。

それが大きく変化し始めたのは、これもはじめにみたように文部科学省が積算校費制を突然廃止し、二〇〇〇年度から「基盤校費」制と呼ばれる、新しい予算配分方式を導入して以降である。同年の「予算参照書」はこの変更について、次のように述べている（文部科学省、二〇〇一）。

「近年、学問分野の進展により、文理融合や学際的な分野が多くなっており、単純に実験及び非実験に区分する妥当性に乏しくなってきたことから、平成一二(二〇〇〇)年度において、経費の性格及び使途は変更せず、その積算について、従来の組織等の細分された区分を廃止した上で、教官数及び学生数に基づき積算した校費に加え、各大学等を単位として積算する校費を措置することとし、従来の『教官当積算校費』及び『学生当積算校費』を統合し、新規に教官数積算分、学生数積算分及び大学分を内訳とする『教育研究基盤校費』を計上した」。

この予算配分方式の変更に対応して、どれほどの数の国立大学が学内予算の配分方式の変更を試みたかは、この調査からは明らかではない。しかし少なくとも一部の大学がそれを試み、学内の強い抵抗に直面したことが、「これまでの五年間で予算配分方針に関する学内決定が困難になったケースがあったか」という質問に対する回答からうかがわれる。それによれば、「あった」とする大学は二〇％、自由回答欄に挙げられたケースの代表的なものは以下の通りである。

・「基盤校費制への移行に際して、教官研究費の職種別単価の廃止について学内合意に時間を要した」（A文系単科大学)。

・「平成一二年度の『基盤校費制』への移行に際して配分単価の調整に苦慮した」(A地方大学)。

・「基盤校費制への移行に際し、大学分の予算が導入され、文部科学省の積算単価を踏まえ配分単価を検討し、結果的には基盤校費制導入前の配分単価で予算配分を実施した」(B地方大学)。

・「基盤校費制への移行にあたって、従前の単価を踏襲したため、文系学部の合意を得ることが困難になった」(C地方大学)。

・「基盤校費制への移行に際して、各講座等への配分額の変更を検討したが、合意が得られなかった」(A医系単科大学)。

・「教官研究費の配分における実験系、非実験系の区分廃止の際、学内の合意形成に時間を要した」(A文系単科大学)。

(2) 予算配分の決定過程

配分方式の変更に対するこうした強い抵抗の事例は、予算配分が学内政治の最大の課題であることを物語っている。積算校費制のもとでは教育研究経費は、本来それぞれの積算単位に帰属すべきものであり、管理運営に必要な経費は合意に基づいて、そのなかから本部や部局に割愛・拠出されるものであった。文部科学省が一方的にその積算校費制を廃止し、「基盤校費」として大学に一括配分し、それを大学内で部局・講座・教員等にどう配分するかはそれぞれの大学の自由にゆだねるとしたからといって、永年にわたって慣行となってきた従来の配分基準を、一挙に変更することは事実上不可能だったのである。

その従来型の学内配分方式のもとで、予算配分の方針決定に関与する組織として挙げられたのは（事務局長の回答、複数選択）、多い順に予算委員会等（七七％）、学長中心の執行部（六六％）、評議会・教授会（三七％）、部局長会議等（二一％）となっている。大学の最高意思決定機関が制度上、評議会（一部局大学では教授会）であったことは、概算要求の項ですでにみた通りである。実際に「予算配分方針は誰が決めているか」という質問に対して、学長の三分の二が制度上評議会（四九％）、教授会（一六％）と答えている。

しかし、実質的にはどうかという問いに対しては、評議会・教授会は併せても一割にすぎず（一一％）、代わって予算委員会等（三九％）が最上位にくる。予算委員会等を挙げた学長が多いのは、先ほどの「関与する組織」に対する回答と対応しているが、ただ四割弱というその比率はそれほど高いものではない。注目されるのは続いて上位を占めたのが「その他」（三二％）および学長（一六％）の二つであり、しかも「その他」の具体的な内容をみると、学長・副学長・事務局長、学長と事務局、学長を中心とする執行部、運営戦略会議、部局長会議等、学長が直接関わる、あるいは主催する会議がほとんどであった点である。つまり概算要求の場合と同様にこの場合にも、決定権限は予算委員会のような全学委員会から学長を中心とした執行部に、実質的に移り始めていたのである。

(3)　学内予算の配分方針

学長・執行部中心に移り始めていた、その学内予算の配分方針がどのようなものであったかを、二〇〇二年度について答えてもらった結果が**図2-4**である。

①本部予算、②部局配分経費の使途、③教育研究費の配分、④学長・部局長の裁量経費、⑤全学レベルのオーバーヘッドの五項目について、A、Bの二つの方針を設定し、どちらの方針をとったかを尋ねたものだが、①本部予算

（五九％）、④裁量的経費（六三％）、⑤オーバーヘッド（五一％）については、「どちらともいえない」という、中立的な答えが過半数を占めており、まだ全学的な検討が進んでいない大学が多かったことをうかがわせる。ただその場合でも、④裁量経費についてはすでに「抑制」（七％）より「拡大」（三〇％）方針をとる大学が多く、⑤オーバーヘッドについても、「積極的な徴収」（二八％）方針の大学が、「抑制」（二一％）派を上回っており、予算の配分・執行に関わる、学長を中心とした執行部の権限強化を図る方向での改革が進み始めていたことがわかる。

これとは対照的に、②部局経費の使途（二六％）、③教育研究費の配分（二八％）については、中立的な回答は少ない。②部局経費の使途については、「本部の集中管理」（一四％）よりは「部局の分権的管理」（六〇％）を方針とする大学が圧倒的に多いが、それは部局中心の管理運営や予算執行の現状では、分権的管理がほとんど議論の余地のない既定の方針であったこと、また③教育研究費の配分については、おそらくは「基盤校費制」への移行ともからんで、「平等で安定的な配分」（三三％）と「競争的・傾斜的配分」（三八％）のどちらを選択するかについて、大学内部での意見が分

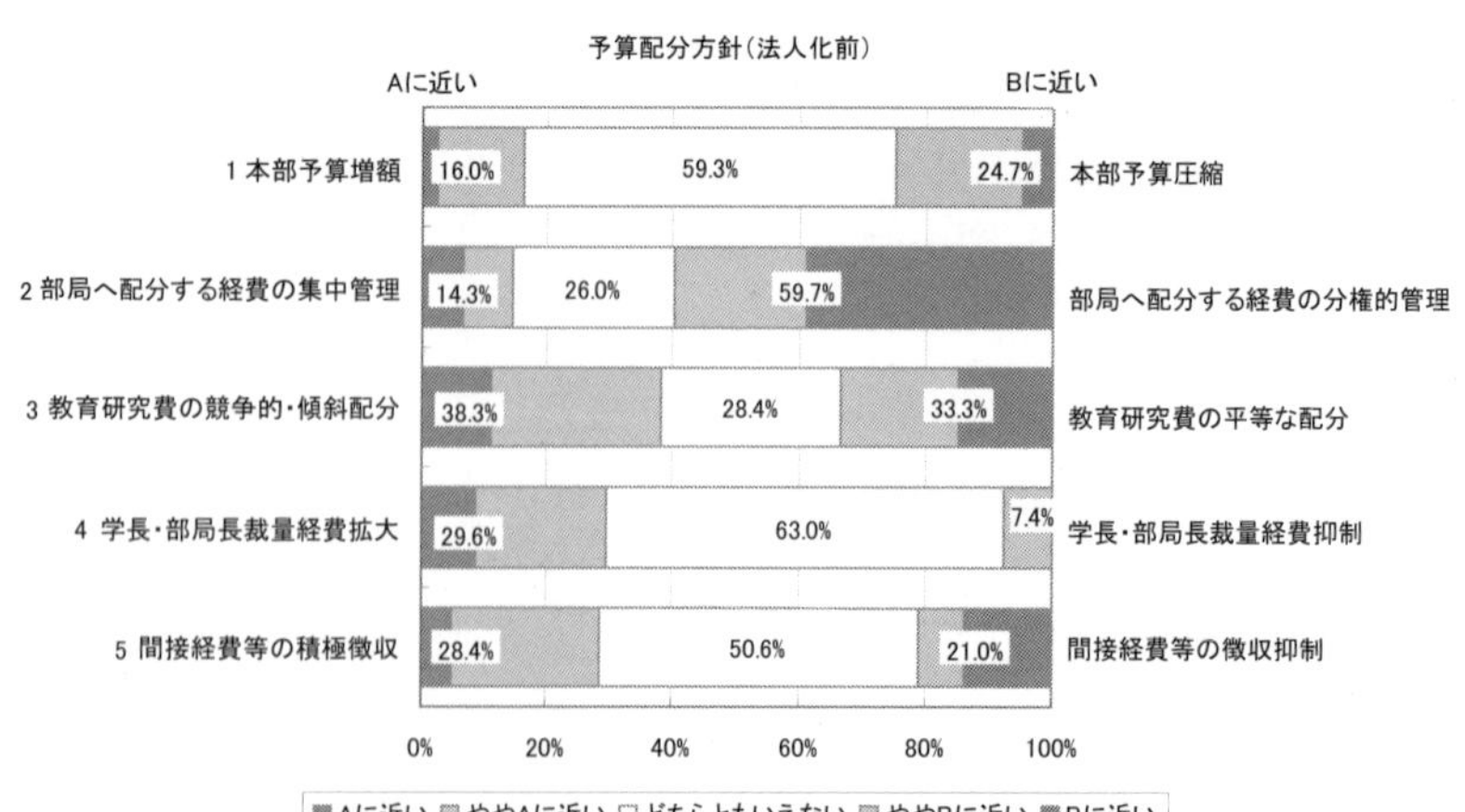

（注：表中の数字は、左=[Aに近い]+[ややAに近い]、中央=どちらともいえない、右=[ややBに近い]+[Bに近い]を意味する）

図2-4　学内予算の配分方針（法人化前）

かれる状況にあったことが想像される。それは「法人化以後」の予算配分方式についての学長の考え方を、同じ五項目について尋ねた調査結果（図2-5）によって、裏書きされている。

それによれば、どの項目についても、「どちらともいえない」とする中立的な意見の学長は二割前後に激減し、③教育研究費の配分については「競争的・傾斜的な配分」派（七七%）、④裁量的経費の「拡大」派（七八%）、⑤オーバーヘッドについても「積極的徴収」派（七八%）の学長が、それぞれ八割近くに達している。いずれも、法人化による学長を中心とした執行部体制の強化を機に、予算配分における学長・執行部権限の掌握と、全学的な視点に立って教育研究の活性化をはかるための予算配分のシステム構築をめざそうとする意欲の現れ、とみることができるだろう。ただその半面で、①本部予算の「増額」（三一%）よりも圧縮（四一%）を、②経費の使途については「集中的管理」（二一%）よりは「分権的管理」（五六%）をはかりたい、と答えた学長が多く、本部─部局関係については現状維持的な考え方が根強いことがうかがわれる。

いずれにせよ法人化に移行した後は、授業料収入や病院収入に文部科学省からの運営費交付金を加えた大学としての総予算を、

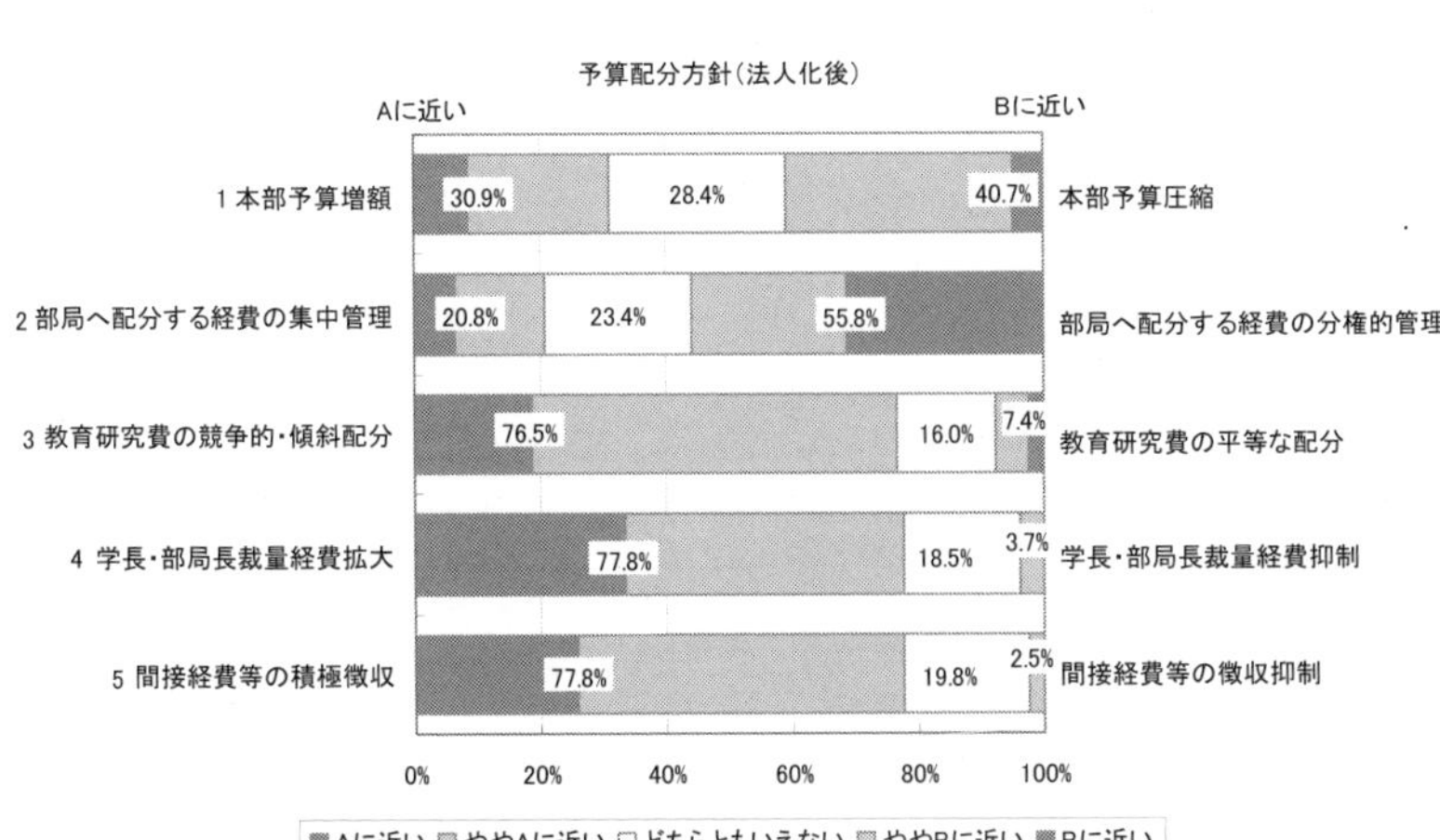

図2-5　学内予算の配分方針（法人化後）

どう配分し、どう使って教育研究の成果を上げていくかが、どの大学にとっても自立した経営体としての最大の課題になる。それはそれぞれの大学が否応なく、永年にわたって積算校費制に支えられ慣行化してきた、従来型の予算配分システムの全面的な見直しを迫られることを示唆している。予算配分における本部と部局との新しい関係をどう構築するのか、予算に最大の比重を占める人件費の管理をどうするのか、基本的な予算単位をどこに求めるのか、教員にとっての日々の生活の糧ともいうべき教育研究費をどれだけ、どのような形で保障するのか——これらは執行部にとっても各部局や個々の教員にとっても、事実上これまで考えたことのない新しい問題であり、予算配分の学内政治をめぐる激しい議論や葛藤を予想させるものであった。

(4) 法人化後の財務管理

これと関連して、法人化後の大学の財務管理についての学長の考え方をみておこう。**図2-6**によれば、学長は「大学債の発行」や「授業料の改訂」には消極的であり（「しない」方向での回答が、それぞれ七六%、五八%）、また「運営費交付金の算定ルー

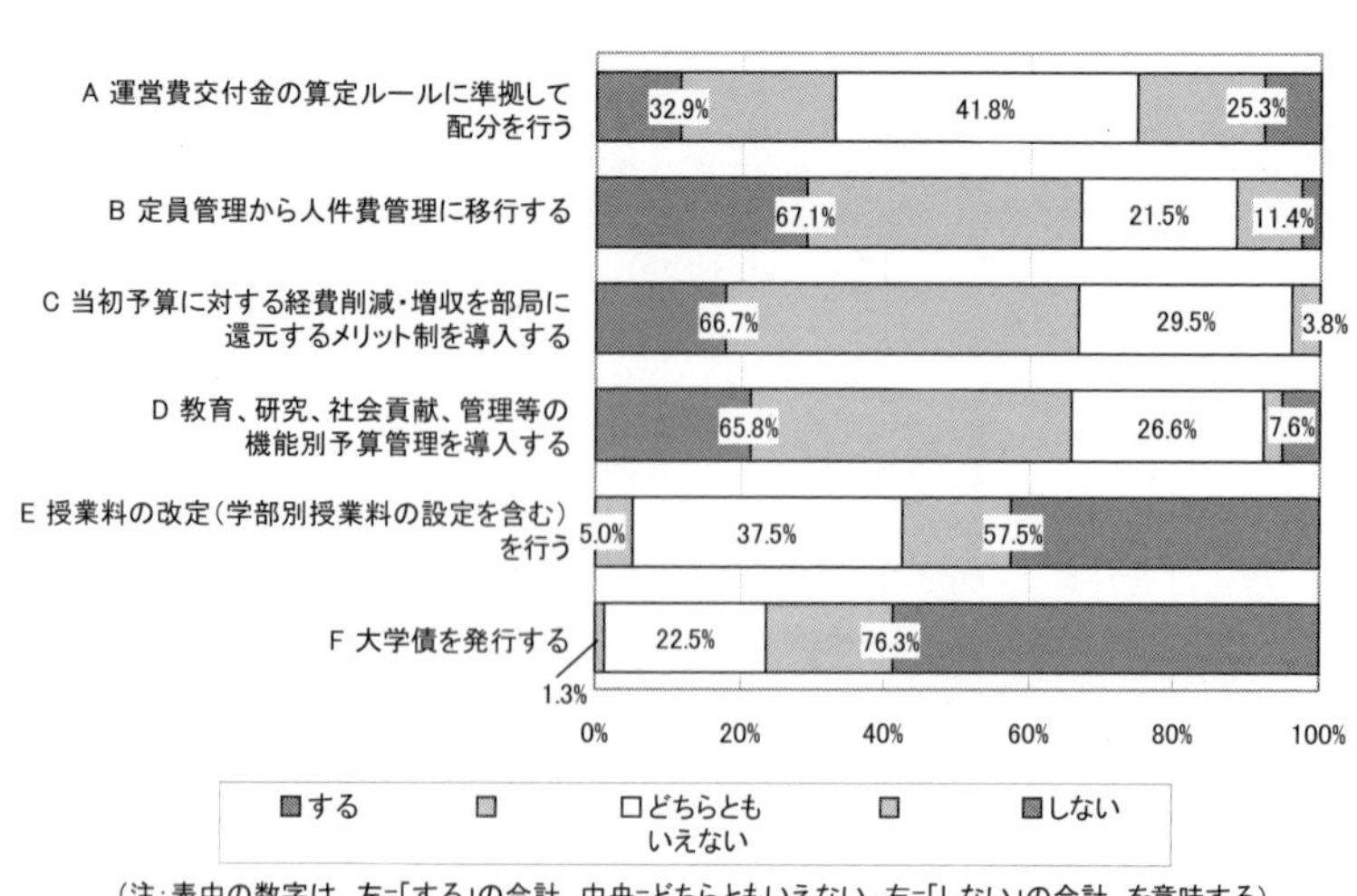

（注：表中の数字は、左=「する」の合計、中央=どちらともいえない、右=「しない」の合計、を意味する）

図2-6　法人化後の財務管理

ルに準拠した配分」には、法人化直前の時期の調査だったこともあり、「どちらともいえない」(四二%)と態度を決めかねていた学長が多い。しかしそれ以外の項目については、財務管理に積極的な方針で望もうとする学長が多かったことがわかる。すなわち、「定員管理から人件費管理に移行する」(六七%)、「経費節減・増収を部局に還元するメリット制を導入する」(六七%)、「教育、研究、社会貢献、管理等の機能別予算管理を導入する」(六六%)と答えた学長はいずれも三分の二を越えており、これまでの財務管理のあり方を抜本的に変革したいという強い意欲をうかがわせる。それはこれまでは「調整者型」(四八%)であったが、これからは「リーダー型」(八四%)でなければならないという、学長自身の役割に関する認識の変化から生まれたものとみることができる。ただそうした強い意欲をどこまで現実の変革に結びつけることができるのか。これまでみてきた学内予算配分をめぐる長い間の慣行やその変革をめぐる厳しい学内政治を考えれば、前途に立ちはだかっている障壁は多く、また高いといわねばなるまい。

4　諸資源の活用

(1)　全学的な戦略・方針の有無

最後に、大学の持つ資金・施設・教職員という三大資源の効率的・効果的利用の問題について、みることにしよう。法人化によって自立した経営体になれば、国立大学はそれぞれに、自大学の持つ資金・施設・教職員という諸資源を最大限に活用して、教育研究活動の活性化をはかり、成果を上げていかなければならない。とくに、文部科学省から配分される運営費交付金には一定の削減率がかけられことが決まっており、国家公務員の定員削減計画から外されたとはいえ、人件費との関係で教職員の数もたえず見直していく必要があることがわかっていた。さらに、施設整備費は運営費交付金とは別途に文部科学省による資金計画が立てられるが、その額も縮減傾向にあった。法人化とともに各国立大学は否応なく、諸資源の効率的・効果的な活用のための全学的な戦略・方針の策定を求められることになっていたのである。

その全学的な戦略・方針の、法人化前年（二〇〇三年）の時点での有無を尋ねた結果によれば、戦略・方針を決めていた大学は、「施設」については四四％と半数近くあったものの、「教職員」の場合は二八％、「資金」になると一四％とごく少ない。また「現在作成中」と答えた大学も、どの資源についても一四〜二〇％程度であり、戦略・方針の策定が法人化後に先送りされていたことがわかる。

「施設」については文部科学省の指導もあり、多くの大学が二〇〇〇年ごろから、活用のための全学的な委員会を設けて効率的な活用に取り組み始め、また「教職員」についても年次計画でやってくる定員削減に対応するために、二〇〇二年ごろから一部の大学が方針の策定を進めてきた。しかし最も重要な「資金」については策定が遅れ、「近く作成の予定」（六〇％）とする大学が六割に及んでいる。

このように、「全学的な戦略・方針」の策定を今後の課題として残した大学が多かったが、同時に各大学とも個別にみれば法人化以前にすでに、諸資源の活用に向けてさまざまな取り組みを開始していたことも、調査の結果からわかる。その具体的な取り組みを、ここでは実態をより的確に把握していたと思われる事務局長の回答をもとにみることにしよう。

(2) 資金の活用

まず「資金」の活用だが、「事務・教務の電算化」（九五％）、「契約・入札の本部集中化」（九五％）による経費の節減は、法人化前の時点ですでに事実上すべての大学で実施されていた。「学内資料のペーパーレス化」（七六％）、「予算の執行状況の常時把握システムの導入」（七四％）も、四分の三の大学が終わっていた。「自動点灯・消灯装置の設置」（五六％）、「備品等の共同購入」（五四％）、「アウトソーシングによる人件費節減」（四九％）は、ほぼ半数の大学が実施していた。

資金のこうした効率的活用については、「大きく改善されたもの」の具体例を挙げてもらったが、実例の多くは水光熱費や電話料金の節減になっている。「電話料は各種割引料金の適用等により四八％減額。電気料は、最大使用電力料の抑制による基本料金の引き下げ等で一九％減」（Ａ文系単科大学）というのが、その代表的事例である。さらに進んで「ＩＳＯ認証取得の取組により、電話料八％、水道料二一％の経費節減ができた」（Ａ地方大学）というように、「ＩＳＯ１４００１（環境マネジメントシステムに関する認証）を取得」（一四％）した大学もある。

ただ、こうしたコストの削減策はいずれも、「一般管理費」に相当する部分での効率化であり、経費の大部分を占める教育研究経費や人件費にまでは及んでいなかった。人件費についていえばまだ法人化前のことであり、正規雇用の教職員の人件費は「基盤校費」の枠外にあったから当然として、物件費のなかから支出される非常勤雇用の職員人件費の節減策をとる大学はなく、また教育研究費も「聖域」扱いされていたことが知られる。「教官・研究室単位の光熱水料・通信費等の計上」（一五％）を実施していた大学も二割にも満たないことは、経費の節減策がごく部分的にしか実施されるに至っていなかった、法人化前夜の現実を裏書きするものといえよう。

(3) 施設の活用

建物の高い老朽化率に象徴されるように、国立大学の施設整備は著しく遅れている。これまでにも何度か整備計画が立てられてきたが、その予算額は不十分で老朽化の進行に追いつかず、景気浮揚のための補正予算の額の方が大きいという時代が長く続いてきた。それは二〇〇二年度の学内予算配分で、「不十分」とされた配分額の筆頭に「全学的な施設設備費」（七五％）が挙げられていることからもうかがわれる。

こうした窮状から文部科学省が、部局を越えた既存の保有施設の効率的な使用を奨励してきたことはすでにみた通りであり、また新規建設の建物についてはその二〇％程度を共用スペースにあてることを、各大学に求めてきた。その成果は、他の資源に比べてすでにかなりの水準に達していたことが、この調査結果からもわかる。教室の稼働率等「施設の利用状況の把握」（八五％）、「学内での共同スペースの拡大」（八〇％）をはかっている大学は八割を越えていたからである。

施設利用面での改善成果の、具体例を挙げてもらった結果でも

・「学内施設の有効活用に関する規則を整備し、学内で共用スペースを確保し、教育研究活動のために有効活用できる体制を整えることができた」（A地方大学）

・「公社等施設の新築・増築及び回収を行う場合、原則として計画面積の二〇％を共用スペースに当てるという施設の有効活用に関する学内規程を制定し、共同利用スペースの拡大を図っている」（B地方大学）

・「教室等の稼働率を踏まえ、利用頻度の少ない教室等を研究室他に回収し、効率的な活用をはかっている」（C地方大学）

などの事例を多くの大学が挙げている。

ただそれ以外の効率的活用のための取り組みは多くはない。「部局間での施設の共同相互利用の促進」（三五％）自体、まだ三分の一強の大学で実施されていたにすぎず、「施設の有料貸出し促進」（三二％）をはかっていた大学も三

割程度にとどまっている。しかし同時に施設の利用面積等に応じた「スペース課金制の導入」（二四%）、「他大学等との施設の共同利用」（一四%）、「学外施設のレンタル利用」（一二%）、「PFI（民間資金等の活用による施設の建設・維持管理）の利用」（一二%）などの、これまでにない新しい動きが始まっていたことも見落としてはならないだろう。

・「市中心部のビルの二室をレンタルして、サテライトを開設し、大学院の夜間授業を実施」（A文系単科大学）

・「大学において整備する必要のある教室等の建築費等を、サテライト教室として借り上げることにより抑制」（A地方大学）

・「総合研究棟などに全学共通利用スペースを確保できた。全学共通利用スペースの課金制度を導入できた。これらにより、従前までの施設の固定的使用から、流動的使用への足がかりができた」（C地方大学）

・「PFIの利用により留学生寄宿舎の事業が認められ、留学生及び日本人学生の混住による国際交流に実現、柔軟な寄宿舎の活用が可能となった」（A総合大学）

などが、そうした新しい試みの具体例である。施設整備費は法人化後も運営費交付金とは別枠で、文部科学省が予算を獲得し、各大学の要求をもとに計画的に進めることになっているが、最新の年度についてみればその額はきわめて限定的であり、とうてい大学側の要求を満たすには足らない。国立大学法人はそれぞれにこれまで以上に工夫を凝らして、限られたスペースの流動的で効率的な活用を迫られることになるだろう。

(4)　教職員の活用

人件費が経常支出の最大部分を占めるというだけでなく、教育研究の場である大学にとって最大の資源はいうまでもなく人的資源、すなわち教職員である。国立大学の場合その教職員は長い間、定員制によって総数が規制されてきただけでなく、組織単位ごとにその数が定められていた。教員についていえば講座・学科目が配置の基本単位であり、それを積み上げた学科・学部の間で定員を流用したり、大学が独自に配置を変更したりすることは事実上不可能であった。

しかし国家公務員としての教職員の新増が厳しく抑制され、計画的な定員削減が進められ、また学問体系が大きく変わり、さらには新しい領域への教育研究活動の展開が必要とされるなかで、大学はそれぞれに、資金や施設のような物的資源だけでなく教職員という人的資源についても、その再配置や活用を自律的に進めることを求められ始めていた。法人化した国立大学の教職員が政府による定員制の枠から外され、非公務員化し、運営費交付金を含む予算の枠内で自由な任用を認められるようになったことは周知の通りだが、教職員の効果的な活用のための努力はそれ以前に始まっていたのである。

まず職員についてみれば、「全学的見地からの採用・配置」(六七%)はすでに三分の二の大学が実施していただけでなく、「本部による定員の留保」(四五%)も半数近い大学で進められていた。「外部コンサルティングの利用」(二四%)や「専門的職員の外部からの採用」(一二%)によって、事務の効率化をはかる大学も現れ始めていた。この外部の「コンサルティングの利用」と「専門的職員の採用」については、今後、つまり法人化後に推進したいと考える大学がそれぞれ七九%、五四%にのぼっており、多くの大学がその必要性を痛感し始めていたことが知られる。

次に教員だが、ここでも「全学的見地からの採用・配置」(四五%)と、「本部による定員留保」(五一%)を進める大学が半数近くにのぼっていたことがわかる。こうした方策は法人化後はさらに強化される方向(それぞれ六二%、五九%)にあり、またいまはほとんど実施されていない「サバティカル制度」の導入(五四%)をはかりたいという大学も、半数を越えていた。

法人化後の教職員の管理は、文部科学省の予算のもとではすでに定員管理から人件費管理に移っている。今後はそれぞれの大学の内部でも、部局や組織単位の枠を越えた教職員の再配置や効率的な活用、さらにはその職業的な能力の向上が重要な課題となっていく。人件費が経常支出に最大の比重を占めることを考えれば、人的資源としての教職員の活用の成否は、経営体としての大学の将来の発展性を大きく左右する。法人化に伴って生じた新しい業務のなかには、高度の専門性を要するものが少なくない。

実際に今回の調査の結果によれば、法人化の準備にあたってすべての大学が監査法人の支援を仰ぎ、また社会保険労務士（六二％）の助けを求め、コンサルタント（五八％）を入れていた。人的資源の活用問題は今後、国立大学法人の最大の経営課題となっていくだろう。

結び

これまでみてきたところから明らかなように、調査の実施された二〇〇四年春という時点は、法人化直前とはいえすでに法人化への準備が急進展していた時期であった。しかし調査の結果からはそれだけでなく、法人化問題が具体的な政策課題になる以前から、文部科学省がさまざまな形で進めてきた、国立大学の経営体としての自立化・自律化を促す方向での一連の改革がすでに、国立大学の内部に一定の変化をもたらし始めていたことがわかる。

ただ「親方日の丸」「護送船団方式」といわれるほど、戦後一貫して文部科学省の強い統制と、その裏返しとしての庇護に慣れてきた国立大学である。ある程度の助走部分があったとはいえ、二〇〇三年七月の「国立大学法人法」の成立から一〇ヶ月に満たない準備期間で実施された法人化は、その国立大学にとって革命的ともいうべき大きな衝撃力を伴う一大変革であった。財務・経営の自立と自律に向けて、学内の管理運営に関わるこれまでの組織や慣行の根本的な改革が避けがたいものであることは理解されても、ただちにそれに取り組むことが容易ではなかったのは、やむを得ないこととみるべきだろう。

学内組織や慣行の変革に中核的な位置を占めるのは、これまでみてきたように、なによりも資金や資源の学内配分・再配分と活用の問題である。多くの大学がその必要性を痛感しながらも、否応なく対応せざるを得ない文部科学省との関係を中心とした諸制度の改革や規程の整備に追われ、学内組織や慣行の変革に関わる課題は、法人化後に後送りにしてこざるを得なかったというのが、今回の調査から明らかになった「法人化前夜」の現実である。

それは調査票の最後に、この調査（学長対象）に対する感想の記入を求めた自由記述欄の記述内容からもうかがわれる。

・「運営費交付金の配分に反映される大学評価の手法や競争的資金の設定基準が明確でなく、今後の安定的財務経営の見通しに不安を覚える」（A文系単科大学）。

・「運営費交付金は法人化への移行に伴う経費（福利厚生費等）が多くて、実質、教育研究、管理運営に必要な経費は大幅に減額されている。学長が強いリーダーシップの下で効率的・合理的な財務運営を行うことが重要とされるが、大変厳しい法人化への船出で、責任だけはこれまでの二倍に相当する思いである」（A地方国立大学）。

・「人件費を含めた全経費の単年度での執行が原則であるため、とくに小規模大学では事業費の年変動にどのように対応できるのか、困難を予想している。第一期間中の自己収入増が、第二期以降の運営費交付金算定減につながらないよう、逆のインセンティブとならないような配慮が望まれる」（B文系単科大学）。

・「現在予算を組み立てはじめた段階ではお先真っ暗である。学生実験に振り向けられる予算が極端に減少している現状に愕然としている。これでは『科学技術立国』は夢のまた夢、マスプロ教育、教官だけが演じる実験を見て、学生は納得とならざるを得ない状況である」（A理工系単科大学）。

学長たちは新しい法人制度、とくに運営費交付金を中心とした文部科学省との関係、財政制度の問題点に厳しい目を向けながら、同時にそれが財務、すなわち学内での資金や諸資源の配分・活用と切り離せない問題であることを十分に認識していた。さらにいえばそこに示された強い危機意識が、主としては地方国立大学や小規模の単科大学の学長のものである点にも、注目する必要があるだろう。

ここでは十分にふれることができなかったが、「護送船団方式」の廃止を意味する法人化によってあらためて表面化してきたのが、国立大学間の資金と資源、フローとストック双方の著しい格差であることが調査の分析の結果からわかってくる。こうした格差の基底には大学としての歴史的な背景や、博士課程大学院の有無・強弱に代表される制度上の地位、さらには設置学部の数や種別等の違い、それに応じた研究能力や社会的威信の格差が隠されていることは「序章」でもみた通りである。八七の国立大学法人は、その意味ですでにきわめて「個性」的なのである。その「個性」としての資源やストックの差異は、学内でのその再配分や活用の幅、可能性の差異を意味している。フローとしての新しい資金獲得の潜在的な可能性自体、そうした人的・物的な資源のストックの差異により、強く左右されることを免れることができない。

法人化後一年を経過し、新しい制度のもとでの財務・経営の実態が決算書や財務諸表、さらには実績報告書などの形で明らかにされ始めたいま、概算要求・外部資金・学内予算配分・資源活用などにどのような変化が起こりつつあるのか、それはどのような問題を提起しているのか、各国立大学法人の個性と差異に着目した分析が必要とされるだろう。

第3章　法人化一年後の現実

はじめに

二〇〇四年の春、八七の国立大学法人が発足してから一年が過ぎた。二〇〇五年の夏から秋にかけて各法人の財務諸表が公表され、また六年間の中期計画の初年度分の実績報告書に基づく、国立大学法人評価委員会の評価結果も発表された。ようやく法人化の現実と同時に、今後取り組みの必要なさまざまな課題がみえてきたところである。そのなかには法人化前から予想されたものもあるが、あらたにみえてきた課題も少なくない。法人化の二年目に入った時点で、国立大学の法人化の現状はどのようなものであり、またどのような課題に直面しているのか「定点観測」的な分析を試みてみたい。

1　政策課題としての法人化

第1章でもみたようにわが国の国立大学にとって法人化は、最初の近代大学である帝国大学が発足して以来の課題であった。創設間もない帝国大学の教授団は、国の行政機構から分離・独立することによって財政面での自立性を強め、ひいては組織としての自律性（自治と教育・研究の自由）を獲得するため、法人格を得ることを強く望んだ。しかし政府は戦前期を通じて、「国家の須要」に応ずることを設置目的の第一に掲げる帝国大学をはじめとする国立大学に、教育研究や人事面で一定の自律性は認めたものの、財政的な自立を可能にする法人格を認めることはなかった。

国立大学の法人化問題は、その後も大学改革論議が高まるたびに議論されてきた。一九七〇年前後にはとくに永井道雄による大学公社論のほか、中央教育審議会のいわゆる「四六答申」、OECD教育調査団の報告書「日本の教育政策」など、法人化の必要性を指摘するさまざまな議論が展開された。しかし具体案が提示されるには至らず、議論の積極的な展開もないまま新しい世紀を迎えることになった。

二〇〇〇年になって、政府の行財政改革の一環として国立大学のあり方の見直しを求められた文部科学省が、調査検討会議を設置し、この検討会議を主要な舞台に本格的な議論が展開された。国立大学の関係者を中心に、各界の有識者を集めたこの会議の報告書が出されたのが二〇〇二年、それを基礎に国会での審議を経て二〇〇三年七月には「国立大学法人法」が成立し、翌年四月に八七校の国立大学すべてに法人格が付与された。

経緯から明らかなように、この二〇〇四年の法人化は国立大学の側の主体的な要請によって実現したものではない。検討の過程で大学側は全体として、法人化に消極的な態度をとり続けた。それは法人化が、それまで国立大学が享受してきたさまざまな特権を揺るがし、侵害する危険性をはらんでいると受け止められたからである。

わが国の国立大学制度は、第二次大戦後の学制改革の結果として大きく変わった。旧制度のもとで、帝国大学をはじめとする国立大学の数は二六校にすぎなかったが、一九四九年に発足した新制度のもとでは、従来の専門学校・師範学校・高等学校等の大学以外の高等教育機関が事実上すべて再編・統合され、新制度の大学に移行したため、同年一斉に発足した「新制」国立大学の数は六九校に急増した。民主主義的な新しい政治体制のもと、これら国立大学は設置形態は変わらぬまま、戦前期とは比べものにならぬほど大幅な、教授会を中心とした自治の権限と学問の自由を保障されることになった。また国立大学は行政機構の一部としてこれまで通り運営に必要な予算の全額を、教職員は国家公務員として身分と給与を、それぞれ保障されたのである。

その国立大学にとって法人化は、大学の財政的な自立を求めるものとしてむしろ経営基盤の弱体化を招き、さらには「国立」大学として享受してきたさまざまな特権の喪失につながりかねないと受け止められたことは、想像にかたくない。国立大学関係者が全体として法人化に消極的・否定的であり、強い抵抗を示してきた理由の大きなひとつはそこにあったといってよいだろう。

法人化は、そうした大学側の抵抗を押し切る形で、一九九〇年代以降政府が推し進めてきた一連の規制緩和政策と行財政改革の一環として構想され、政府の主導権のもとに推進され実現されたものである。規制緩和と行財政改革は、グローバル化の進展とともに日本の行政や経済、教育などの諸システムの総体が、「閉鎖系」から「開放系」へと転換を迫られるなかで、一九八〇年代の末ごろから登場してきた新しい政策課題である。それは「政府と法規」によって維持されてきた日本社会のさまざまな秩序を、「市場と競争」による新しい秩序へと変革し、再編することをめざすものであった。

国立大学は、そうした行財政改革の大きな動きのなかで、政府中心の「閉鎖系」システムの典型的な存在として、改革の主要な対象のひとつとされることになった。政府のめざす「小さな政府」の実現のためにも、国立大学の法人化による行政機構からの分離と財政的な自立性の強化、さらには教職員の非公務員化が不可避の政策課題とみなされた。法人化は国立大学を、「市場と競争」をベースにした新しい「開放系」の秩序に組み込み、運営の合理化・効率化をはかり、国家による財政負担の軽減化をはかることを目的に、政府主導で推し進められてきたのである。

ただ公平を期するためにも、法人化のすべてが、政府による一方的な強行とみなされるべきではないことを指摘しておく必要があるだろう。なぜなら国際的な先端科学技術競争が激化し、大学における基礎研究と応用研究、さらには科学技術者や各種の戦略的専門人材育成の重要性が増すなかで、教育研究のいっそうの活性化を求める声もまた、国立大学の内外で急激に高まっていたからである。「政府と法規」の支配から国立大学を解き放す必要性は広く社会的に、さらには激しい国際的な競争にさらされた研究大学を中心とした一部の国立大学自身によっても、強く認識されるようになっていたことを見落としてはならない。

たとえば、国立学校財務センターが一九九七年に実施した、国立大学教員約七、〇〇〇名を対象にした調査によれば、「国立大学は現状の設置形態を維持すべきである」としたものは二四・五%にすぎず、三七・六%が「慎重な議論を続けるべきである」と答え、また「一部の国立大学は設置形態を変更するべきである」(二七・一%)、「すべての国立大学は、設置形態を変更するべきである」(八・一%)とするものも、併せて三五・二%にのぼっていた(国立学校財務センター研究報告、第三号、一九九九)。

2　国立大学法人の発足

そこに至るこうした経緯はともかく、二〇〇四年の法人化が国立大学の財政と経営のあり方を一変させるものであったことはいうまでもない。ただ第2章でもみたように、そうした変化についてはそのすべてが法人化と同時に生じたものではないこと、すなわち法人化への「助走期間」とでもいうべきものがあったことを指摘しておかなくてはならない。

「開放系」への移行を求める行財政改革の動きに押される形で、文部科学省は一九九〇年代の中ごろから、国立大学に対する従来からの厳しい統制を緩和し、経営上の自立と自律を促すための一連の改革を進めてきた。教養部の改廃と教育課程編成の自由化、副学長制の導入など学長を中心とした執行部体制の強化、積算校費制から基盤校費制への移行による予算配分方式の変更、科学研究費など競争的に配分される研究資金の大幅な増額など、それら一連の改革により国立大学は次第に変わり始めていた。

しかし、国立大学を政府の行政機構から切り離し、大幅な経営上の自律性を認めると同時に財政的な自立を求める二〇〇四年の法人化が、これまで政府の「統制と庇護」のもとに置かれ、さまざまな特権を享受してきた国立大学にとって衝撃的な大変革であったことに変わりはない。法人化の実施によって、日本の国立大学はその一三〇年余の歴史のなかで最大の変革の時を迎えたのである。

法人化をめぐる議論の過程では、完全に「民営化」すべきだというさらに踏み込んだ意見もあったが、最終的に国立大学は法人格を与えられ、行政機構から切り離されるものの政府の間接的な管理下に置かれ、運営に必要な資金の主要部分を政府から供与されることになった。

「国立大学法人法」によれば、国立大学法人は政府・文部科学省が設置し監督する法人であり、法人の長である学長は、大学に置かれた学長選考会議が選出し、大学側の申し出に基づき文部科学大臣が任命することになっている。国立大学は「国立」大学法人であるという点で、同じく法人格（学校法人）を持つ私立大学と異なっている。国立大学が、必要とされる運営経費の（平均して）五割弱を政府によって保証された大学であるのに対して、私立大学に対する運営経費の政府からの補助金額が一割強にすぎないこと、また国立大学法人が、文部科学省に置かれた「国立大学法人評価委員会」の定期的な評価を受けることを義務づけられていることなどは、そうした違いを端的に示すものである。

3　法人間の差異と格差――物的な資源

(1)　継承された差異

法人化にあたって文部科学省は国立大学のすべてを一律に、また同時に法人化する方針を早くから決めていた。法人化の具体的な方法の検討にあたっては、それ以外にもたとえば、1)法人化を外部資金を獲得しやすい一部の大学に限定して実施する、2)国立大学を特性によっていくつかの大学群に分け、群単位で法人化する、3)大学の所在地による地域ブロック単位で法人化する等、別の選択肢もありえたかもしれない。先にみたように国立大学の教員のなかにも、設置形態の変更は一部の大学に限るべきではないかという意見が少なくなかった。しかし一大学一法人で同時発足という文部科学省の方針は早くに決まっており、法人化の他の選択肢の検討が十分に行われることのないまま、八七の法人が一斉に発足することになった。

法人化検討中の二〇〇一年には、当時の大臣の名前をとって「遠山プラン」と呼ばれた、「大学（国立大学）の構造改革方針」が文部科学省から出され、それに基づいて医学系を主とした一部単科大学の他の大学との統合が進められ、国立大学の数が九九から八七に減少したのが、関連してとられた事実上唯一の法人化関連の対応策であった。

こうした法人化の方針は、国立大学間にそれまで存在したさまざまな差異が見直され、再検討されることなく、そのまま新しい法人に引き継がれたことを意味している。あらたに発足した各法人に対する、土地や建物などを主体とする国の出資財産の評価額に、法人によって著しい差異があることはよく知られている。しかしそれだけではない。国立大学は、一世紀余にわたって政府がそれぞれの時代状況のもと、特定の政策課題に応えることを目的に設置し発展をはかってきたものである。国立大学という設置形態は同じでも、歴史的背景・伝統・期待される役割は大学によって同じではない。

国立大学のなかには、学生数が三万人を越える巨大な大学もあれば、千人にも満たない小規模大学もある。大都市所在の大学も、地方の中小都市所在の大学もある。大規模な大学院と多数の付置研究所を持つ研究中心の大学もあれば、学部教育中心の大学もある。付属病院を持つ大学も、持たない大学もある。長い伝統を持つ大学もあれば、歴史の新しい大学もある。多数の専門学部を持つ総合大学がある一方で、一学部のみの単科大学も半数近くを占める。つまり国立大学法人の間には、その歴史的な伝統や果たしてきた役割、社会的な威信だけでなく、人的・物的な資源や有形・無形の資産についても、大きな差異が存在している。出資財産の評価額は、そのひとつの総合的な指標にほかならないのである。

その伝統や役割の違いを考えれば、八七の国立大学法人間にこうした差異が存在するのはなんら不思議なことではなく、当然のこととみえるかもしれない。しかし重要なのはそうした差異が、一斉に自立と自律を求められて発足した八七の国立大学の、法人化とともに重要性を増した財務・経営上の能力という点での著しい差異を意味している点にある。

法人化以前には、国立大学の運営に必要な資金はすべて政府によって負担されていた。大学の教育研究活動や管理運営に必要な諸経費は積算校費の形で、つまり、文部科学省が設定した一定の単価に基づいて計算し、積み上げた金額を各大学に交付するという形で提供されてきた。建物等の施設や大型の実験設備等の整備の費用も全額、国の負担によってまかなわれてきた。教職員の給与も、大学の所在地域や大学院の有無などによって若干の違いはあるものの、基本的に政府の定める国家公務員としての同一の基準により直接、個々人に支払われてきた。

さらにいえば学生の支払う授業料や付属病院の診療報酬等の収入、さらには受託研究費・共同研究費などの外部資金も、大学の自己収入としてそのまま各大学に帰属するのでなく、すべて政府の収入として国庫に納付されることになっていた。そして文部科学省は、これらの収入に政府の一般会計から繰り入れられる資金を併せた額を財源とする「国立学校特別会計」制度のもとで、各大学に資金を配分し、大学の管理運営の責任を担ってきたのである。

このことはすべての国立大学が、さまざまな差異の存在にもかかわらず、政府の「庇護と統制」のもとに置かれ、さまざまな特権を享受してきたことを意味している。国立大学についてはしばしば、「親方日の丸」「護送船団方式」という羨望と蔑視のない混ざった言葉が使われてきたが、それはそうした行政機構の一部としての国立大学の位置を指したものにほかならない。

こうして一定の基準により標準的な資金をすべての大学に保証する一方で、文部科学省がそれとは別に大学の機能や伝統に配慮した、重点的・傾斜的な配分方法を併せてとってきたことを指摘しておかなければならない。七校の帝国大学の後身である国立総合大学とそれ以外の大学、第二次大戦前に設置された旧制大学と戦後の新制大学、研究重視の大学と教育中心の大学、医学部・付属病院や付置研究所を持つ大学と持たない大学など、政府による資金の一部は大学の性格や機能に応じて、重点的・傾斜的に配分されてきたのである。

(2) 格差の温存と拡大

長い間、そうした差異的な予算配分の基礎とされてきたのは、講座制と学科目制という教員組織の編成上の違いである。すなわち、教授一・助教授一・助手一～三を基本に設置される講座は、教育と同時に研究や研究者養成、予算配分の単位でもあり、大学院の研究科、とくに博士課程研究科は、講座制をとる大学・学部のみにその設置が認められてきた。これに対して学科目制は教育の組織とされ主要な授業科目ごとに、つまり研究よりも教育上の必要に応じた教員配置がなされてきた。この講座・学科目については、さらに実験系（主として理工系）・非実験系（主として人文・社会系）・臨床系（医歯系）の区別があり、これらの別に応じて設定された単価に基づいて校費の積算が行われ、その額は、たとえば実験系と非実験系でほぼ四対一、非実験系の講座制と学科目制でほぼ二対一というように大きく違っていた。

いいかえれば旧帝国大学を中心とした理系中心で研究重視の、いわゆる研究大学・重点化大学（その数は、数え方によるが一〇数校とみなされている）は予算配分のうえで、それ以外の大学に比べて著しく手厚い配慮を受けてきたのである。それは資金面だけでなく人的な資源の配分、つまり教職員の定員配置（ひいては人件費の配分）の面でも同様である。講座制の大学は、学生数に比してより多くの教職員の定数配分にあずかってきた。

こうした年々の資金の配分額の差異は積み重なって、大学間の格差を拡大する方向に働き、大学間の格差構造を生み出してきた。その格差が、とりわけ戦前期以来の歴史を持つ（つまりは、長年にわたってより多くの人的・物的な資源投入を受けてきた）帝国大学に代表される旧制大学と、戦後の学制改革により専門学校や高等学校、師範学校を母体に大学になった新制大学との間で、落差といえるほどに大きなものであったことはあらためていうまでもないだろう。

法人化はこうした講座制・学科目制の別や、それに対応した積算校費制はいうまでもなく、それに代わるものとして導入された基盤校費制、国家公務員としての給与の別枠保障、さらには国立学校特別会計制度等の全面的な廃止を伴うものであり、それに代わって導入された予算配分制度はまったく新しいものであった。新しい予算制度のもとで、授業料や付属病院の診療報酬は直接大学の自己収入とされ、人件費と物件費の区別もなくなり、それぞれの大学は運営に必要であると文部科学省によって算定され、認定された金額から、授業料や付属病院の診療収入等の自己収入分を差し引いた額を、運営費交付金として一括交付されることになったのである。

しかしこの新しい予算配分方式も、これまで長い間文部科学省がとり続けてきた、大学間での傾斜的・重点的な予算配分の構造を根本的に変革するものではないことを指摘しておかなければならない。運営費交付金は大学ごとに、標準運営費交付金・特定運営費交付金・付属病院運営費交付金という、大きく三つの部分に分けて算定され、交付される。このうち付属病院運営費交付金は、当然のことながら付属病院を持つ大学のみに交付される。他の二種の交付金のうち主要部分を占めるのは、文部科学省の定める「大学設置基準」に基づく学生・教員数をベースに算定され、その意味で各大学に同一基準で平等に配分される「標準」運営費交付金である。

法人間の格差構造と関連して重要なのは、別途算定され交付される「特定」運営費交付金と呼ばれる部分である。すでにのべたように、一部、再編統合はあったものの、ほぼそのまま発足時の各法人に継承された旧国立大学の間には、伝統や機能による構造化された格差があり、それは具体的には予算の配分額や教職員定数の差異となって現れていた。単純化していえば、特定運営費交付金はそうした格差構造に配慮して、というより格差構造に対応して、各国立大学が法人化前に受け取っていた予算の総額を下回ることのないよう、標準運営費交付金とそれとの差額を埋め合わす形で算定され、交付されているのである。

新しい予算の算定・配分方式への移行によって、法人化前に比べて大幅な配分額の増減、とくに減額が生ずれば、従来通りの大学の運営が困難になる。標準的に計算された金額のほかに、特別に算定した金額を付加し、法人化前後での大きな変化を避けるというのは、移行期に特有の現実的な措置とみるべきなのだろう。しかし別の見方をすれば、それは法人化前にみられた大学間の格差構造がいわば是認され、事実上そのまま継承され温存されたことを意味している。法人化に際して出資財産についても資金の配分についても、従来の格差を是正し、経営基盤の弱体な法人について特別な配慮がされることはなかった。

発足後の国立大学法人の予算については、行財政改革の趣旨に沿って（人件費相当分を除いた）運営費交付金の着実な減額をはかるため、「効率化係数」という名称で毎年一％の交付金減額が予定されているだけでなく、各法人は自己収入の増収や外部資金の獲得をはかるための自己努力を、強く求められている。しかし、入学金・授業料収入と付属病院からの診療収入を除いて、国立大学が経常的な費用をまかなうために依拠できる自己収入源は、現状ではごく限られている。しかも病院の診療収入は多くの大学で実質的に赤字であり、授業料収入についてもその標準額や入学定員が文部科学省の強い規制下にある現状では、大幅な増収をはかることは事実上望みがたい。

また国立大学法人が獲得しうる最も重要な外部資金は、文部科学省や他の省庁の科学研究費、それに企業の提供する共同研究費や奨学寄付金など研究活動に関連した資金だが、それを獲得し使用するのはもっぱら個々の教員であり、その使途も研究目的に限られている。このうち科学研究費については、直接大学の収入となる三〇％のオーバーヘッド(間接経費)が上乗せされるようになったが、それはまだ科学研究費の一部にとどまり、金額的にも限られている。しかも競争的に配分されるこれら研究費の獲得について、理工系や医療系の学部・研究科を中心とした「研究大学」が圧倒的に優位に立っていることは、よく知られている。

こうした現実は、資金のストックとフローの双方について存在する格差を、各法人が自力で改善・解消することがきわめて困難であり、さらにいえば事実上不可能であることを示唆している。大学間の格差は、法人化によって縮小よりはむしろ拡大の方向にあるとみるべきだろう。八七の大学法人については今後経営・財務面での体質強化をはかるために、あらためてその再編・統合をはかるか、さらには機能や財政基盤の違いに応じて括られた大学群ごとに、予算の配分面で政策的に差異的な取り扱いをするなど、対応策の検討が必要になるだろう。

4　法人間の差異と格差――人的な資源

(1)　人的資源としての教職員

国立大学の職員はこれまで全員が国家公務員であり、その人事権、とくに本部の管理職クラス(いわゆる「移動官職」)の人事権は文部科学省が握っていた。また全体として職員にはもっぱら、使途を指定して配分される予算の忠実な執行を中心にした定型的な事務の執行能力が求められ、あらたな事業の立ち上げや経営の改善など、企画・立案の能力が期待されることはほとんどなかった。さらにいえば大学職員は、一方では管理運営面で強い統制権限を持つ「本省」に対して、他方では教授会中心の大学自治体制のもとでの管理運営や意思決定の担い手である教員に対して、それぞれ補助的・従属的な地位に置かれてきた。

国家公務員身分であったのは教員も同様である。ただし教員は教育・研究活動について自由を保障され、学長・学部長の選任から同僚の任用・昇進の決定、さらには大学全体の運営まで、大幅な自治の権限を認められてきた。教員のポストは講座・学科目の別に応じて定められた定員制によって、また国家公務員としての給与は大学の運営経費とは別枠で、それぞれ国家によって保証されてきたことも重要である。毎年自動的に交付される一定額の予算の枠内で、国立大学は、地位と給与を保障された教員を中心に運営されてきたのである。

法人化前の国立大学のこうした教員中心の運営体制のもとで、学長・副学長・部局長などの管理職ポストを占める人たちもまた、経営・管理の責任者として専門的な職能を持つ人々ではなかった。これら経営管理者の役割が、教授会構成員の直接選挙を経て「同輩集団」のなかから選任された教員により、教育研究者としてのキャリアの一時期に限って担われてきたことは周知の通りである。

法人化はこのように、政府の直接的な「庇護と統制」のもとに自治を全面的に享受してきた国立大学に、経営上の自立を求め、学長を中心に編成される執行部に全面的な経営責任をゆだねるものであった。法人化に先立って教職員の定員制は廃止され、職員の人事権は（一部の移動官職を除いて）各大学にゆだねられた。大学法人は学長を中心に任命制の理事・副学長から構成される役員会を置き、政府から交付される運営費交付金のほか、授業料や付属病院の診療報酬などの自己収入、さらには競争的に配分される公的な研究費、受託研究・共同研究など民間からの研究費などの外部資金をもとに、持てる資源を最大限に効率的に活用して自律的な大学経営にあたることを求められるようになったのである。

このことは教職員という人的資源の規模や資質・能力が、あらためて大学経営の成否を左右するきわめて重要な要因になったことを意味している。そしてその人的資源についても、大学間の格差が物的資源のそれに劣らず大きいことを指摘しておくべきだろう。法人としての発足の時点でのこうした人的資源の量と質もまた、それぞれの大学の経営能力を大きく左右する要因として働く可能性を持っている。

(2) 大学経営と人事管理

法人化した国立大学の学長は、経営の最高責任者として、きわめて大きな権限を与えられている。役員会のメンバーである理事・役員、経営協議会の委員、それに教育研究評議会の一部の委員の任命権は学長にある。非国家公務員化された職員の人事権も、文部科学省から各大学法人の学長の手に移った。学内予算の配分をはじめとする財務面での権限も、最終的に学長が握っている。

その学長は法人化後、運営協議会と教育研究評議会から同数選ばれる委員からなる学長選考会議によって、選任されることになった。いいかえれば最高経営者としての学長は「同輩集団」の直接選挙ではなく、経営協議会委員という学外者を加えた学長選考会議が、大学の内外を問わず最適任者を選任できる仕組みになったのである。

しかし現状では学長は、学長選考会議で選任されるとはいってもほとんどの場合、選考の一環として行われる教職員の意向投票を参考に、しかも学内から選任されるケースが圧倒的に多い。また理事等の役員についても、一部学外から財務・人事等の専門家を任用する例がないわけではないが、一般的には、学内の教授陣のなかから任期付きで選任される場合がほとんどである。つまり現状では、国立大学法人の経営管理層の供給基盤は、それぞれの大学の現有する人的資源の量と質によって、大きく規定されていることになる。

法人化によって、文部科学省の直接的な「統制と庇護」から解き放された一般の事務職員の場合にも、法人職員としての意識変革だけでなく、新しい経営体制に対応した職務の遂行能力の形成や向上が、重要な課題のひとつとなっている。しかし現状では、法人化からまだ一年ということもあるだろうが、どの大学法人とも研修等を含む職員の人事政策の本格的な検討や策定を進めているようにはみえない。新しい任用試験制度の導入や、大学独自の方針による職員の新規採用、外部者の中途採用、地方自治体・企業等との交流人事も、一部の大学でようやく始まったばかりである。とくに、小規模の大学法人の場合、限られた数の職員を対象に新しい試みを導入する余地はきわめて小さい。

大学の側からはしばしば厳しく批判されてきたことだが、これまでは文部科学省の主導下に行われてきた本省と各大学、大学と大学の間の事務系管理職や一般職員の人事交流が、そうした人的資源の大学間格差を是正するうえで大きな役割を果たしてきた。しかし人事権が各大学の学長の手に移ったいまでは、人事交流や研修を含む人材育成に大学間の協力体制を組み、共同で努力しない限り職員という人的資源の大学間格差は固定化され、さらには拡大する恐れすらある。とりわけ小規模大学の場合、他大学との安定的で計画的な人事交流なしには、人事の停滞により組織の活力が失われる危険性が大きい。国立大学協会は任用試験制度の実施主体となり、また各種の研修セミナーを立ち上げるなど一定の努力をしており、ブロック単位で大学法人間の人事交流を進める動きもある。そうした協力や共同事業の輪をさらに広げていくことが重要だが、それと同時に法人間の連携や再編の問題も、そうした視点からあらためて検討される必要があるだろう。

一般の事務職だけでなく理事等の経営管理層を含めて、法人化された大学の経営や運営に専門的な力量を持った、また流動性に富んだ人材をどのように育成していくのか。それは個別の大学のみでは対処しえない重要な課題として残されている。

5　意思決定の構造変化

(1) ボトムアップからトップダウンへ

法人化された国立大学の執行部は、学長と学長の任命する（大学の規模により異なる数の）理事から構成される、役員会を中心に編成されている。理事の三分の二は自大学の教員、約一五％が文部科学省の出身者である。民間企業などから登用された理事も二割程度を占めるが、そのほとんどは、非常勤理事である。つまり国立大学は法人化後も、各大学の教員のなかから選任された理事・役員を中心に運営されていることになる。

法人には経営面での諮問機関として、外部委員（主として企業経営者、県知事、市長、マスコミ関係者、大学ＯＢなど）が半数を占める経営協議会が設置されている。これら委員は学長の任命制である。教育研究面での諮問機関としては、これも一部学長任命の委員を含む教育研究評議会が置かれている。このように法人化後の国立大学では法人経営について、学長に集中的で強大な権限が与えられている。つまり国立大学法人は、「トップダウン」型の意思決定を想定した組織構造を持つことになったのである。

これに対して法人化前の国立大学は、「ボトムアップ」型の意思決定メカニズムを特徴としており、学部・大学院・研究所といった部局の自治権限が強く、人事・予算の権限は実質的に各部局の教授会に握られていた（教授会自治）。

その国立大学にも、法人化の数年前からは副学長制が導入され、学長を中心にした執行部体制の制度化がはかられるようになっていた。しかし学長や執行部、さらには各部局の長の権限は小さく、学長は部局長会議の議長、部局長は教授会の議長としての役割を果たし、全学や全部局の合意に基づいて大学運営を行うというのが、その実態であった。全学的な最高意思決定機関として評議会が置かれていたが、その評議会も各部局選出の委員のみによって占められており、学長に任命権はなかった。国立大学財務・経営センターが法人化前の国立大学長を対象に行った調査の結果（第2章参照）によれば、自分の果たしているのが「調整者」としての役割だと答えた学長（四八％）が、リーダーとしてのそれだとする学長（四一％）を上回っているのは、大学運営の最高責任者としての学長の現実を、裏づけるものといえよう（国立大学財務・経営センター研究報告、第九号、二〇〇五、参照）。

同じ調査の結果によれば国立大学の学長の大多数が、法人化後の自らの役割はリーダーとしてのそれでなければならない（八四％）と答えている。しかし日本の国立大学は一世紀余にわたって部局・教授会中心の、ボトムアップ型の意思決定システムのもとで運営されてきた。法人化によって法規上、学長の強いリーダーシップによる執行部中心のトップダウン型のシステムが導入されたからといって、簡単にその長い歴史を持つ、またさまざまな組織内の慣行と結びついた従来のシステムを無視し、一挙に廃止することは容易ではない。法人化から一年が経ったいま各国立大学法人の内部で現実に進行しているのは、トップダウン型とボトムアップ型の、新・旧二つの意思決定システムの妥協あるいは折衷のさまざまな試みであるといってよいだろう。

(2)　新旧意思決定システムの折衷

その典型的な例は多くの大学に設けられた、一般に部局長会議と呼ばれる各部局の長の集まりと、全学委員会の存在である。部局長は各部局の教授会により（選挙を経て）選出され、全学委員会の委員は各部局の代表から構成される。この二つの審議機関は法人化前、事実上すべての国立大学に置かれ、大学運営に重要な役割を果たしてきた。しかし執行部中心の新しい意思決定システムが導入されるなかで、こうしたボトムアップ型の審議機関については役割の縮小、さらには廃止までもが予想されていた。しかし現実にはほとんどの国立大学で、この二つの機関は法人化後も存続し、大学の意思決定や運営にこれまでと同様に、あるいはこれまで以上に重要な役割を果たしている。非公式に設置されるこの種の審議機関なしには、円滑な大学運営が不可能と考えられているからであろう。

わが国の大学の管理運営は、先にも指摘したように一世紀余の長期にわたって構成員、とくに教員間での情報の共有と合意を前提に行われてきた。学長も部局長も、教授会構成員によって選任される同輩集団の代表者として調整者的な役割を期待され、実際に果たしてきた。これに対して法人化後は、学長が強いリーダーシップを発揮できるよう選任制度が変わり、また学長の任命する役員を中心とした強力な執行体制の構築がはかられることになった。それはトップダウン型の大学経営をという法人化のねらいからすれば、当然のことといってよい。

しかしその新しいトップダウン型の大学経営の理念を実現するためにも、実際の教育研究活動の担い手である各部局との関係が、きわめて重要であることに変わりはない。ほとんどの大学法人が、法的には設置義務のない部局長会議を置いているのは、そうした現実的な判断によるものだろう。ところが部局長が代表するその部局では、法人化後も構成員全員の参加による教授会自治が一般的であり、部局の長も構成員の直接選挙に基づいて選任されている。つまり部局長は大学執行部の一員である以前に、各部局の同輩集団の代表である。法人のトップダウン型の経営は実質的に、こうしたボトムアップ型の意思決定の方式を残した各部局の、具体的にはその代表者である部局長の理解と合意なしには成り立たない。部局長会議や全学委員会は全学的な意思決定とはいわぬまでも、合意の形成と、それに必要な情報の伝達と共有の場として、不可欠のものとみなされているのである。

こうした現実的な大学法人の運営のあり方は、学長や理事をはじめとする大学法人の執行部が、すでにみたようにもっぱら自大学の教職員（主として教員という同輩集団）のなかから選任されている現実とも、深く関わっている。学長は別として、理事等の教員出身の執行部スタッフのほとんどは、任期（通常二年）が終われば再び出身の部局に戻り、教育研究活動に専念する。それは法人化後も国立大学の執行部が実質的に、経営や財務の専門家ではなく一時的に教育研究活動を離れた、いわば素人の教員によって構成されていることを意味している。学長のリーダーシップや執行部の機能が強化されたとはいえ、国立大学は法人化後も依然として同輩集団による大学経営の現実から、大きく抜け出してはいないのである。

もちろんそれは過渡的な状況であり、やがては学外者の登用を含めて大学経営の専門家の育成が進み、経営層と教員層とが職能的に分離していくことは十分考えられるし、またそうあらねばならないだろう。しかしそれには長年にわたってボトムアップ型の大学運営に慣れてきた教員集団の、抜本的な意識変革が必要とされる。それは困難な、長い時間と努力を必要とする道程といわねばなるまい。情報の共有を前提にしてきたボトムアップ型の運営システムに慣れてきた部局の一般教員からすれば、執行部の権限強化によるトップダウン型の大学経営は、情報の流れの変化や遮断を意味する。役員会と部局教授会の間で、いわば中間管理職的な立場に置かれることになった部局長の位置はきわめて微妙である。どちらを向いて情報を発信しその職責を果たしていくのか、上意下達と下意上達のはざまで部局長の地位や役割が確定していくまでには、さらに多くの時間が必要とされるだろう。

(3) 職員と教員の間

地位や役割の確定の問題は職員の場合にも同様である。人事権を文部科学省が握っていた法人化前の時代には、たとえば経理・財務・企画・労務など、自立的な大学経営に欠かせぬ高い専門性を持った職員を育成する努力は、政府によっても大学によってもほとんどなされてこなかった。もちろん職員の間に専門的な分化がまったくみられないとするのは、言い過ぎだろう。職員の大学内での職歴には、経理系・教務系・総務系・施設系といった大まかな系統があることがみてとれる。しかし大学事務職員の世界は上級の管理的な職務になるほど、スペシャリストよりもジェネラリストの世界である。そして現実に「政府と法規」による支配のもとにあった、つまり自立的な経営努力の必要とされなかった時代の国立大学では、そうしたスペシャリスト養成のための積極的な努力は不要視されていたのである。

それだけではない。教授会自治中心の大学運営のもとで、職員は教員に対してつねに従属的・補助的な位置に置かれ、自発的な活動や企画立案的な仕事をほとんど期待されてこなかった。法人化後は多くの大学で、職員の出身者が（といっても、事務局長のポストにあった文部科学省の移動官職がほとんどだが）理事として役員会に加わり、また全学委員会にも職員が正規の委員として参加するようになった。新設された企画室・評価室・監査室等のスタッフ的な役割の組織では、教員と職員の双方が室員として共同で業務を担っている場合も少なくない。それは、法人化がもたらした大きな変化であり、一歩の前進であることは間違いない。

ただそれが職員の能力開発や地位向上にどこまで役立つのかは、微妙な問題である。なぜなら依然として大学経営の主導権を握っているのは、教員集団のなかから（多くは一時期に限って）選任された役員や室長などだからである。教学と経営のあいまいな分化は、私立大学にもみられるわが国大学の主要な特徴のひとつである。国立大学法人の場合にも、職員の能力開発と専門性の向上のための方策を併せてとらない限り、法人化は教育研究を本来の職務とする教員の実務スタッフ化をもたらすだけに終わるかもしれない。職員の専門性や企画立案能力が低いまま放置すれば、具体的な大学経営の過程で教員の果たす役割が肥大せざるを得ず、教育研究活動の活性化にマイナスに働くだけでなく、それによって再び職員の能力開発が妨げられるという、負の循環を結果することになりかねないのである。

国立大学の経営は法人化によって、文部科学省の統制と教授会自治の双方からの大幅な自由を手に入れるはずであった。しかし現実には依然として「国立」大学法人であるがゆえの、文部科学省の間接化したとはいえ強い規制が働く一方で、一世紀余にわたる教授会自治の伝統とそれに由来する、意思決定に関わるさまざまな慣行を無視することができないという意味で、経営体としての自立性を十分に活かすことができない状況に置かれている。

大学が「知の共同体」であることからするボトムアップ型の伝統的な教員中心の運営体制から、大学の「知の経営体」への転換とともに避けがたいものになった、学長を中心とする執行部によるトップダウン型の経営体制にどう転換させていくのか。「大学」と「法人」との、いいかえれば「知の共同体」と「知の経営体」との間の、しばしば葛藤と矛盾を伴う関係をどう調整し、「大学法人」にふさわしい経営のあり方を確立していくのか。新しい大学経営のあり方を構築していくうえで不可欠の前提である、役員をはじめとする管理職や一般の職員の職務遂行能力や専門性をどう開発し高めていくのか。教育研究活動の活性化のためにも必要と思われる伝統的な教員依存の運営体制からの脱皮、教学と経営の分離や専門的な職能の分化をどう進めていくのか。発足から二年目を迎えた国立大学法人が直面しているのは、そうした困難な課題である。

6　大学内部の資源配分

(1)　予算配分方式の変化

大学の内部で、本部と各部局の間、さらには部局と部局の間で、人的・物的な資源をどのような基準と方法で配分していくのかは、国立大学法人が直面しているもうひとつの大きな問題である。

法人化以前の国立大学では、予算は文部科学省が定めた基準に基づいて計算され、各大学に配分されてきた。その計算は、教員の組織形態（講座制・学科目制）、教員の職階（教授・助教授・助手）、学生の所属（学部・大学院、文系・理系）、学問分野（実験系・非実験系・臨床系）、使用目的（教育研究費・管理費・旅費）などの違いにより、細かく定められた単価をもとになされてきた。配分される予算の大部分を占めたのは、こうした教育研究活動上の必要に基づいて計算された経費であり、大学全体や各部局の運営に必要な経費は、教育研究費のなかから必要額、あるいは一定比率をかけて算出された額の資金を吸い上げる形（トップスライス）でまかなうというのが、法人化前の大学運営の一般的な方式であった。文部科学省が設定した単価に基づいて積算された予算の基本的な配分の単位は、講座・学科目に代表される教員組織とその集合である学部等の部局であり、大学・部局の執行部は配分された予算を自由に再配分し、あるいは定められた使途以外に使用する権限を、事実上認められていなかったのである。

法人化によって、文部科学省によるこうしたいわばボトムアップ型の予算配分方式が、大きく変わったことはすでにみた通りである。細分化された基準単価による予算の「積み上げ」方式は廃止され、大学は、運営に必要と文部科学省がみなした経費のうちから、授業料・診療収入などの自己収入を差し引いた額を、「運営費交付金」として受け取ることになった。またこの運営費交付金に自己収入を併せた資金について、それを大学内でどのように配分し、どのような目的で使用するかについて、各大学法人は大幅な自由を認められることになった。これまで文部科学省が大学ごと、正確にいえば講座や学科、さらには学部などの部局ごとに定め、保障してきた教職員の定数制も廃止されたため、教職員の数、さらには給与水準も大学が自由に決められることになっている。いいかえれば法人化とともに大学の執行部は、経営上の最も重要な資源である人員と資金の配分についてトップダウン型の決定権限を手に入れたのである。

問題はこの場合にもそれと、従来からのボトムアップ型の資源配分方式との関係である。法人化以前の国立大学では、講座・学科・学部という教員の組織形態に対応して、一定数の教員と一定額の予算が「政府と法規」によって保証され、それが教授会自治の最重要の基盤となってきた。一定数の人員と一定額の予算は、それぞれの講座や部局にとっていわば長い間の既得権益である。学長を中心とした新しい執行部が、権限を行使してその既得権益を侵し、奪うということになれば、教授会自治が根底から揺らぐことになりかねない。各部局や一般の教員が、新しい予算配分方式の導入に強い抵抗感を持ったとしても不思議はないだろう。実際に法人化二年目のいまの時点で、積極的に新しい権限を行使し、人員と資金の大幅な再配分に着手した大学はごく少ない数にとどまっている。

その半面で法人化に伴って、大学経営の中枢である本部の必要経費が配分方法の変更と関係なくどこの大学でも増え、その必要額を確保するために各部局、ひいては教員個々人への配分額は削減される傾向にある。それだけでなく、法人化と同時に文部科学省に提出した六年間の中期計画とのからみで、本部が新しい事業やプロジェクトを立ち上げるため、各部局への配分額を削減して本部予算の増額をはかり、さらには部局別の教員定員の一部（五％程度）を本部の所管分とするなど、執行部が自由に活用しうる資源を確保しようとする努力が、事実上すべての大学で始まっている。つまり、法人化後も積算校費制時代の予算配分方式をそのまま踏襲している場合でも、否応なく大学法人内部での資金の再配分が、進行し始めているのである。

(2) 経営戦略と教育研究費

それぞれの大学が個性化をはかり、特色ある大学作りを目標に掲げて経営戦略を構想しようとすれば、それに応じて戦略上重要と考える部局や新規事業等に重点的に配分・投入しうる、大学本部・執行部が自由に配分可能な物的・人的資源の確保が必要になる。それだけでなく、毎年かかってくる一％の効率化係数や、政府予算全体にかかるシーリングによる予算の減額にどう対応していくのか、年々の昇給の原資をどう捻出していくのかという、部局の利害を越えた問題もある。

一般の教員にとって、そうした変化はこれまで保障されてきた教育研究費の減額となって現れる。自己収入や外部資金を含む大学全体としての収入源が限られ、政府の緊縮財政のもとで運営費交付金も増額よりは削減の方向にあるなかで、教育研究の活性化と水準向上をめざして、執行部が意欲的で戦略的な大学経営を展開しようとすればするほど、一般の教員の教育研究活動に使える資金の減少は避けられないというディレンマが、そこには存在する。

教育研究活動の活性化という法人化本来の目標を損なうことなく、新しいトップダウン型の予算配分方式をどのように導入し、定着をはかっていくのか。大学本部が長期的な経営戦略の遂行に必要な予算を、どのように捻出し確保していくのか。各部局や個々の教員に対する資金配分をどのような基準に基づき、どのような方法で行うのか。その新しい基準や方法について、部局や教員の理解と合意をどのように取りつけていくのか。国立大学法人にとって、それは今後数年間の、経営政策上の最大の課題といってよいだろう。

7　文部科学省との新しい関係

(1)　制約された経営努力

法人化から一年、新しい大学経営や資源配分方式への移行は、ようやく始まったばかりである。政府の強い統制と手厚い庇護のもとに、日本の国立大学は一世紀余の歴史と伝統を持ち、自治と教育研究の自由に関わるさまざまな慣行を育て、「知の共同体」としての地位を享受してきた。法人化は、そうした「知の共同体」としての国立大学に、自立した「知の経営体」への移行を否応なく求めるものであった。その移行が順調というにはほど遠く、困難に満ちたものであることは、これまでみてきたところからも明らかだろう。

とくに大学法人の内部では、トップダウン型の大学経営を迫られ、めざさなければならない学長・役員会を中心とした執行部と、ボトムアップ型の大学運営に慣れ親しんできた各部局の教授会やそれを構成する教員との間に、今後もさまざまな利害の対立や葛藤が予想される。しかし法人化により、少なくとも政府の強力な官僚制的な支配から解き放された国立大学が、自律的な経営に必要な大幅な自由を手に入れたことは事実である。対立や軋轢は改革の過程で避けがたいものであり、そうした葛藤を経験することを通して、国立大学は着実に変革をとげ、学長の選任や執行部の編成にみられるような、同輩集団を基盤とした「知の共同体」としての性格を維持しつつ、「知の経営体」としての道を探りあてていかねばならない。

その試行錯誤の過程で、大学内部での対立や葛藤の問題もさることながら、さらに重要なもうひとつの問題は、国立大学法人と政府・文部科学省との間の、これも葛藤をはらんだ関係である。

法人化して自立と自律を期待されるようになったとはいえ、国立大学法人は、依然として文部科学省の管轄下に置かれ、文部科学省を通じて運営費交付金の配分にあずかる「国立」大学法人である。法人格を持つ点では私立大学と類似していても、政府から運営経費の五〇％弱を受け取る、「国立」大学法人であることによって、私立大学とは異なる役割を期待され、また実際に果たさなければならない。その役割としては、国際水準の基礎・応用研究の推進、各種の高度専門人材の育成、高等教育機会の平等化、企業・地域社会との連携・交流などが挙げられる。

二〇〇五年の初めに出された中央教育審議会の答申「わが国の高等教育の将来像」も、国立大学が、「国からの公的支援に支えられ」た大学として、「国の高等教育政策をより直接的に体現するという側面を持つ」ことを指摘した後、次のように述べている――「国立大学には、たとえば、世界最高水準の研究・教育の実施、計画的な人材の養成等への対応、大規模基礎研究や先導的・実験的な教育・研究の実施、社会・経済的な観点からの需要は必ずしも多くはないが重要な学問分野の継承・発展、全国的な高等教育の機会均等の確保について政策的に重要な役割を担うことが求められる」。

実際に大学数全体の一割強を占めるにすぎない国立大学が、こうした役割期待に積極的に応えてきたことはよく知られているが、行財政改革の一環として進められてきた法人化は、そうした役割の遂行に対する政府の期待がさらに強調され、またその成果に対する評価がさらに厳しさを増すことを意味する。つまり国立大学法人は、一方では「法人」であることによって、経費の節減や自己収入の増額を含む経営の合理化・効率化を求められ、他方では「国立」であることによって、間接的ではあるが弱いとはいえない政府の統制と、厳しい実績評価を免れることができないのである。

国立大学法人が政府から強く、経営の合理化・効率化の努力を求められていることは、周知の通りである。実際に、政府からの運営費交付金については、「効率化係数」の名で毎年一%程度の削減（すなわち実質的な減額）が予定される一方で、(国公私立を通じて)競争的に配分される研究費を主体とした政府資金の大幅な増額がはかられている。「競争と市場」への移行が、資金の配分面でも進められているのである。

こうした政府により競争的に配分される研究費についても、企業の提供する研究費についても、国立大学法人がその大きな部分を獲得していることは、さまざまな統計資料の示している通りである。しかしこれら研究費のほとんどは、個人ベースの科学研究費や企業からの委託研究・共同研究などの資金はいうまでもなく、組織ベースのCOEやGPの場合にも、その使途は指定ないし限定されており、大学全体のために自由に使用できるものではない。最近は直接大学の収入となる、いわゆるオーバーヘッド（間接経費）の付いた研究費も増えてはいるが、その額はまだ限られており、大学の日常的・基盤的な教育研究活動にあてることのできるのは、ごく少額にとどまっている。しかも、これら競争的な研究費の獲得能力には大学間、さらには学問分野間で著しい違いがある。それは、たとえば理工系や医療系の、とくに博士課程研究科の有無や規模に代表される、努力以前の潜在的な獲得能力の差異と、不可分に結びついているのである。

国立大学法人にとって最も重要な自己収入源である授業料についても、その額の決定権限は基本的に政府の手にある。標準額の一〇％の範囲内で、授業料を増減する自由が認められているとはいうものの、資金面で苦しい小規模・文系の、中小都市所在の大学法人ほど、標準額を上回る額の設定は難しく、逆に自己収入の潤沢な大規模・研究大学の場合には、授業料を引き上げようというインセンティブは働きにくい。また授業料収入に直接関係する入学定員についても、その総枠をそれぞれの大学が独自に増減することは認められていない。実際問題として、一八歳人口が減少の一途をたどり、大学生の四分の三を収容する私立大学の三分の一強が定員割れの状態にあるとされる現状で、国立大学の入学定員増は望みがたいものになっている。

このように、国立大学法人の自己収入獲得面での経営努力は、「国立」であることによる強い制約のもとに置かれている。そうしたなかで「法人」としての経営努力は、収入の増よりは、より大きく支出の減に向けられざるを得ない。しかも国立大学の場合、平均して経常費のほぼ七割を教職員の人件費が占めており、なかにはそれが八五％を越える大学もある。経費の節減は、人件費の問題抜きに考えることができないというのが現状である。

学生—教員比でみた国立大学の教育条件が、私立大学に比べて恵まれていることはよく知られているが、学生数の増が厳しく規制されているなかで人件費の削減をはかろうとすれば、教職員数、とくに教員数の削減をはかるほかはない。実際に国立大学法人の多くは、転・退職した教職員のポストを不補充にする等の方法で、人件費の削減に努力し始めている。こうした努力をすればするほど、その教育研究活動に及ぼすマイナスの影響が、もともと人的資源の総量に乏しい小規模大学により厳しく及んでいくことは、あらためていうまでもないだろう。

こうした法人化の現状は、運営費交付金の減額とひきかえに、競争的な研究費という形での外部資金、とくに公的な資金の増額がはかられればはかられるほど大学間の資金面での格差が拡大し、基礎的な教育研究活動、とりわけ教育活動の水準の相対的な低下を招き、とくに中小規模の国立大学法人の経営基盤を弱体化させる危険性が増していくことを示唆している。

(2) 文部科学省の新しい役割

法人化によって、「護送船団方式」と呼ばれてきた文部科学省の、直接的な「統制と庇護」の役割が失われたいま、依然として多額の公的資金の投入を受け、国家が必要とし期待する役割の遂行を求められる国立大学法人集団の、それに代わる新しい「方向付けと調整」の役割をどう果たしていくのか。文部科学省もまた新しい役割に向けて、国立大学行政の再検討と変革を求められているといってよいだろう。

行政の新しいあり方といえば、各国立大学法人は、自らの大学としての属性や個性に応じて、期間六年の中期目標を設定し、中期計画を策定して文部科学省の承認を得ることを求められている。この中期目標・計画については、各大学法人はその達成状況を計画の終了時までに、文部科学省に設置された国立大学法人評価委員会、および総務省に置かれた独立行政法人評価委員会に報告し、評価を受けることを義務づけられている。また、各年度についても年度計画を作成し、年度ごとの実績を法人評価委員会に提出して、経営状態や計画の進捗状況の評価を受けなければならない。こうした評価の結果はすべて公表されることになっており、また評価の結果によっては文部科学省から改善勧告が出され、運営費交付金の配分額にも配慮を加えることが想定されている。

法人化が、国立大学の「知の経営体」化をめざすものであり、また多額の国家資金が投入されていることを考えれば、こうした評価システムの導入は避けがたいことといえよう。国立大学法人自体、一個の経営体として、「PDCA（プラン・ドウ・チェック・アクション）」という経営のサイクルを積極的に導入し、自己点検・評価と外部評価という「チェック」の部分を、そのなかにきちんと位置づけることを必要としている。経営上の自由を認められると同時に、国家の期待する役割の遂行を求められる国立大学法人は、そうした大学内外の評価システムが十分に機能することによってはじめて、適切に運営されることになるだろう。

ただ、大学が自らの経営改善努力の一環として行う自己点検・評価と違って、政府が国立大学法人に対して行う「外部評価」としての法人評価委員会による評価は、間接的であるとはいえ、強い統制的な機能を持っていることを忘れてはならない。大学の多様な活動の何を、どのような方法と指標によって評価するのか。それを、運営費交付金の交付額の決定に象徴される国立大学政策とどのように、どこまで関連づけていくのか。さらには属性も個性も異なる八七の大学法人を、どこまで共通の指標によって評価し、どこからそれぞれの独自性に応じた差異的な評価をしていくのか。それによって評価は、教育研究活動や社会貢献活動を活性化させ、各大学のさらなる個性化や発展に大きく資するものにも、逆に政府による間接的な統制の手段として、せっかく認められた経営上の自由を強く制約し、教育研究活動について枠をはめるものにもなる可能性や危険性を持っている。

評価のシステムの構築は、大学の内外でようやく始まったばかりの段階である。評価する側もされる側もまだ手探りの、試行錯誤の段階にあるというのが正直なところであろう。評価のシステムを媒介として政府・文部科学省と国立大学法人との新しい、望ましい関係をどのように築き上げていくのか。それもまた、今後に残された重要な課題のひとつである。

結び

このように法人化から一年が経過したいまも、今後の対応と解決を必要とする問題が国立大学法人の内外に山積している。国立大学の一世紀余の歴史のなかでも最大級の改革であることを考えれば、それは当然のことと受け止めるべきだろう。

繰り返しになるが問われているのは、国立大学法人についてはなによりも、認められた経営上の自由を厳しい財政状況のもとでどう行使し、教育研究の活性化と水準の向上に努めていくのか、また政府・文部省については、「競争と市場」の秩序のなかに投げ入れた国立大学法人とのとの新しい関係をどう構築していくのか、である。模索と試行錯誤の過程はようやく始まったばかりなのである。

第4章　法人化の進展と課題

はじめに

国立大学法人の発足から三年が経過した。法人化により国立大学の「経営体」化がどのように進んだのか。その現状はどうか。そこからあらたにどのような課題がみえてきたのか。

その法人化の現状についてこれまで多くの記事や論文が書かれ、またアンケート調査を含むさまざまな調査がなされてきた。そうしたなか、国立大学財務・経営センター研究部スタッフを中心とした研究グループが実施した調査は、最も包括的なもののひとつといってよい（筆者を研究代表者とするこの調査の詳細については、『国立大学法人の財務・経営の実態に関する総合的研究』最終報告書」を参照）。この調査は、①組織運営、②財務、③人材、④施設の四つの側面について調査票を用意し、八六国立大学法人の学長（①）と担当理事（②、③、④）に送付して回答を求めた（筑波技術大学を除いている）。調査の時点は法人化二年目の終わりの二〇〇六年三月、最終的に八四大学から回答を得ている。

調査は、あらかじめ用意した質問項目について、選択肢のなかから該当するものを選択してもらうという、社会調査の一般的な方法をとったが、同時に多くの自由記入欄を設けて、回答者である学長や担当理事に直接の、生の声を可能な限り記述してもらうことにした。事前に設定した質問項目だけですくい上げるには、法人化に伴って生じた変化が大学によってきわめて多様であり、かつ個性的であるだろうことが、事前のヒアリングなどからわかっていたからである。

一般の社会調査の場合、この種の自由回答の記入数は少数にとどまるのが通例である。ところが実際に調査票を回収してみると予想以上に、というより驚くほどに多くの学長・理事が、この欄に豊かな内容の回答を寄せていることがわかった。それは生じつつある変化に対する学長や理事の関心がそれだけ強く、また危機感が深いことを示唆している。国立大学法人化の現実を、学長や理事のより深い意識や問題認識の層まで掘り下げて把握し理解するには、アンケート調査の結果の数量的な処理・分析と同時に、あるいはそれ以上に、そうした自由記入欄の多彩な現実感にあふれた記述・意見の内容を総合的に整理し、分析する作業が不可欠ではないのか。大学経営の第一線にあって苦闘している学長や理事たちの、切実な思いや意見を取り出して検討を加えることは、法人化の現実を認識しその未来を考えるうえで大きな価値を持っているはずである。

本章はそうした問題意識から、自由記入欄に示された学長・理事の意見や見解を中心に、いわば質的・定性的な法人化の現状と課題の分析を試みたものである。法人化の制度的な枠組みや文部科学省の国立大学対象の諸施策について、学長や理事の明らかに事実誤認と思われる指摘やコメントもないわけではない。しかし、それもまた現状認識の一部にほかならないと考え、明らかな誤記・脱字などは別として、文中に代表的なもの個性的なものをとりまぜ、具体的な回答例をそのまま可能な限り引用し収録することにした。

1　法人化の効果と評価

(1) 法人化の効果──総合的な評価

法人化の効果についての学長たちの認識を、総括的な一枚の表から始めよう。表は、「法人化は総じて下記の点について、プラス・マイナスどちらの効果があったと思いますか」という問いに対する、アンケート調査の回答結果を整理したものである。「どちらともいえない」を中心に、「大いにプラス」から「大いにマイナス」まで、五段階で尋ねている。回答者は八四国立大学法人の学長、法人化二年目の終わる時点での調査であることを念頭に置いて、結果をみていくことにしよう。

表4‐1から明らかなように、法人化の効果に対する学長の評価は全体としてきわめて高い。「大いに」と「やや」を加えたプラス評価は、一項目を除くすべての項目で過半数を越えており、九〇%を越える項目も三項目を数える。例外的に低い一項目というのは「学生の意識改革」であるが、法人化が学生との関わりの小さい改革であったことからすれば当然といえよう。

表4-1　法人化の効果について　(%)

	大いにプラス	大いに＋ややプラス
大学の個性化	42.2	91.6
大学の自主性・自律性	38.6	83.2
大学の競争力向上	31.3	79.5
管理運営の合理化・効率化	36.1	95.1
組織の活性化	31.3	90.3
財務の健全性	14.8	53.1
全学的な合意形成	8.5	58.5
大学の一体感の形成	6.0	62.6
教員の意識改革	22.0	86.6
職員の意識改革	17.1	85.4
教育活動の活性化	22.0	74.4
研究活動の活性化	20.7	74.4
社会貢献の拡充	34.1	87.8
学生支援の活性化	19.5	76.8
学生の意識改革	1.2	18.3

その効果に関する質問項目をいくつかのグループに括り、「大いにプラス」という積極的な評価の数値をみていくと、効果の濃淡と同時に法人化をめぐる問題の所在が浮かび上がってくる。

(1) まず法人化の効果が最も高く評価されているのは、大学の「個性化」・「自律化」・「競争力向上」に関わる項目である。とくに「個性化」と「自律化」については四〇％前後の学長が積極的に評価している。法人化の目的はなによりも国立大学の「親方日の丸」的性格を変え、「護送船団方式」を廃止することにあったが、それはほぼねらい通りに達成されたといってよいだろう。

(2) 法人化の第二のねらいは、「管理運営の合理化・効率化」にあった。これについても評価は大きくプラスに傾いている。法人化は「組織の活性化」にも効果があったと判断されている。ただ「財務の健全性」については学長の評価は厳しい。プラス評価は半数強にとどまり、「大いにプラス」と評価する学長は一五％にすぎない。この項目についてはマイナス評価（表には示していないが）の学長が一九％と最も多いことも、指摘しておくべきだろう。

(3) 法人化のもたらした意識面での変化については、大学としての「一体感の形成」や「合意形成」面での効果を認める学長が、「大いにプラス」が七％前後、「ややプラス」を加えても六〇％前後と、他の項目に比べて少ないのが注目される。法人化の第三のねらいは学長を中心とした執行部の権限強化にあったが、教授会中心のボトムアップ型の合意形成からトップダウン型のそれへの移行が、必ずしもスムーズに進んでいないことを、学長自身が認める結果になっているといってよいだろう。

(4) 法人化によって、教職員の意識改革がどこまで進んだかについても、学長の評価は高いとはいえない。教員に比べて、職員の意識改革が遅れ気味だという学長の評価も気になる。上にみた合意形成や一体感の形成に対する低い評価と併せて、執行部と一般の教職員の間に、法人化に伴う改革の必要性や現実についての認識にギャップがあることをうかがわせる。

(5)法人化が大学の機能面に及ぼした効果については「社会貢献の拡充」面での評価が際立って高く、法人化を契機に大学が急速に、産官学連携・地域貢献などを中心とした社会貢献を、活動の第三の柱として重視し始めたことを物語っている。教育・研究活動の活性化に対する効果はそれに比べて低く評価されており、研究活動については六%だがマイナス評価の学長がいることも指摘しておくべきだろう。

学長たちの評価は要約すれば次のようになるだろう。

法人化はそのねらい通り、これまで文部科学省の行政機構の一部だった国立大学を経営体として自立させ、自律的にすることにほぼ成功した。国立大学法人はそれぞれに自らの大学としての個性に自覚的になり、他大学との競争力の大小を意識するようになった。学長を中心とする執行部中心の管理運営体制が強化され、組織の活性化もはかられた。法人化は、教育・研究・社会貢献という大学の三大機能のうち、教育・研究活動の活性化にも効果があったが、なによりも活性化されたのは社会貢献活動である。大学の社会に対する開放性は著しく増したといってよい。

しかし、大学経営の根幹である財務の健全性については、現状ではそれが保証されているとはいいがたい。運営費交付金制度のもと、自己収入の獲得努力や経費の節減努力が求められるようになった。その努力は惜しまないとしても、(あとでみるように)毎年一%の効率化係数と付属病院にかかる二%の経営改善係数、それに五年で五%という人件費の削減要求が、重くのしかかっているからである。また学長を中心に執行部の権限が強化されたことは確かだが、教職員、とくに職員の意識改革は十分とはいえず、なによりも構成員の合意形成や一体感の形成という点で問題があるといわざるを得ない。

二年目が終わったところで全体としての法人化の功罪を云々することは難しいが、プラス・マイナス相半ばしているというのが、学長たちの現状認識ということになろう。

(2) 法人化の功罪——学長たちの生の声

ここまでにみてきたのは、あらかじめ設定した調査項目に対する回答結果だが、調査票には、先にふれたように法人化に対する学長たちの生の声を聞く「自由回答」欄が設けられている。「法人化に関して感じていることがありましたら自由に」記入してほしいというこの欄には、八四大学中四四大学とほぼ半数の学長が意見を寄せている。意見を寄せているのは主として単科の小規模大学や、いわゆる地方国立大学の学長であり、大規模・研究大学の学長はほとんどいない。法人化による影響を、どのタイプの大学がより強く受けているのかをうかがわせる結果である。

寄せられた意見のなかには法人化を歓迎する積極的な意見もあるが、深刻な問題を指摘するものが多数を占める。とくに効率化係数、格差問題、制度の不安定性、中途半端な自由化、国の縛り、先行きの不透明感などを問題にする意見が一般的である。以下、自由回答欄から代表的と思われる学長の意見のいくつかを記しておこう。（なお各大学の分類ラベルは、国立大学財務・経営センターが、『国立大学の財務』（各年度、同センター）で、財務分析の際に用いているものを使用した。旧帝大（七校の旧制帝国大学）、医総大（付属病院を持つ総合大学）、医無総大（付属病院を持たない総合大学）、理工大（理工系大学）、文科大（文科系大学）、医科大（医科系大学）、教育大（教員養成系大学）、大学院大（大学院大学）の八つがそれである）。

・「国立大学が自らの経営努力・判断により、積極的に取り組みを進めていく環境が整えられつつある点は評価したい。しかし、法人化された国立大学の先行きがどうなるか、大学の中に不安感がある。第二期目の中期目標の期間にどのような変革があるのかが不透明である。効率化係数、病院経営改善係数の負担は、将来の大学に重大かつ深刻な影響を与える。また法人化によってショウ・アップされ難かった教育・研究部門の教員が日陰に入った感がある。さらに、競争的資金と基盤的経費と車の両輪として進めるという約束が必ずしも果たされていない。基盤的経費を現場の立場から常に吟味するシステムを早急に構築する必要がある」(医総大)。

・「法人化により大学の活性化が図られる一方、地方の小規模単科大学としては、効率化係数、人件費の削減はきわめて厳しい。法人化の最大のメリットであった自主性、自律性の拡大が、現実として非常に困難になりつつある」(文科大)。

・「法人化そのものは、大学の裁量が大きくなり歓迎すべきことではあるが、行政改革の一環として法人化が行われており、そのために運営費交付金の削減や人件費の削減が求められ、苦しんでいる。法人化は教育研究の活性化につながるはずであるといわれても、一方で大幅な人員削減をせざるを得ず、スタートラインから余力の小さい地方大学にとっては、大学のトータルの教育研究活動の低下は避けられないものと考える」(医総大)。

・「法人化は、国立大学の存在感をよりいっそう鮮明にする機会であると考えている。法人化は、大学のより自主・自立を促すものと解釈しているが、いまだ規制が多いこと、そしてさまざまな業務がこれまで以上に増えているように思う。そのため、逆に業務の効率化が進まなくなっている。より一層、競争状態を作り出すことと、競争のための条件の同一化をはかってほしい」(医無総大)。

・「地方国立大学が地域に果たしてきた役割を評価しようという姿勢が感じられず、すべての国立大学を同一の尺度で評価しようとしており、地方国立大学の存在意義を計画に位置づけるべきである。大学のあり方が『科学技術立国』や科学技術政策の立場ばかりから議論され、高等教育のあるべき姿からの議論がなく、地方国立大学の役割にも目を向けるべきである」(医総大)。

・「法人化のメリットを活かせるようになるためには、もう少し時間を要するであろう。政府は法人化の成果を急ぐあまり、大学の自主的変革に期待を寄せていないようであるが、あまりに性急になりすぎると、法人化は不消化に終わる可能性がある。ある程度時間をかけて、大学が確実にかつ主体的に変化する道をとることが、長い目で見ると成果を生むのではないだろうか」(医総大)。

こうした意見のなかでも指摘されている個別の具体的な法人化の課題や問題点について、順次、学長や担当理事の生の声を中心にみていくことにしよう。

2 文部科学省と国立大学法人

(1) 目標・計画・評価——文部科学省との関係(1)

国立大学法人にとって、大学運営の与件として最も重要なのは、文部科学省との関係である。それはなによりも、中期目標・計画の策定と、その文部科学省による認可、各年度および計画期間終了時の実績報告書の作成と提出、それに基づく国立大学法人評価委員会による評価、それを踏まえた次期の目標・計画の策定と評価結果に応じた予算措置という、PDCA(プラン・ドウ・チェック・アクション)のサイクルの形で、制度化されている。

計画終了時の評価とそれに基づく予算措置がどうなるのかは、まだ数年先の問題ということもあって、これまでのところこの制度について学長たちの意見はおおむね肯定的である。目標・計画の策定、実績報告書の作成は「管理運営の合理化・効率化」に役立っていることを、大方の学長が認めている。「教育・研究活動の活性化」についても（数値は低くなるが）同様である。法人評価委員会が行う各年度の実績評価についても、合理化や活性化に効果があると認める学長が多い。このシステムのメリット、デメリットについて意見を尋ねる自由回答欄を用意したが、そこにメリットを記入した学長は五六人にのぼっている。

・「具体的な目標を立て、期限を切って着実に遂行していくという目標と管理やＰＤＣＡサイクル等が大学経営に入り込み、ぬるま湯的環境から抜け出す機会になっている」（医無総大）。
・「中長期的な視点を踏まえて、教育研究活動の進展や社会のニーズに機動的に対応した、総長のリーダーシップによる法人の自律的かつ計画的な運営を行うことができる」（旧帝大）。
・「これまで、中・長期的な大学の目標を設定していなかった大学にとっては、目標を設定することにより大学全体のモティベーションが上がった。実績報告書を作成することにより、計画した事業の進捗状況や改善すべき点がより明確になった。法人評価委員会による評価により、第三者評価や社会への説明責任の意識が高まった」（医総大）。
・「それぞれの資料作成の過程において、各事業の進捗状況が確認できる。法人評価委員会の評価により、他大学との位置付けが明らかになるなど、学内への啓蒙に役立つ」（医総大）。

しかし、学長たちはこのシステムを、無条件に肯定しているわけではない。デメリットを挙げる学長も五五人とほぼ同数いるからである。そのデメリットとして多くの学長（三八人）が挙げているのは、事務量、作業量、書類作成時間等の増大である。

- 「目標計画の作成、評価への対応に対する事務量の著しい増大」（文科大）。
- 「目標や計画の策定、自己点検評価が大学の業務運営活動のうち大きなウエイトを占めるようになっており、特に教員については、本務である教育研究活動の時間を割かなければならないことも生じている」（医総大）。
- 「年度計画と実績報告の作製に、多くの労力と時間をかけざるを得ない状況にあり、そのための業務や教員の教育・研究等への影響が懸念される」（医総大）。

制度そのものに対する疑問や批判もある。

- 「成果が現れるのに時間を要する教育・基礎的学術分野の実施は、中期計画で扱うことは必ずしも合わない」（旧帝大）。
- 「短期的な成果を追求する傾向が強くなっていることは、長期的展望にたった活動を弱めている」（医総大）。
- 「『合理化・効率化』や『活性化』に効果があるとしても、それは教職員（とりわけ優秀な教員）の多大の犠牲の上になりたっている。抜本的な改善策が必要である」（文科大）。
- 「計画・評価が自己目的化し、法人にとってその作業に関する負担が過重になると、法人にとっていちばん重要である教育・研究の活性化の阻害要因として機能することになる」（旧帝大）。

法人化から三年、各年度の実績報告だけでなく、中期目標・計画の全体的な実績評価と、それを踏まえた次の中期目標・計画の策定時期が近づいている。文部科学省と国立大学法人評価委員会、それに大学評価・学位授与機構は、教育研究活動を含む総体的な評価について具体的な枠組み・方法の原案作りを急いでいるが、それは教職員に対する書類作成のための負荷の、さらなる増大を意味している。教育研究の活性化のために導入された経営体としてのＰＤＣＡサイクルが、教職員、「とりわけ優秀な教員」の事務量を増やし時間を奪いつつある。適切な評価のために何が、どこまで必要とされる情報なのか。評価する側は、評価される側の学長たちのこうした現場からの声に耳を傾ける必要があるだろう。

(2)　運営費交付金制度――文部科学省との関係(2)

文部科学省と国立大学法人をつなぐものとして、もうひとつ重要なのは「運営費交付金」制度である。この制度についても学長たちの評価は高い。管理運営の合理化にも、教育研究活動の活性化にも、その効果を認める学長が八割を越えている。しかし同時にこの場合にも、学長たちが手放しでこの制度を歓迎しているわけではないことが、自由回答欄の記述から読み取れる。回答を寄せた学長はメリット・デメリット同数の五一人である。

まずメリットだが、回答に多くみられるのは自由度・自律性・裁量・弾力性などの言葉である。

・「自由度がましたことにより、特定事業に集中した配分ができる点や、事業毎のバランスを考慮した配分ができる点」(医総大)。

・「大学が自律的に運用できること。年度繰越ができるようになり、効率的な運用が可能になった」(医総大)。

・「従来、国の予算会計制度の制約が課され、予算は費目別に管理されて自由な配分ができなかったが、法人化により、予算の配分が法人の裁量によって可能となり、法人の戦略や状況に応じた柔軟かつ迅速な物的・人的資源の配分ができるようになった」(旧帝大)。

・「運営費交付金がルールに従って削減されることから、合理化・効率化はせざるを得なくなる。また外部資金等を獲得する必要から、産官学連携を含めた社会貢献活動に力を入れざるを得なくなる」(医総大)。

これに対して、デメリットの場合には、不安定性・減額・効率化係数・制限・格差などの言葉が多く出てくる。

・「授業料標準額の値上げ、人事院勧告準拠など、中期計画期間中でさえ交付金の枠組みの変更があり、計画を立てがたい点は不安材料である」(旧帝大)。

・「効率化係数、付属病院経営改善等の削減要素があること、及び法人制度設計を越えた国の施策により、長期的な見通しが立たないこと」(医総大)。

・「全体が少なく、自由度にあまりにも制限が加わり、裁量する余地が少ない。競争的資金の配分比率が多すぎる」(医総大)。

・「中期計画期間中にもかかわらずさまざまな社会的要因から、実質的に運営費交付金の減額が図られ、学内での使途が自由であるメリットを行使することの余地がなくなってきているのが実態」(旧帝大)。

・「制度そのものの前に、運営費交付金総額の少なさがある。これは初めから大学間格差があって、それが解消されていないからである」（医総大）。

・「大学の努力が交付額に影響する、インセンティブの利き方が低い」（医総大）。

・「経常的な経費のみカバーし、施設整備等投資的経費を無視している。人勧実施の財源は国責任であるべき」（文科大）。

「国立」大学法人という制度設計上やむを得ないこととはいえ、国の会計制度をはじめとする行財政制度の枠が、法人としての大学経営にさまざまな制約として働き、せっかく手にした「自由」の行使を限定的なものにしていることへの、学長たちの苛立ちがうかがわれる。

国立大学法人の最大の資金源である運営費交付金制度のあり方については、財務担当理事対象の調査結果（自由回答欄）にも、実務担当者としてのより具体的で厳しい意見が示されている。とくに単科大学の理事からは悲鳴に近い声があがっている。

・「運営費交付金の導入によって、特別会計時代のように予算の項目に厳格に拘束されることがなくなり、柔軟な財政支出・運用が可能になったこと、また、剰余金を目的積立金とすることにより、年度をまたがって計画的な資金運用が行えるようになったメリットは大きい。しかしながら、文科系中心大学である本学は、経常経費に占める人件費や義務的経費の割合が極めて高いが、人件費の大幅な削減は教育サービスの低下をきたすため限界があり、また、義務的経費である建物等の維持管理費や光熱水費等の削減にも限界が見え始め、柔軟に運用できる経費の増加には期待がもてず、活力ある大学運営は次第に困難になることが予想される」（文科大）。

・「法人化に伴い、会計制度が弾力的になると想定していたが、現在あまり従来と変わらずに、大学に自由度が限られている現状である。効率化係数及び経営改善係数による運営費交付金の減少が、大学運営にじわじわと負の影響を与えている」（医総大）。

・「法人化は個々の大学の自由度を増し、自主的運営の部分が拡大するなどの鳴り物入りであったが、けっしてそのようなことはなく、限られた予算と毎年の効率化係数による予算削減のため、運営は年毎に厳しくなり、基準定員を大幅に下回る教員しか雇用できない状況にある。また政府の方針に振り回される部分が少なくなく、長期的な財政計画が立てられない（立ててもすぐ変更）状況にある。また、建物や施設の老朽化など、地震への備えは不十分で、地震災害時に大きな被害が出るのではないかと、本当に恐れている……自己収入の道がほとんどない〔文系の〕単科大学は、人件費を含む財政面での硬直化からの脱却が最大の課題であるが、なかなかいい解を見つけがたく、苦慮しているのが現状である」（教育大）。

・「国立大学の法人化スキームは、大学の裁量権の拡大というキャッチフレーズであったが、その後の各種の制約、とくに財政面での縮減により、実施困難に直面している。さらに、人件費削減による沈滞ムードが学内に拡がっており、大学の危機ととらえている。大学は社会の将来を決する知的基盤、人材養成の場であり、単純にサービス部門等の他のセンター同様の扱いではいけないと考えている」（旧帝大）。

・「国立大学法人の予算は、国立大学当時の教育職員や事務職員をベースに算出されており、学生数にくらべて教職員数が少ない本学にとっては、財政的に厳しい状況にある。とくに、教育的配慮から現状でも少ない教員数を削減することは困難であり、また教育環境の充実に必要な教育経費がきわめて不足した状態にある。一方では、自己収入の増額には学内資産の活用が不可欠であるが、その活用手段が限定されており、地域の特色を生かした自己収入増加を実施する手段が少ない」（理工大）。

法人化の議論の過程でも問題視されたことだが、六年の中期計画と政府予算の単年度主義とのズレが、毎年の運営費交付金の配分額や配分方法の（大学の側からみれば恣意的な）変更となって現れ、長期的な展望に立った大学経営を困難にしている。学長の法人化評価で、「財務の健全性」についてのそれが際立って低いことはすでにみた通りだが、その基底には運営費交付金制度が抱えるこうした問題点や制約、限界があることを指摘しておくべきだろう。

3　組織運営の構造

(1)　意思決定の仕組み

前掲の**表4-1**にみたように、学長の九五％が法人化による「管理運営の合理化・効率化」をプラス評価していたが、その「合理化・効率化」はなによりもボトムアップからトップダウンへの意思決定方式の変化として、学長たちに認識されているとみてよい。

法人化以前の国立大学では学長を中心とした執行部が制度的に存在せず、教学と経営の両面にわたる重要事項は教授会での審議を経て、最終的には評議会で決定されることになっていた。大学によっては学部長会議や部局長会議が「擬似」役員会的な役割を果たし、学長の補佐職として副学長を置く大学もあったが、そこに制度上の最終的な決定権限があったわけではない。法人化前に行った調査の結果によれば、自分に期待される役割をリーダーとしてのそれ（四一％）よりも、調整者的な役割にあると認識する学長が多数（四八％）を占めていた（第2章参照）ことは、それを裏書きしている。これに対して今回の調査結果では学長の八割(八一%)までが、期待されているのはリーダー的役割だと答えている。法人化によって学長の認識は、そして実際の役割も、大きく変わったのである。

国立大学法人においては、経営の中枢を担う役員会の構成員(理事)の任命権は学長にある。「理事の任命に当たって、何をどの程度重視しているのか」を尋ねた質問で、学長が、「役職者の力量・経験」(七四%)に次いで、また「担当業務の専門性」(五二%)以上に重視しているとしたのは、学長自身の「方針・意向」(六九%)であった。「部局との関係」(二二%)が軽視とはいわぬまでも、重視されなくなったのは大きな変化である。経営に関わるもうひとつの重要組織である経営協議会の外部委員の任命についても、「学長の意向・方針」(五八%)が重視されており、監事は文部科学大臣の任命だが、学長が事実上の推薦権を持っている。それだけではない。学長・役員会のいわばブレーンとして、ほとんどの大学(八六%)が学長補佐制度を設けているが、その任命について最も重視されているのは「学長の方針・意向」(八六%)であり、「部局からの推薦」(四%)を重視する大学はほとんどない。法人化によって学長が、いかに大きな権力を握るようになった(ことを実感している)かがわかる。

具体的な意思決定過程で誰がいちばん大きな影響力を持っているのか。学長自身の認識を尋ねた調査項目によれば、「年度計画の作成」(一位学長五五%、二位役員会一七%、以下同じ)、従来の新規概算要求にあたる「特別教育研究経費等の要求」(五八%、一六%)、「学内の予算配分方針」(六一%、二一%)と、いずれも学長の影響力が最も強いとされている。それに比べて、かつての評議会の後身である教育研究評議会や部局教授会はいうまでもなく、理事や経営協議会、それに大多数(七八%)の大学が法人化後も置いている部局長会議などの影響力は、著しく低い評価になっている。学長が握った大きな権力は(学長自身の認識や評価であることを考慮に入れたとしても)、実際に行使されているとみてよいだろう。

トップダウン型の意思決定の機構が整備され、学長および役員会の権限が制度的に保障された結果として、「意思決定の際の手続き」は著しく簡素化され（八〇％）、「意思決定の速度」も速くなった（八〇％）と学長たちは考えている。それは「合意形成の手続き」の簡素化（六六％）や、「合意形成の速度」の迅速化（七三％）をも意味している。しかしボトムアップからトップダウンへの意思決定過程のこの急激な転換に、学長が問題や不安を感じていないかといえばどうやらそうではない。合意形成の速度は速くなったが「合意の水準」が強まったと考える学長が半数に満たない（四三％）のは、そのひとつの表れとみるべきだろう。

それだけでなく、権限の著しい強化にもかかわらず学長・役員会、それに経営協議会と教育研究評議会という公的な意思決定機構のほかに、（意思決定に間接的ではあるが関与、ないし関係する）さまざまな非公式の組織をほとんどの大学が設けている。たとえば、法人化に伴って姿を消すのでは、と考えられていた部局長会議やそれに相当する組織（連絡会議、運営会議、懇談会など）が大部分の大学（七八％）で存続しており、連絡調整や意見・情報の交換、円滑な大学運営などにその主要な目的があるとされている。

- 「本部と部局の自由な意見交換や情報交換の場を設けることにより、相互の密接な連携と円滑な意思疎通を担保するため」（医総大）。
- 「役員会の下に役員及び部局長を構成員とする大学運営会議を設置し、学長の迅速な意思決定と円滑な業務の執行を確保することを目的とする」（医総大）。
- 「円滑な大学運営に資するため、教育研究等に関する重要事項の全学的意見集約や、役員会と部局の連絡調整や委員会等での決定事項の周知のために設けている」（旧帝大）。

・「大学の方針と、教育・研究の現場である部局との情報交換や意見交換は必須である。大学のような教育・研究組織においては、トップダウンとボトムアップが健全に機能することが重要である」(医無総大)。
・「部局長は、法人化後の執行部と学部教授会の間で情報伝達の重要な役割を担っており、部局長の正しい理解がないと、全学の運営にも支障をきたす。執行部と部局長の共通認識のために、運営会議の重要性は高い」(医総大)。
・「大学運営の具体的事項及び学内共同教育研究施設に関する重要事項について審議するとともに、各部局間の連絡調整をはかり、法人の一体的運営に資するため」(医総大)。

部局長会議のメンバーの大多数は、教授会によって選出される部局長から構成される。この基本的にボトムアップ型の組織の存続は、トップダウン型への意思決定方式の移行に伴う、本部・部局間の緊張・葛藤関係の緩和措置的な役割を期待されてのことだろう。しかしそれだけではない。学長中心の本部・執行部の権限がいかに強化されても、教育研究の現場の長である部局長の理解と合意なしには実質的な大学運営は成り立たない。単科大学は別として、複数の部局を持つ大学にとって部局長会議は非公式とはいえ依然として、円滑で一体的な大学運営に不可欠の組織なのである。

ただそうはいっても、従来のボトムアップ型の意思決定に中心的な役割を果たしてきた諸組織の役割の変化、意思決定過程での地位の低下は明らかである。先にみた大学経営の中核的な問題である、「年度計画」(①二一%、②三二%、③三六%)、「新規概算要求案」(①二八%、②三〇%、③三六%)、「学内予算配分案」(①三三%、②三〇%、③四〇%)のいずれの作成過程についても、法人化前に比べて教育研究評議会(旧評議会)、部局長会議、部局教授会の三組織の役割がそろって大幅に縮小されたことが、今回の調査結果から知られる（括弧内の数字は「役割が小さくなった」と答えた学長の比率。①教育研究評議会、②部局長会議、③部局教授会の順）。このうち部局長会議について法人化後の変化を尋ねた質問の結果によれば、全学的な重要性はこれまでより増したとされるものの、会議の開催回数が増えたわけではなく、会議の時間は短くなり審議事項も減っている。その位置づけは明らかに変化し、低下したとみなければなるまい。

このように、ボトムアップ型のそれの弱体化とひきかえに強化された、トップダウン型の意思決定機構だが、それを具体的にどのように構築するのかについて各大学ともまだ模索の状態が続いていることが、調査結果からうかがわれる。

法人の制度設計によれば、役員会（学長・理事）、経営協議会、教育研究評議会が公的な組織だが、経営・教学のどちらについても、それだけでは大学運営が円滑に行われがたいことをすべての国立大学法人が認識している。とりわけ大学運営の中核となるべき役員会について、大多数の大学（六九％）が、経営上の重要事項についての実質的な審議の場として「十分に機能している」とする一方で、その機能を「充実・強化するための組織」を別に設置している大学が八割を越えている。拡大役員会・役員懇談会・役員連絡会・役員打合会・理事懇談会・大学運営会議・部局長連絡会議・企画運営会議・経営戦略会議・企画戦略会議といったその名称からは、大学運営の現実と法人制度とのすり合わせのための、各大学の工夫のあとがうかがわれる。

・「役員懇談会：役員会の審議事項をはじめとする諸問題について、率直な意見交換を行い、円滑な運営を行う」（旧帝大）。

・「役員連絡会：役員間の連絡調整、種々の問題の整理を目的とし、週一回のペースで開催している。また、学長と学部長との懇談会を開催し、役員会の機能の円滑化を図っている」（医無総大）。
・「企画戦略会議：機動的・戦略的な法人運営を実現し、個性豊かな大学づくりを推進するため、その方策を企画・検討することを目的とする」（医総大）。
・「運営会議：役員会が審議すべき事項を厳選・重点化し、役員会の効率的運営と審議の実質化をはかる」（医総大）。
・「拡大役員会：理事数が少ないため、学長補佐数名を任命して、理事とともに大学運営の業務を分担してもらっている。大学運営会議：資源の調達、配分について、提案、審議に参画してもらっている」（文科大）。

学長・役員会の権限が強化されたといっても、部局教授会中心の従来型の意思決定メカニズムを短期間に、また全面的に変更することは難しい。また権限の行使にはその前提として、合理的で説得的な大学運営の方針策定と、それに対する学内の了解や合意が必要とされる。右にみた多様な名称の非公式の組織はいずれもそうした現実を踏まえて、新しい意思決定・執行体制の構築をめざすなかで生まれたものであり、①企画立案のためのブレイン的機能の強化、②学内意見の集約と調整、③執行部方針の了解と合意など、さまざまなねらいのもとに役員会の外延の拡大をはかるものになっている。

(2) 教育研究評議会と経営協議会

国立大学法人の制度設計では、経営協議会と教育研究評議会の二つが、役員会と並ぶ必置の組織になっている。経営協議会の前身は学長諮問会議だが、法人化とともに学長を議長に、学長が指名する理事および職員、学長の任命するそれ以外の有識者（外部委員）からなる「法人の経営に関する重要事項を審議する」組織と位置づけられ、中期目標・計画や予算、自己点検評価など経営に関わる主要事項は、この経営協議会での審議が必要になった。権限は著しく強化されたことになる。その経営協議会の委員は、原則半数を外部委員にあてることになっている。任命にあたって何を重視したかについて、学長が「民間的発想の導入」（八一％）、「学識や専門性」（五八％）、「地域との関係」（四三％）などを挙げていることから知られるように、学外委員の多くは民間有識者であり、地方の大学の場合には地元出身者が多数を占めている。運営諮問会議時代に比べて全学的重要性が増し（九二％）、開催回数（九二％）、審議事項（八三％）ともに増え、委員の審議へのコミットメントが強まった（八一％）というのが、大方の学長の意見である。

これに対して、かつては全学の最高意思決定機関であった教育研究評議会の位置は大きく低下した。学長を議長に、学長の指名する理事と職員、および評議会が定める部局の長から構成されるこの組織は、経営協議会の役割とされた経営関連の審議事項以外の、教育研究に直接関わる重要事項の審議機関とされている。かつては大学運営のすべての事項についての審議・決定機関であったのだから、役員会と経営協議会に経営上の問題に関する審議・決定権限を委譲したいま、その地位は大きく低下したといわねばなるまい。

ただ、学長の意見からみる限り、地位の低下はむしろ役割の活性化につながっているという評価の方が支配的である。すなわち評議員の数は減り（四〇％）、審議事項も減った（三三％）と答えた学長が、それが増えたとする学長（それぞれ二四％、一七％）を大きく上回っている一方で、全学的な重要性が増したと答えた学長は半数近く（四四％）、審議へのコミットメントが強まったとする学長も三分の一強（三五％）いる。かつての評議会と比べどう変わったかについての自由回答欄には、六〇人の学長が回答を寄せているが、そこからはこの、教員代表を中心にした審議機関の性格の積極的な方向での変化の実態がうかがわれる。

・「個々の案件について法人化前にくらべて、審議か報告か判断に迷うことが増えた。予算については、審議から報告にしたいが、それでは、予算について全学的立場で関与する機会がまったくなくなってしまうと反発する声は、今もって強い」(医無総大)。

・「法人化前の評議会は、部局長会議で合意が得られた案件がそのままあげられ、最終的に機関決定がなされる場であり、実質上の審議が少なかったと思われる。法人化後は、審議機関として、必ずしも部局長の合意をあらかじめ得ていない協議事項を出すことも多く、実質的に審議がなされる機会が増えた。なお、予算の配分は評議会の協議事項としてはあげず、報告事項としてあげている。部局の利害に関係することは、評議会に適さず、大学全体の大所高所からの審議事項が評議会に適していると判断しているからである」(医総大)。

・「審議事項が教育研究関連事項に集中してきた。意見がまとまらずに継続審議となる回数が激減した。学長の取りまとめ発言の重みが増した。事前の運営会議であらかじめ審議することで、評議会の決定手順の簡素化がはかられた」(医総大)。

・「学長からの諮問に対する審議機関としての位置付けを明確にすることとし、学内予算配分など財務関係は議題とせず、定例化を廃止し、法人化以前の評議会と位置付けが変わったことを示している」(医総大)。

・「予算配分など経営上の事項は報告事項になったが、教学、経営を通じて情報共有と意見交換により議論が深まった」(医総大)。

・「部局長会議と教育研究評議会において審議事項の重複を避け、主に提案を部局長会議で行い審議決定を教育研究評議会で行うこととした。一部の規定、細則等については審議事項から報告事項に変わった」(旧帝大)。

・「法人化前と同様の観点で重視しているので、基本的には同様の運営をしている。会議内容を精査し、会議の回数を減らし、審議事項の次に報告事項という順で運営している」(医無総大)。

審議事項はたしかに減り報告事項が増えたが、決定機関としての重責から逃れて、部局の個別の利害を越えた自由な議論をする余地がそれだけ増えたというのが、多くの学長の意見である。これはあくまでも学長の見解であり、権限を委譲した部局長や部局教授会の側からすれば別の評価があるのかもしれない。また評議会時代の運営方式を基本的に踏襲しているがゆえに、軋轢を免れている大学もあるだろう。しかし全体として現状では、教育研究評議会はその性格変化にもかかわらず、あるいは変化のゆえにほぼ順調に運営されているとみてよい。

(3)「国立・大学・法人」

法人化された国立大学の経営体としての現状をみる場合、第3章でもふれたがそれが「国立」・「大学」・「法人」という三つの部分からなっていると考えると理解しやすい。

法人化以前の国立大学はまさに「国立・大学」であり、文部科学省という行政機構の一部に組み込まれ、教職員は全員が国家公務員であった。国立大学の教員は「文部教官」であり、職員は文部科学省の行政官僚だったのである。「大学」として自治と学問の自由を憲法により保障されているから、教員の人事権が大学にあったことはいうまでもない。しかし職員の人事権は文部科学省、すなわち国家の手にあり、事務局は大学の一部である以前に文部科学省の出先機関であった。また、「大学」としての教育研究の自由が保障される一方で、行政機構の一部であることから、どのような学部・学科・講座・学科目を置くかという大学の組織構造から教職員の定数、毎年の予算額、さらには予算の使途に至るまで、すべては文部科学省により決定されていた。もちろん大学側から組織の変更、定員増、予算増などを要求することは可能だが、それを認めるかどうかは文部科学省の判断にゆだねられていた。国立大学を特徴づける「親方日の丸」「護送船団方式」という言葉は、そうした現実から生まれたものにほかならない。

法人化によってその国立大学が文部科学省、すなわち国家の統制から解き放され、大学経営について大幅な自由を認められたことは周知の通りである。しかしそれは「国立・大学」が完全に、「大学・法人」に移行したことを意味するわけではない。中期目標・計画の策定・承認とその実績評価、さらには運営費交付金等の制度によって、国立大学法人が依然として、間接化したとはいえ国家の統制下に置かれていることは先にみた通りである。それだけでなく国立大学法人の施設整備は政府の役割とされており、大学が独自に建物を建て、減価償却をすることは基本的に認められていない。教職員の退職金の積立と支給も政府の責任とされている。

さらにいえば、職員の人事権は各大学に移譲されたとはいうものの、幹部職員の主要部分については、「移動官職」の形で、文部科学省が事実上人事権を握っている。ちなみに、今回の調査結果によれば、八四大学の財務担当理事のうち、学内の教員出身は三一人、民間人が三人となっており、多数派は文部科学省出身で占められている。国立大学法人は大学経営に必要な資金の大部分を、運営費交付金の形で国家から受け取っているだけでなく、その点でも依然として「国立」大学法人なのである。

「大学」と「法人」の関係については、なによりも理事を含めて執行部の大部分が教育研究の場としての「大学」から「法人」への、いわば「出向者」で占められていることを指摘しておかなければならない。あらためていうまでもないことだが、国立大学法人では制度設計上学長が役員会の長、事実上の理事長を兼ねており、理事も少数の民間人からの登用(と移動官職)を除いて、学内の教員出身者で占められている。いいかえれば私立の大学法人と違って、教学と経営が制度上分離されていない。

学長は、教育研究評議会選出の委員に経営協議会の外部委員を加えた、学長選考会議によって選任されることになっているが、実際には選考過程に教員(および一部職員)による意向投票を組み込み、最終的な選任を左右するような強い影響力を認めている大学がほとんどである。学長が任命権を持つ理事は原則として専任職だが、任期終了後には再び出身部局に戻って教育研究の職に就くものが多数を占めている。さらにいえば、今回の調査結果によると教員出身の理事については在職中でも、授業や大学院生の研究指導のいずれか、あるいは双方を認めている大学が八割を越えている。国立大学法人の役員は、いってみれば「大学」から「法人」への出向者にほかならないのである。

「大学」から「法人」への出向者は、役員だけではない。経営の中枢である「法人」本部自体が、企画立案から日常的な業務の執行に至るまで、「大学」から出向してくる多数の教員によって担われている。スタッフ的な役割を担う学長補佐職はほとんどの大学(八六%)に置かれているが、その大多数は教員である。その数が一〇名を越える大学も二割に近い。また大学運営の円滑化をはかるために企画室、財務室、評価分析室などの実務的な組織を置き、そこに職員だけでなく教員を(室長等として)配置している大学も九割近くにのぼる。これに先にのべたような、さまざまな会議や全学委員会を加えれば、「大学」から「法人」に出向あるいは動員され、大学経営の一端を担う教員の数は、さらに大きなものになるとみてよい。

「国立・大学・法人」の三者関係に関わる象徴的な事例として、最後に新しい財務会計制度の問題を挙げておこう。法人化後の会計制度が、企業会計原則に従って、現金主義から発生主義に変更され、財務諸表の作成・提出・公開が義務づけられたことは周知の通りである。この新しい会計制度については、公認会計士等の専門家を含む監事の間にも複雑で難解だとする声があるが、財務担当理事を対象とした調査結果によれば、制度を教職員が「十分に理解している」と答えた理事はゼロ、「ある程度理解している」とするものが二九％、「あまり理解していない」六四％、「ほとんど理解していない」七％という悲惨な結果になっている。制度の切り替えからまだ二年ということもあるだろうが、事務量ばかりが増え（九七％）、あまり活用もされていない（三七％）という理事たちの意見は、この制度に改善の必要があることを示唆している。私立大学法人の会計制度についても問題のあることがしばしば指摘されてきたが、国立大学法人の場合、「国立」・「法人」であることの葛藤や矛盾をはらんだ関係が、会計制度に最も先鋭な形で現れているのではないか。

・「国時代の現金主義会計から国立大学法人会計基準による発生主義会計に変更になったことにより、予算管理において混乱をきたしている。具体的には、国立大学法人会計基準では発生ベースでの財務諸表による決算報告を行うことになっており、一方、国からは、一部未集金や未払金などの発生ベースでの考えを採り入れた、旧来の現金ベースでの決算報告が求められることとなっており、よって、予算管理の上ではさまざまな考えが混在し、複雑化することで混乱が生じがちである。目的積立金の認定にあたっても、現金ベースの決算による現金の裏づけが必要であり、また国民への説明責任を果たす観点からも、これについては、もっと分かり易い明確な基準を設ける必要があるように思われる」（旧帝大）

といった現場の声に耳を傾ける必要があるだろう。

4　事務部門と事務職員

(1)　事務部門の問題

前節でふれた教員頼みの大学運営は、事務機構の整備や職員の能力開発の遅れと深く関わっている。

これまでの教授会自治を基盤にした教員中心の運営方式のもとでは、事務局に求められたのは、定められた諸規則に基づくルーティン化した事務処理が大部分であり、職員に大学運営に直接関わる企画立案等の能力や責任が求められることはほとんどなかった。文部科学省の厳しい官僚主義的な統制が、それをさらに強化する役割を果たしてきたことはいうまでもない。また具体的な個別の業務に関わる能力についても、ゼネラリスト重視の官僚の世界を反映して、総務・教務・人事・会計・施設といった大まかな領域設定はあっても、それぞれの職員の専門性が重視され、系統的な人材の育成や能力開発がはかられることはなかった。それだけでなく法人化前の国立大学では事務局の指揮命令権限は、人事を含めて文部科学省から移動官職としてやってくる事務局長をはじめとする幹部職員にあり、学長にはなんの権限も認められていなかった。

法人化後事務局の編成から人事まで、権限は文部科学省から大学・学長に全面的に移譲されることになった。その結果事務局長を置くか置かないかを含めて、各大学とも事務局の再編や人事についてさまざまな工夫を凝らすようになったことを、調査の結果から知ることができる。

たとえば事務局長制についてみれば、従来通り事務局長を置き事務の一元的統括を行っている大学が三分の一(三三%)、事務局長を兼ねる担当理事による一元的統括に変えた大学が約四割(三九%)ある一方で、事務局長を置かず、総務等の担当理事が一元的に統括する大学(七%)や、各担当理事が部門ごとに統括する大学(一一%)など多様化が進んでいる。また担当理事制が一般的になるなか、財務担当理事のうち三一人が文部科学省の移動官職でなく、教員出身者で占められていることはすでにのべたが、人事担当の理事についても三四人が教員出身者となっている。文部科学省からの移動官職が依然として財務・人事・総務等の主要ポストを占めているものの、役員会、ひいては学長と教員出身の理事主導の大学運営が、事務部門にも及びつつあることがうかがわれる。

ただ法人化から二年が終わった段階で、事務部門の再編はある程度進んだものの、これまで完全に別組織であった事務部門と教学部門を法人のもとにどのように有機的な関連づけ、「イコール・パートナー」として位置づけていくかについて、多くの大学が手探り状態にあることが、「事務部門の運営上の問題点」についての学長たちの自由回答の結果からうかがわれる。

・「法人化後、直面した新たな課題に対応していくためには、事務部門の縦割り構造や、これまでの業務のやり方に拘泥するような意識では対応していくことが困難。管理職からの意識改革が必要」(旧帝大)。
・「六名の理事と事務の部門は直結しているため、この縦割り制が部門間の連携を阻害している。総務担当理事の一元的統括は、人事等に限らざるを得ない」(医総大)。
・「事務局長所管の事務部門と担当理事所管の部門間の調整が十分とはいえない。そのため。事務局長を理事とし、事務組織の統括と全体調整に責任ある立場から当たることができるようにする予定」(医総大)。
・「指揮系統の明確化をはかるとともに、部課毎のセクショナリズムの軽減をはかる必要がある」(理工大)。
・「移動官職と学内職員との融和が不十分」(医総大)。
・「各理事の職掌の下で事務が進行するため、横の連絡が十分に取れなくなってきている。大学運営を戦略的に進めていくなかで、その総括的な組織が整備されていないため体系的な取り組みが不十分」(医総大)。

・「教員出身の理事と事務部門の連携が円滑に動いていない場合がある」(医総大)。

学長の多くが法人化により「管理運営の合理化・効率化」が進んだと考えていることは、最初にみた通りである。しかし、その過程で執行体制、とりわけ実働部隊である事務部門の抱えるさまざまな問題がみえてきたというのが、法人化から二年後の現実といってよいだろう。教員出身の学長や理事にとって、また役員会にとって、事務部門の指揮命令も経理や人事等の実務も、すべてが新しい経験である。真に合理的で効率的な管理運営のあり方を求めて、手探り状態が続いているのである。

(2) 職員の能力開発

事務部門の問題は、組織の問題である以上に職員の能力開発の問題である。これまで事務局の運営も、職員の採用から研修、移動、昇進に至る人事も、すべては文部科学省と各大学の事務局長の責任であり、教授会はいうまでもなく学長や評議会もそれに直接関わることはなかった。事務部門の管理運営の権限が人事権を含めて全面的に学長と役員会の手に移ったのは、法人化がもたらしたまさに革命的な変化のひとつなのである。そしてはじめてその実態にふれた学長たちの、事務部門と職員に向けられた目には厳しいものがある。

・「法人化に伴い、事務部門の専門性が強く求められるようになった。しかし従来はゼネラリスト指向の人事政策であったため、対応しきれていないのが現状である。今後できるだけ早い時期に、大学運営のプロを育成することが求められている」(医総大)。

・「法人化後、直面した新たな課題に対応していくためには、事務部門の縦割り構造や、これまでの業務のやり方に拘泥するような意識では対応していくことが困難。管理職からの意識改革が必要」(旧帝大)。

・「事務職員の専門職能化、資質向上があまり進んでいない」(医無総大)。

・「法人化前後で、あまり意識の変化、業務内容の変化がない」(医総大)。

・「公務員体質がなお持続している」(医科大)。

・「企画・実施能力及び迅速さは、課題と感じている」(医総大)。

・「一部職員の公務員意識の残存、交流人事の弊害、情報の非共有」(大学院大)。

・「法人化後も意識改革ができず、相変わらず前例主義・事なかれ主義・指示待ち型の、一部の事務系管理職員をどう教育するのかが、目下の大きな悩みでありテーマ」(医総大)。

しかし同時にこうした厳しい目が職員の資質能力を高め、事務部門の強化をはかり、職員をイコール・パートナーとしていくことなしに効率的で円滑な大学経営は望みがたいという、学長たちの認識の反映でもあることを見落してはなるまい。

人事担当の理事の現状認識はさらに厳しい。担当理事を対象にした調査の結果によれば、法律・法規関係(六五%)、組織・管理関係(五七%)、人事・労務関係(五五%)、財務・会計関係(五〇%)、施設・設備関係(三七%)と、施設・設備関係を除くすべての業務分野で、過半数の理事が職員の「能力不足」を指摘している(括弧内の数字は「能力が不足している」と答えた理事の比率)。とくに法律・法規関係で不足を指摘する理事は、三分の二に近い。施設・設備関係は別としてそれ以外のどの業務分野についても、「能力・人数ともに十分」と答えた理事は二割に満たず、法律・法規関係ではわずかに五％にすぎない。

また期待される能力を持った職員がどれほどいるかを尋ねた結果でも、「能力・人数とも十分」と答えた理事は数パーセントにとどまり、能力の不足を指摘する理事が外国語処理能力（七四％）、企画立案能力（七一％）、対外折衝能力（七〇％）、情報処理能力（六二％）と、どの能力についても七割前後に達している。さらにいえば能力だけでなく「能力・人数ともに不足」とする理事も、各分野とも五割前後にのぼっており、法人化後の国立大学法人がいかに事務部門の専門人材の不足をかこち、理事たちが危機感を抱いているかをうかがわせる。

その強い危機感からか、どのような分野の専門家・スペシャリストを養成したいと思うかを尋ねた自由記述方式の質問に対して、七二大学の理事が回答を寄せている。大多数の理事が複数以上の業務分野を挙げており、その内容は企画・法規・法務・人事・労務管理・会計・財務・広報・国際交流・知財管理・資産管理・危機管理・安全衛生・就職・市場調査など、驚くほど多岐にわたっている。

しかし法人化二年後の現状をみる限り、実際の職員の採用や研修のシステムが、そうした危機感を適切に反映したものになっているとはいいがたい。法人化前に比べて、たとえば職員採用の方針が変わったと答えた理事は半数強（五七％）にすぎず、専門能力を重視して採用していると答えた理事も二割にとどまっている。採用方針の変化があった大学で、その変更の具体的な内容として最も多く挙げられているのは「専門性」の重視だが、それが現実に最重要の採用方針とされるようになるのはまだ先の話とみなければなるまい。

現在いる職員の研修についても八割近い大学が職員の研修計画を持ち、そのほとんどが中期計画等の経営戦略のなかに、その研修計画を位置づけていると答えている。しかし具体的な能力開発への取り組みの内容をみれば、現在実施されているのはもっぱら「自己啓発の奨励・支援」「学内研修の強化」「諸機関のセミナー等の利用」などであり、「通信教育等の利用」を除いて大学・大学院・専門学校等、学外の教育機関の体系的な教育プログラムを活用しようという動きは、まだきわめて弱い。

しかし同時に、職員の能力開発に強い意欲を示す大学が現れ始めたことも指摘しておくべきだろう。職員の意識改革が教員に比べて遅れているというのが大方の学長の評価だったが、人事担当理事の目からみても、法人化を機に職員の仕事への意欲が「高くなった」と答えた理事はわずかに四%、「やや高くなった」を加えても四割にすぎない。こうした現実に対する強い危機感から、いっそうの意欲向上策をとっている大学が五一%、これからとる予定の大学が三四%あるが、その向上策の具体的内容をみていくと二二の大学で研修の強化が挙げられていることがわかる。

・「自己啓発の研修のための職務専念義務の免除制度の開始。職員調書に将来のキャリアプランを記述」(旧帝大)。
・「自己啓発への情報提供、経費援助、勤務時間の配慮などを検討」(旧帝大)。
・「自発的な計画に基づき海外の機関へ派遣し、調査活動を行う研修を実施」(理工大)。
・「職務に関連した自主研修(大学、大学院、通信教育等)に係る支援(授業料の一部負担)、職務に関連した資格取得に対する支援(受験料、受講料の負担)」(理工大)。
・専門性の高い職員を養成するため、仕事に関連する授業を無料で受講できるようにした」(医総大)。

ただ、こうした職員の能力開発の積極的な試みを進めている大学の数はまだ限られているだけでなく、人的資源の相対的に豊かな大規模・研究大学や理工系の単科大学に集中している。多数を占めるそれ以外の大学の場合には、必要性はわかっていても実施するための資源、ゆとりに乏しいというのが現実なのだろう。

・「法人化後、新たに必要とされた業務（中期目標・計画、年度計画の作成、評価、財務管理、労務管理等）については、大学規模の大小を問わず、一定程度の作業量が発生するものであるが、中小規模の大学では十分な人員配置ができない。大規模大学との間で逆ハンディキャップレースとなっており、全体的な対処が必要ではないか」（医無総大）。

・「長い間の直轄国立大学の歴史のなかで、主要ポストの自主配分管理もできず、ゼネラリストの美名の下で専門性の欠如した『事務員』的職員を多く抱えてきた。法人となって相当部分を自己裁量で人事できることになったが、一個の独立した『法人』の運営・経営を行うために協働すべきスタッフ――とくに中堅スタッフ――が充実していない。日々口にしていることであるが、一〇数年前にはなんらの考えもなく、政策的育成も行わず、大学を『運営』してきたそのツケである。今日なんとか進められているのは個人として能力のある職員のおかげであるが、近未来的には大きな不安を抱かせる状況となろう。総人件費削減のもと、また手厚い労働者保護政策のもとでは、少数の例外者を除き、現にいる中堅、若手をいかに育成していくかしか解決策はない。近隣大学にくらべると実質的な、かなり厳しい考課を実施しているが、開き直られたらそれまでである。どのようにして意欲・志気を向上して『もらうか?』が次ぎの課題である」（理工大）。

こうした声にどう対応していくのか。個別の国立大学法人の努力を越えて、文部科学省だけでなく、国立大学協会やブロックごとの連合組織などが真剣に取り組むべき重要な課題といえよう。

5 財政と自己収入

(1) 資金の獲得努力

法人化された国立大学は経営体としての自立をめざして、より多くの自己資金や外部資金の獲得に努力することを求められている。

運営費交付金制度のメリット、デメリットについての学長たちの意見はすでにみた通りである。各大学に自己収入の増額や外部資金の獲得の努力を求め、また資金の自由な使用を認める一方で、行財政改革の一環として進められてきた国立大学の法人化が、政府負担の運営費交付金の減額を目的とするものであることに疑問の余地はない。制度設計のなかにはじめから組み込まれた効率化係数や経営改善係数、それに最近になって浮上してきた人件費節減要求などは、そうした行財政改革の一環としての法人化の基本的な性格を裏書きするものといってよい。各大学は大学としての運営や諸活動のいっそうの活性化はいうまでもなく、従来通りの活動水準を保っていくためにも、より多くの自己収入や外部資金を獲得すべく努力することを、厳しく求められているのである。

しかし、そうした運営費交付金の減額への対応を含む収入増のための各大学の自己努力が、現状ではいかに困難に満ちているかは、たとえば「効率化係数等への対応」、つまり運営費交付金の減額に対応するために「収入増」と「経費節減」のどちらの方針を重視しているかという、財務担当理事を対象とした質問に対して、「収入増」と答えた理事がわずかに一%にすぎず、半数近く(四四%)の理事が「経費節減」の方を重視するとしていることからもうかがわれる。とはいえ経費の節減には限度があり、それだけでは経営の自立化は望みがたい。自己収入についても外部資金についても、大学として最大限の獲得努力を怠るわけにはいかない。財務担当理事対象の調査結果からは、その切実な問題に対する苦しい努力の現実がうかがわれる。

(2) 自己収入——学生納付金

国立大学法人の最大の自己収入源は学生納付金、すなわち学生の納入する授業料・入学金、および受験者が支払う受験料である。このうち入学金・受験料は文部科学省により全大学一律の額が定められているが、授業料については標準額を定め、上下一〇％の幅のなかで増減する自由が各大学に認められている。しかし標準授業料以外の額を設定している大学は、学部についてはわずかに二校（いずれも減額）、しかもうち一校は標準額に戻す予定としている。また今後設定予定の大学は一校もなく、この仕組みは事実上機能していないことがわかる。ただし、しばしば定員割れとなり、それが運営費交付金減額の理由とされる恐れのある大学院研究科については、学生確保のために授業料を低く設定している大学が、一割近くあることを指摘しておくべきだろう。いずれにせよ授業料の引き上げで増収をはかろうと考える大学は、ほとんどないことを確認しておきたい。

現行の標準授業料制度については、学長たちの意見を尋ねた質問項目がある。それによれば学長の六割（六二％）が現行方式を支持している一方で、「大学による裁量の余地を広げるべきだ」と答えている学長が三割（三〇％）、「裁量の余地を狭めるべきだ」とする学長も、約一割（九％）ある。現行方式のメリット、デメリットを尋ねた自由回答方式の質問結果もあるが、それによれば、メリットを挙げる学長は一六大学と限られており、その主要なものは機会の平等化に関わるメリットであることがわかる。

・「ほぼ一定的な範囲にあるため、現時点において価格競争せずに、教育・研究等を考えることができる」(医総大)。
・「裁量の余地の拡大は地域間及び学部間の差に結びつき、国立大学の放棄につながる」(医総大)。
・「大学による負担の差が出にくいことは、機会均等化の保障につながる」(医総大)。
・「国立大学としての使命を果たすためにも、国の姿勢として現行の方式で行くべきである」(理工大)。

これに対してデメリットを挙げる学長は三〇大学にのぼり、多くの学長が授業料収入と運営費交付金とのトレード・オフ関係を組み込んだ現行制度に、厳しい批判の目を向けていることが知られる。なお少数だが、標準額の設定の廃止を求める意見もあることを指摘しておこう。

・「授業料をアップしても大学の実質的な収入増にはならないこと」(旧帝大)。
・「とにかく高すぎる。制度が可能でも実質的に設定が不可能」(旧帝大)。
・「現在の授業料制度の最大の問題点は、私大の授業料との格差縮小に焦点をあてて、一年おきに値上げをし、その分運営費交付金を削減する点にある。この点を放棄して、一定の範囲内で授業料の設定を可能にしてみても、ほとんど意味がない」(文科大)。
・「標準額アップによる値上げが、法人の自主的値上げもしくは法人独自の財源確保と誤解される」(医無総大)。
・「標準授業料の設定が運営費に直接反映することは、大学による裁量の余地をせばめている」(理工大)。
・「基本料は国がきめ、そのプラス・マイナス一〇％の範囲内での裁量なので、右ならえせざるを得ない」(医総大)。
・「大学の自主的な経営を保護するという点においては、問題がある。学部ごとに授業料の差があってもよいのではないか。（ただし、奨学金制度を充実させる必要あり）」（医総大）。
・「理系・文系の違いなどに起因する特殊な要因を考慮するような、裁量の余地がないこと」（理工大）。
・「大学に裁量を認めないと、地方大学は学生確保に影響が出てくる」（医総大）。

いずれにせよ、標準授業料制度は、授業料の増収をはかるインセンティブとして適切に機能していないというのが、大方の学長の意見といってよいだろう。

授業料・入学金の増収をはかるためには、このほかに入学者数の増加策をはかることが考えられる。しかし一八歳人口が急減し、進学希望者の数が大学・短大の総収容力を下回る、いわゆる「大学全入時代」の到来がいわれているいま、国立大学法人はこれまで以上に入学定員の枠を守ることを厳しく求められているだけでなく、（留年や休学を含めて）すでに総収容定員比で一〇％前後の学生を余分に抱えていることが知られている。入学者数の増を期待することは望みがたいことといわねばなるまい。実際に授業料・入学金の増収策についてはほぼ半数の大学（四六％）が取り組んでいると答えているが、その具体的な内容をみると、納入促進・未納防止・教育ローンの導入・休退学者の削減・学生支援体制の整備など、増収をはかるというより減収を防ぐ消極策が中心になっていることがわかる。

・「授業料について、口座振替・コンビニ収納等の未納防止策を整備し、また金融機関との連携による低金利教育ローンを提供している」（文科大）。
・「授業料納入遅延納者に対して納入の依頼を強化するとともに、納入の猶予を一学期までに短縮し、助言教員の助言等もふくめて速やかな納入促進への取り組みを行っている」（理工大）。

・「退学・休学者を防ぐため、各学部において、成績不良者及び不登校に対する指導体制を充実させている。収納率を上げるため、原則すべての学生に対して銀行引落としを実施している」（医総大）。

・「休学者数の減少を図るため、休学承認に当たり各学部、研究科ごとに『指導計画表』を作成するとともに、保健管理センターを中心としたメンタルヘルス面での施策を実施」（医総大）。

・「退学者や休学者を減少させるため、生活や学習に対するケア体制を強化するとともに、指導教員によるきめ細やかな指導を実施している」（理工大）。

・「学部別入学者目標の設定と、それに対するインセンティブ付与、未納者を減らすための督促措置の督励」（医無総大）。

もうひとつの学生納付金である受験料については、その増収に取り組んでいる大学が半数を越えるが（五六％）、具体策としては受験生数をいかに増やすかが課題とされている。それは私立大学が早くから取り組んできた増収策であり、広報に力を入れ、高校を訪問し、オープンキャンパスの日を設け、進学説明会の開催地を増やし、試験会場も増設するなど、国立大学でもさまざまな試みがされるようになったことが自由回答の内容からわかる。なかには受験料収入を、部局の予算配分に関連づけている大学もある。こうした努力については、中小規模の地方大学がより積極的であることはあらためていうまでもないだろう。

・「部局別受験料収入に対する経費の傾斜配分の実施」（医総大）。

・「県内高等学校との意見交換、入試広報の充実、高等学校との連携、入学選抜方法の検討、予備校の先生方との意見交換、高校生・中学生を対象とした数学理科コンクールの実施、在学生による出身高校訪問の実施」（医総大）。
・「学部ごとに目標志願倍率を設定」（理工大）。
・「入学相談会、大学ガイダンス、講演会の実施等の広報活動。高大連携の促進（高大連携連絡協議会の充実）。オープンキャンパス、大学見学会の促進。受験産業ｗｅｂサイトへの掲出」（医無総大）。
・「入学生確保のための周辺各県の学外説明会や高校生に対する模擬授業や、ヴァーチャル入試体験の実施など」（医総大）。
・「入学試験成績優秀者への奨学金制度（エクセレント・スチューデント・スカラーシップの実施）」（医総大）。

6　民間資金の獲得

(1)　民間資金――寄付金

研究費以外の収入源として寄付金に着目する大学も半数（五一％）にのぼっている。とくに、今後それを収入源として重視する大学（一九％）は、科学研究費（三五％）、各種ＧＰプログラム（二四％）に次いで多く、受託研究（七％）や共同研究（五％）を挙げる大学を大きく上回っている。実際に以下にみるように、寄付金受け入れの制度を作り、担当課を設け、基金を開設するなどの努力を始めている大学が少なくない。しかし残念ながら個人についても企業などの組織についても、フィランスロピーの伝統に乏しく税制面も不備なわが国では、それを主要財源のひとつとして期待できる大学はほとんどないとみてよい。たとえばアメリカの大学で貴重な財源のひとつとされている卒業生・同窓生からの寄付金も、全学的な同窓会を持つ大学が数えるほどしかなく、また卒業生とのつながりの弱い国立大学には、今後の課題であるにせよ多くは望みがたい。

・「後援会組織の設置を計画している」（医総大）。
・「外部資金・寄附課を設置し常時寄付金を受け入れる仕組みをつくった。多額寄付者（一〇〇万円以上）の名誉学友制度をつくった」（医無総大）。
・「不特定多数からも寄付金を募れるように、大学のホームページトップに事項を掲載するとともに、受け入れ事務の簡素化をはかる」（医無総大）。
・「大学のサポーターを募り継続的な寄付の確保を図っている」（文科大）。
・「教育研究基金を創設し寄付を受け入れている」（文科大）。
・「同窓会組織を拡大強化する形で校友会を設立し、基金を設ける予定」（医総大）。

国立大学法人が自己収入を上げるために、その他にどのような「独自の取組」をしているのか自由記入を求めた欄には、過半数の四七大学が回答を寄せている。余裕資金の運用、施設利用料や証明書等の発行手数料の徴収、セミナーや開放講座の有料化、研究用機器の有料の学外開放、さらには自動販売機の販売手数料徴収など、多額の収入のとうてい望めそうにない、しかし涙ぐましいほどの努力のあとがうかがわれる。

・「共同研究等を実施する民間機関等に、学内施設を積極的に貸し出し。所有機器類の学外機関への有料使用を検討」（理工大）。
・「卒業生に対する各種証明所発行手数料の徴収、大学が業者と直接契約して自動販売機を設置することによる手数料の徴収」（文科大）。
・「運営費交付金余裕分の短期的運用及び寄付金・余裕金の中長期的運用を効果的に行い、財務収入の増収をはかっている」（旧帝大）。
・「教室、体育館、プール、サテライトの貸付条件を大幅に緩和し、料金の見直しにより利用拡大を図る。またビジネススクールにおいて、ＭＢＡセミナーを開催し講習料収入の増加を図っている」（文科大）。

国立大学法人は、「国立」であることによって、無償、あるいは廉価なサービスの提供や社会貢献を期待され、また、たとえばアメリカの大学と違って、基金の蓄積や運用についてもさまざまな制約を課せられている。有料で独自の教育サービス事業を展開する自由も認められておらず、その一方で財政的な自立への政府からの期待ばかりが高いという、きわめて厳しい状況に置かれているのである。

(2) 民間資金――共同研究費・受託研究費

企業等との共同研究・受託研究による研究費は、法人化以前から各大学が獲得に積極的に努力し、また成功してきた最重要の外部資金のひとつである。全学的に重視している外部資金のなかで科学研究費（九四％）、各種ＧＰ（六〇％）、ＣＯＥ（三六％）などの公的な資金が上位を占めるのは当然として、民間資金としての共同研究費については三分の一（三三％）、受託研究費では四分の一（二四％）の大学が重視していると答えている。完全なプロジェクト型の資金であり研究契約の当事者である教員に帰属するが、最近では一定比率で間接経費を徴収する大学も増えており、あとでみる科学研究費の間接経費と併せて、大学が研究以外の活動にあてることの可能な一般的な財源としての重要性も増しつつある。

共同・受託研究費は、いわゆる「産官学連携」の中核的な活動から得られる資金であり、一定の歴史を持つだけに、法人化前から各大学ともさまざまな努力を展開してきた。財務担当理事対象の調査結果によれば、全学レベルで特別な取り組みをしている大学（七六％）は四分の三を越えており、産学連携本部の開設、コーディネーター職の設置、シーズ集の作成、研究者情報の公開、説明会・交流会の開催、さらには資金獲得教員に対する報償システムなどは、すでに多くの大学で実施されるようになっている。

財務担当理事の自由回答からそうした努力のいくつかを挙げておこう。

・「リエゾンオフィスを設置し、企業等の問い合わせに対しワンストップサービスの体制を整備した。銀行と業務提携を締結し、銀行に来る地域企業等からの技術相談等に対処し、受託研究等の締結に結び付けている。『産官学連携のしおり』を作製し、各種イベントで企業等に配布している。本学教員の研究シーズのCD－ROMを作成し、各種イベントで企業等に配布している。間接経費の獲得額が多い教員に対して、インセンティブとして『研究奨励費』を付与している」（医総大）。

・「大学及び外部人材（産学連携コーディネーター、客員教授、知財マネージャー等）で構成するリエゾンチームにより、研究室訪問を実施し、外部資金獲得につなげる活動を行っている」（医無総大）。

・「法人化とともに産学連携活動の学外及び学内に対する一元的窓口として、産学連携推進本部を新たに設置し受託研究、共同研究について以下の取り組みを行っている。産学連携本部の教員、産学連携コーディネーター及び㈶理工学振興会から派遣の産学連携コーディネーターの活動により、企業ニーズを把握し、シーズ・ニーズのマッチングに努め、共同研究等の獲得を図っている。産学連携推進本部のホームページに協働研究、受託研究の手続き等を掲載し周知に努めている」(理工大)。
・「受託研究や共同研究の獲得者に研究費のインセンティブをつける」(医無総大)。
・「共同研究については、平成一七年度より一〇％の間接経費を計上することとした。受託研究費・共同研究費の間接経費のうち五〇％は部局へ還元し、また残りの五〇％は学長裁量経費の財源の一部として、全学の産学連携の整備等に充当している」(旧帝大)。
・「学内の研究成果としてのシーズをわかりやすい表現でデータベース化し、HPに掲載するとともに、民間等ニーズとのマッチングの場として、産官学連携フェア、セミナーの実施」(医総大)。

これらの資金はすでに述べたように研究目的の、研究者に帰属する資金である。間接経費の徴収が進んでいるとはいえ、経費率が合理的なコスト計算に基づいて設定されているわけではなく、その金額も限られている。大学経営の一般的な資金源として期待することは、きわめて難しいというのが現状とみなければなるまい。

7　公的な外部資金

(1) 公的な外部資金――特別教育研究経費・新規組織設備

運営費交付金以外に国立大学法人の獲得可能な、公募・申請・審査形式のプロジェクト型予算の主要なものとしては、①特別教育研究経費・新規組織整備、②二一世紀COEプログラム、③各種GPプログラムなどがある。このうち、特別教育研究経費・新規組織整備は、国立大学法人だけを対象とした資金であり、法人化前の「新規概算要求」に相当する。「公的な外部資金」とはいっても、運営費交付金の一部として配分されるものだが、各大学の努力により「競争的」に獲得される資金であるという意味で、ここに掲げておく。

「新組織整備」は、たとえば専門職大学院や学科・学部など、新しい組織の立ち上げに関連した予算要求であり、「特別教育研究経費」は、文部科学省の側がテーマ別に大枠を設定し、各大学の応募・申請をベースに審査し配分するプロジェクト型の予算である。これら予算要求の査定・配分決定に文部科学省の側が決定権限を持っているのは法人化前と同じだが、申請から配分決定に至るプロセスの透明性が増した点で大きく異なっている。こうした変化は、各大学がこれら予算要求の学内での優先順位を決めるにあたって何を重視するのかを、財務担当理事に尋ねた結果に端的に示されている。すなわちとくに「重視した」とされるのが、「大学にとっての要求事項の重要性」(九二％)、「中期目標・計画等との整合性」(八三％)であるのは当然として、次にくるのは「高等教育政策・学術政策の一般的動向」(六三％)であり、従来重視されていた「文部科学省との事前協議の結果」(四三％)を挙げる大学は、それを大きく下回っているからである。

こうした新規予算要求の方式の変化は、学内での優先順位の決定方式についても透明性を高め、大学としての戦略性を重視する方向でそれを一変させる効果をもたらしたことが、理事対象の調査結果からわかる。それによれば、これら競争的・戦略的な予算の獲得に向けて全学的な取り組みをしている大学は、特別教育研究経費については八割近く（七九％）、新規組織整備についても七割（七〇％）に達している。その取り組みの具体的な内容だが、より競争的・戦略的性格の強い「特別教育研究経費」については、学術推進企画室・教育研究等戦略会議等の「室」や「会議」の設置、ヒアリングの実施、実績作りなどさまざまな事例が挙げられている。

・「財政企画室会議を中心に学内会議を開催し、獲得に向けた戦略の立案から申請内容の改善までを全学レベルで検討する」（文科大）。
・「経営政策室に企画戦略チーム（教育・研究）を設け、獲得に取り組んでいる」（医総大）。
・「学長・理事によるヒアリングの実施。事項に応じて理事が室長となっている関係室等（総合計画室、教育・情報室、研究推進室、国際交流本部）で検討している」。
・「部局から提出される概算要求事項について、全額の教官約四〇名で組織する委員会でヒアリングを行ったうえ、全学的な見地から評価を行っている」（旧帝大）。
・「本学が重点的に支援する教育・研究プロジェクトを公募し、教育戦略経費や研究戦略経費等の学内競争資金の重点措置や、人材支援を実施し、特別教育研究経費のプランを策定している」（理工大）。
・「学長裁量経費等の重点配分による実績づくり。各種ＧＰ獲得のため、教育戦略企画チームによるプログラム選定と学内ＧＰプログラムの実施」（医総大）。
・「概算要求になりうる事項については、学長裁量経費により予算措置し、事前準備として調査研究を行っている」

（理工大）。

・「特別教育研究経費の要求に向けて、プロジェクト研究経費及び研究支援経費等の学内重点配分を行い、特色ある研究の推進を行っている。また、教育研究設備及び機器の整備状況を定期的に点検し、施設等の有効利用を促進するとともに、今後整備が必要な設備を洗い出し、更新の必要性等を検証した上で全学レベルで設備の整備事業計画を策定し、教育研究基盤の整備を計画的に行っていくうえで、学内予算では対応できない設備について教育研究経費の要求を行っている」（医総大）。

全学的な、公開性・透明性の大きい予算要求方式の導入は「新規組織整備」の場合も同様である。企画会議等での検討のほか、ワーキンググループ・プロジェクトチームの設置、ヒアリングの実施など、ここでもさまざまな工夫が始まっていることがわかる。

・「役員連絡会で検討案件について特別委員会を組織し、審議・検討し、必要により全学集会を開催するなどの取り組みを実施している」（医無総大）。
・「当該組織整備のための全学的委員会・WGなどを設置し獲得に取り組んでいる」（旧帝大）。
・「概算要求事項に関わる検討委員会及びワーキンググループ等を設置している」（医無総大）。
・「教員と職員の融合組織である室を設置し、各担当理事・副学長を中心として事業計画の検討を行っている。さらに具体化した案件については検討委員会を設置」（理工大）。
・「役員会の下の研究活性化WG、学長の下の企画調査会議で常に大学の中期目標に基づいた新組織整備を検討している」（理工大）。

このように文部科学省に対する新規予算要求の方式変更は、各大学内部での検討や決定の方式についても大幅な改革をもたらした。それは教職員、とりわけ教員の意識変革に重要な役割を果たしつつあるとみてよいだろう。一般の教職員の目から隠されていた新規事業の策定や予算請求の過程が明るみに出され、大学としての経営戦略の必要性と重要性に対する認識が深まり始めたと考えられるからである。ただ新規予算の総額削減が続くなかで、特別教育研究経費、新規組織整備のいずれについても、予算の獲得がこれまでに比べて「困難になった」（二九％、二三％）とする大学が、「容易になった」（それぞれ七％、一六％）とする大学を上回っていることも指摘しておかなければなるまい。順番待ちをしていればいつかは新規予算がついてきた「護送船団方式」の時代が終わり、戦略性に立ち十分に練り上げられた要求でなければ採択されにくい、評価と競争の時代への移行が始まったのである。

(2) 公的な外部資金――COE・GP

法人化に前後して始まった「二一世紀COE」と「GP」は、文部科学省所管の公的な外部資金として、あとでみる「科学研究費」とともに国立大学法人の最も重視している資金源である。財務担当理事対象の調査結果によれば「現在」重視している資金源としては、一位科学研究費、二位各種GP、三位COEと公的資金が上位を占めており、また「今後」重視したい資金源でも、一位科学研究費（三五％）、二位各種GP（二四％）、三位寄付金（一九％）と公的な外部資金への期待が強いことがわかる。COEに比べてGPが上位にくるのは、COEが研究重視の、研究と研究者養成の活性化を目的とした博士課程を持つ大学・研究科対象の、大型の競争的資金であるのに対して、GP

は教育重視の、すべての大学に応募可能な競争的資金であるという性格の違いによるものだろう。

このように科学研究費に準ずる重要性を持った公的資金であり、しかも申請・応募が個人ベースの科学研究費に対して組織ベースであるだけに、COE・GPについては九割近い（八八％）大学が、その獲得に向けて全学的な積極的取り組みを展開している。

・「研究戦略を企画立案・実施するため、『研究戦略企画チーム会議』を設置している。GPの獲得に向けた実績づくりとして『学内版GP』を行い、重点配分を行っている」（医総大）。

・「GP等に発展する研究プロジェクトへの予算措置。学内公募―ヒアリングを経て採択―申請取り組みに係る学内プレゼンテーション等の行程を経て文部科学省に申請、GP支援室を設置し情報提供等の支援」（教育大）。

・「COEに関しては、WGやプロジェクトチームを設置している。GPに関しては『大学GP等審査選考委員会』を設置し、各種GPの申請に際して、プログラム内容を精査の上選考するとともに、プログラム内容のブラッシュアップ等を行い、競争的資金の獲得に努めている」（旧帝大）。

・「COEでは学長の下にWGを設置して申請拠点を決定した。学長裁量経費に研究開発支援経費を設け、予算の重点配分を行い拠点形成等を促進している。経営政策室に企画戦略チームを設け、GP、予算等の獲得に向けて取り組んでいる」（医総大）。

・「COEについては、学長戦略経費のなかから、学内で卓越した研究への重点配分を行っている。GPについては、教育企画会議において担当し、申請プログラム担当部長には別枠の予算配分をしている」（医総大）。

・「大学において重点的に推進したい研究活動及び教育活動について学内COE、学内GPとして公募し、予算配分を行っている」(医総大)。

具体的な内容をみると、直接COE・GPの獲得に向けた取り組みだけでなく、その基盤や基礎となる日常的な教育研究活動の活性化に向けた取り組みとの、有機的な関係の構築がはかられるようになり、そのために、たとえば学長裁量経費の重点的な配分策などがとられていることがわかる。これら二つの組織対象の競争的な公的外部資金は、その意味で各大学に文部科学省の発信する政策意図への鋭敏な反応を求めるだけでなく、教育研究活動の総合的な戦略計画の必要性を認識させるうえで、大きな役割を果たしていることになる。

(3) 公的な外部資金──科学研究費

研究者個人を対象にした、公募型の競争的資金である文部科学省(日本学術振興会)の科学研究費は、すでに長い歴史を持ち、その額も年々増えて二、〇〇〇億円弱に達している。数年前から部分的だが、直接大学の収入となる三〇%の間接経費が付くようになり、各大学法人にとってその資金源としての重要性が著しく高まっている。間接経費は別としても、教員が獲得した科学研究費は設備や備品の購入、非常勤職員の雇用など、さまざまな形で大学の教育研究活動一般に裨益するところが大きい。運営費交付金の削減が避けられず、したがって一般的な教育研究活動経費についても減額を免れない国立大学法人にとって、より多くの科学研究費の獲得は、経営戦略上の最重要の課題になっているといってよい。

実際に事実上すべての大学(九四%)が、科学研究費を「現在」重視している外部資金の筆頭に挙げており、「今後」もそれが変わることはないとしている。科研費獲得のための取り組みも早くから積極的に展開されており、「学長・

部局長等による教員に対する科研費申請の要請」（九二％）、「募集案内のメール等による全教員への通知」（八六％）、「募集案内のホームページへの掲載」（八〇％）は、すでに九割前後の大学で実施されている。また、ほとんどの大学（九四％）が「事務局による申請書の不備等のチェック」をしている。

「採択実績を持つ学内教員」や「学内の科研費審査委員経験者」による説明会を開催している大学（それぞれ六四％、六〇％）も、六割を越える。

さらに踏み込んで学長・部局長等による「申請書の内容チェックと指導」（二三％）や、「非申請者に対する〔非申請理由の〕ヒアリング」（一二％）を実施している大学も、少数だが出始めただけでなく、申請者に対して「〔研究費の上乗せなど〕インセンティブ制度の導入」（四二）をはかった大学が四割を越えている。

このほかにも

- 「部局別の申請・採択状況の公表」（旧帝大）
- 「科研費非申請者に対する研究費の減額調整」（医総大）
- 「希望者に対して専門分野の近い教員による事前審査の実施」（理工大）
- 「採択された申請書の学内閲覧」（医無総大）
- 「非申請者に対するペナルティ」（医総大）
- 「各教員の科研費獲得状況のデータベースの構築」（医無総大）

など、あの手この手の獲得戦術が展開されている。法人化とともに、科学研究費の獲得競争は個人レベルにとどまらず大学間競争へと進展しつつあることがわかる。

8　財　務――人件費と施設整備費

(1)　人件費の問題

収入だけでなく、支出面での問題もみておこう。

文部科学省を通じて各国立大学法人に配分される運営費交付金、ひいては各法人の経常支出の主要部分を占めるのは人件費である。経常支出に占める人件費比率が八〇%を越える大学も少なくない。教職員が国家公務員であった時代には、人件費は職種・職階別に人事院によって定められた給与表に基づき算定された額が、各教職員に支払われていた。その教職員の職種・職階別の数も、たとえば教授何人、助教授何人というように定員法により各大学・部局ごとに定められていたから、大学にとって人件費それ自体が大学運営上の重要問題とされることはなかった。ただ新しい教育研究活動を始めようとすれば、そのつど人員、つまり新しい定員要求をしなければならず、それが新規概算要求の最重要の目標とされてきたことは周知の通りである。その一方で行財政改革の一環として(とくに職員)定員の計画的削減が早い時期から進められており、法人化すれば定員削減を回避することが可能になる(はず)というのが、法人化に反対する国立大学側への説得材料とされた時期もあった。

こうした人件費のあり方は法人化によって一変した。いまや人件費の節減はどの国立大学法人にとっても、経営上の最重要課題になったといっても言い過ぎではない。なによりも、教職員が国家公務員身分を失うとともに定員法は廃止され、従来支払われてきた人件費の各大学分の総額が、運営費交付金の主要部分として配分されることになった。その額は標準的な学生・教員比率をもとに、文部科学省が定める算式によって計算されることになっているが、実際にはその総額は、法人化された二〇〇四年時点の各大学の実態にほぼ沿った額になるよう配慮がされたうえで、算定された。各大学はこの法人化初年度の算定・配分額を出発点にそれぞれ独自に給与水準を設定し、教職員数を決める「自由」を認められることになったのである。

ただこの人件費については、人事院の定める国家公務員の給与水準が算定のベースとなっているから、国立大学法人の教職員は非公務員化したといっても、その枠からまったく「自由」ではありえない、というより実質的にそれに強く拘束されている。そのうえ、法人化当初は効率化係数の対象外とされていた人件費にも、中期計画期間中に五％の削減が求められるようになり、各大学ともそれを前提に、人件費の削減に向けたシミュレーションの実施や計画の策定を、文部科学省から強く求められている。「全学的な経費節減方策を持っているか」という質問に対して、「人件費全般」の節減策を持っていると答えた大学(財務担当理事)が八六％と、「一般管理費全般」のそれ(七七％)を上回っているのは、そうした厳しい現実の表れとみてよいだろう。

ただその節減策がどこまで「長期的な予測や推計」に立ったものになっているのかとなると、法人化二年目ということもあり、各大学の立ち遅れた現状がみえてくる。すでに長期的な予測・推計を行っている大学は約三割(三一％)にとどまり、残りの七割(六七％)はようやく検討を始めたところだからである。対応策を立てているとはいっても、退職者のあとのポストの不補充や採用凍結、欠員補充の留保などが中心であり、長期的な展望の立った人件費対策を実施している大学はまだひと握りにすぎないのである。以下には「先進的」と思われる取り組みの事例を挙げておこう。

・「中期計画期間中における人件費シミュレーション（効率化影響額、給与制度改革による所要額等）と定員削減計画を実施している」（旧帝大）。
・「効率化係数一％の人件費への割り当て、非常勤講師、非常勤職員の人件費見直し計画を法人化第一期において立てている。効率化係数による人件費削減分はすでに年度計画を立てて実行に移している」（理工大）。
・「法人化以前の定員削減計画と同様に人件費削減計画を策定している」（文科大）。
・「法人化に伴い、部局ごとに教職員の採用可能数を定めているが、平成一八年度からその採用可能数に毎年一％の効率化係数（削減率）をかけることとしている」（旧帝大）。
・「常勤職員の人件費については、中期計画期間中の人件費所用見込額の推計を行った結果、平成一八年度以降の運営費交付金の人件費積算額を越えることが明らかなため、定年退職者の一部不補充及び採用を遅らせる措置を講じる」（医総大）。
・「教員を定数管理から部局別持ちポイント制に。肥大化した組織の見直し。各種手当の見直しによる縮減。常勤職員の業務見直しによるパート化」（医総大）。
・「新しい勤務評価制度に基づく賃金制度の再構築を行う予定」（理工大）。
・「各部局の定員及び削減すべき定員数を確定。削減方法（評価の反映）についても決定」（医無総大）。

国家公務員としてのポストと給与が安定的に保証された「親方日の丸」の時代は終わったいま、長期的な展望に立った人件費の合理化政策が、差し迫って必要とされていることはいうまでもない。しかし同時に大学は労働集約的でしかも人材の質が決定的な重要性を持つ、プロフェッションとしての教員・研究者主体の経営体である。その大学の経営合理化のしわ寄せが人件費に最も強く及び、収支のバランスが人件費を「浮かせる」ことで保たれるというのは、どうみても望ましい状況とはいいがたい。

・「運営費交付金に占める人件費の割合が七五％とかなり大きい。経営の視点からはかなり厳しい数字であると思われる。しかし、高等教育機関における人は『コスト』ではなく『リソース』である。大学の競争力はどれだけ優秀な教員（研究力と教育力に秀でた各分野のトップランナー）と、専門性の高い事務職員を集められるかにかかっているのである。運営費交付金の減額分のダメージをできる限り押さえるためには、一般管理費の節約と外部資金・競争資金の獲得により一層、励むことが課題であると認識している」（医無総大、財務担当理事）。

こうした「正論」が大学経営に貫かれるためにも、運営費交付金制度の中核部分である人件費の政府による一方的かつ長期的な削減策には、再検討の必要があるのではないか。

(2) 施設整備費の問題

国立大学法人は人件費だけでなく物的、資本的支出の面でも深刻な現実に直面している。それは全面的に政府―文部科学省に依存せざるを得ない、施設整備費の決定的な不足である。

国立大学の施設整備、すなわち建物の新築・改築等は、法人化されたいまも基本的に政府―文部科学省の予算と計画に基づいて進められることになっている。各国立大学法人が独自に資金を手当てし建物を建てることも、減価償却をして将来の建て替えに備えることも、原則として認められていない。しかもその施設整備関係の予算は厳しい財政事情のもと、少なくとも年間一、五〇〇億円程度とされる必要額を大幅に下回り、五〇〇億円程度が予算計上されるにとどまっているのが現状である。財務担当理事対象の調査の結果でも、不十分な経費項目の第一位に挙げられているのは「全学的な施設整備費の不足」（四七％）であり、第二位の「全学的な維持・保全費の不足」（一五％）と併せると、全国立大学法人の三分の二が強い不足感を訴えている。

・「施設の健全な維持管理は、大学にとって教育・研究を安心して安全に実施するために不可欠である。しかし、国立大学法人の施設の状況は、諸外国に比べてあまりにも貧弱であるといわざるをえない。本学では、施設の維持及び改修等の経費を六〇年スパンで推算し、施設マネジメントに関する長期計画を立案した。しかし、現状の財務体質では、施設を健全な状況を保つために必要な経費は実質的には半分程度しか確保できず、大規模な改修に必要な経費は学内資金では全く実施できないことが判明した。このような状況が継続すれば、大学の施設は縮減するしか方策がなく、教育と研究にとって大きな障害となる。一方では、衰弱した地方経済や自治体の財政状況では、地域からの大きな支援は期待できない。また学内資産の活用手段が限定されているため、大胆な手法で現状施設の改修等を実施することが困難な状況にある」（理工大）。

・「どの国立大学もそうだろうが（一部の移転した大学を除き）、不足感と老朽化感はおおいにある。法人となり建前上は自助努力であろうが、有効な策はない。また本学は遊休とでも呼ぶスペースもなく、建て替えを認められなければ、資金を得たとしても新設できない。二専門学校が二学部になって大学とされた五七年前からの歴史をごく最近まで引きずり、『〇〇学部のモノ』といった感覚で推移してきたのを、法人化前の中央集中管理でようやく薄めてきたところである。圏内各私学大手の華麗で大胆な施設充実政策に囲まれ、今後どのようにすればよいのか、全くの五里霧中である」(理工大)。

・「法人化後の施設整備の制度設計の重要課題として位置づけられている、施設の基準的水準の確保において、現有施設の状況は厳しいものであり、特に老朽・狭隘・安全性においては緊急な対応を迫られている。老朽・狭隘・安全性については、時間とともに進行するものであり、法人化後大学は、施設マネジメントや工事費のコスト削減にも真剣に取り組んでいる。また、法人化のメリットを活用した新たな整備手法についても、さまざまな検討を行っているが、施設面で大きな問題点を背負って出発している。国には、このような状況を理解した上で、必要な支援をお願いしたい」(医総大)。

・「施設の老朽化、狭隘性が大きな問題であり、共用スペースをつくり、学部間の利用調整をしながらマネジメントしているが、それには自ずから限度がある。国庫資金を先端科学に優先配分するだけではなく、わが国の科学研究と高等教育の裾野を広げるようにすべきと考えられる。そうしないと中長期的には国際競争力を高めることが難しいのではないか」(医総大)。

・「施設老朽化が進む一方で、国の公共事業予算の伸びが期待できないなか、各大学における自助的な施設整備予算確保が重要となってくるが、資産を持てる大学と持たざる大学の格差が広がる恐れがあること(授業料を同一とする哲学も重要であるが、他方で、同じ授業料を払いながら施設設備整備状況が大きく異なることは、学生への説明上からも問題となろう)、仮に現有資産を十分保有していても、それをベースとした整備が困難であることなどから、抜本的な今後の施設整備の方向性について国において検討していただきたい」(医無総大)。

国立大学の施設整備については、これまでも何度か計画が立てられ実施されてきた。しかし実際の予算額はつねに、計画の目標値を大幅に下回る状況が続いてきた。景気振興を目的とした多額の補正予算が組まれた時代には、それによって一定部分が補填されてきたが、それも少額になったこの数年は、新規建築や建て替え等はいうまでもなく老朽化や耐震化対策の予算すら不足した状態が続いている。

施設担当理事の回答結果をみても、「現状に不満・やや不満」と答えた理事は、新設の状況・改修の状況・維持保全・スペース・アメニティ・機能のいずれについても半数を大きく上回っており、とくに「改修の状況」(八二%)では八割、「新設の状況」(六四%)でも三分の二を越えている。財務担当理事に法人化前と比べた学内予算の増減を尋ねた質問でも、「全学的な施設整備費」が減った(三九%)とする大学が、「増えた」(二六%)大学を大きく上回っている。「全学的な施設の維持・保全費」についても同様である(減った三三%、増えた二二%)。しかも先にみた自由回答の内容からすれば、法人化後に予算が増えたのは主として研究中心の大学院大学であり、地方の小規模大学ほどマイナスの影響を強く受けていることが、容易に推察される。

現有のスペースが「不十分・やや不十分」と答えた大学は、研究関係のスペースについては六二%、教育関係でも五二%、福利厚生関係になると七五%にものぼる。国立大学法人はそれぞれに利用実態の調査を行い、施設マネジメント計画を立て、共用のスペースを増やし、さらにはスペースチャージを課すなど、さまざまな工夫を凝らしている。まだごく少数だがPFI方式を導入して、小規模の施設の自主建設に乗り出した大学もある。しかしこれらは、文部科学省の施設整備関係予算の絶対的な不足を補いうるものではない。先に挙げた施設担当理事の痛切な声は、額面通りに受け止められて然るべきものであろう。

結び

法人化から二年、六年という中期目標・計画の期間の三分の一を経過した時点での、国立大学の現実は、以上のようなものである。

制度の移行期に特有の混乱や錯誤はあるものの、法人化前の厳しい批判からすれば意外なほど、(直接法人の経営にあたる学長・理事に限ってのことだが) 法人化に対する評価は好意的である。しかしその一方で、国立大学の経営的な自立が進むとともに法人化のもたらしたさまざまな、しばしば深刻な問題点や課題がみえてきたことも事実である。そのあるものは大学がそれぞれに主体的に取り組み、解決すべきものであるだろう。だがそれ以上に現行の法人制度に内在的な、抜本的な検討の必要な問題や、政府・文部科学省と法人との関係で再調整の必要な問題が少なくない、というより多数を占めており、深刻さの度合いも大きい。そしてそれらの問題は、大学の本来の目的である教育研究活動の活性化よりも、弱体化をもたらす危険性が大きいことを見落してはなるまい。

国立大学の法人化は、さかのぼれば明治以来の課題であり、第二次大戦後も何度か検討されてきた。そのねらいは、戦前期にはなによりも大学の自治・学問の自由の確立に、戦後は教育研究の活性化にあったとみてよいだろう。ところが、二一世紀に入ってようやく実現されたその積年の課題である法人化の強い推進力となったのは、そのいずれでもなく行財政改革の強い圧力であった。それは今回の法人化が教育研究の活性化を謳いながら、実際には管理運営の合理化・効率化を最優先の目的として実現されたものであることを、示唆している。冒頭に掲げた「法人化の効果」についての学長たちの意見は、そのことを裏書きするものといってよいだろう。つまりいまの時点で法人化がもたらした「効果」はなによりも大学の経営・組織運営に関わる部分で大きく、それが教育研究の自由化や活性化にどのように結びつくのかはまだほとんどみえていないのである。

科学技術立国のための大学改革の必要性を強調する一方で、政府は厳しい財政事情を理由に、物的にも人的にもあらたに資源を投入することなしに国立大学の法人化を推進してきた。これまで行政機関の一部であり、「親方日の丸」で文部科学省の全面的な管理下にあった国立大学を独立させ自律的な経営体にすれば、さまざまな新しい費用が発生する。政府はその費用について、それぞれの大学が自力で捻出し負担することを求めてきた。

あらたにコストが発生するのは、なによりも「国立・大学」が「大学・法人」化した、その「法人」に関わる部分においてである。財務担当理事対象の調査結果によれば、法人化前と比較して増加した経費は、一位が「全学的な重点・競争的配分経費」(七一%)、二位「学長等による裁量的経費」(五一%)、三位「全学共通経費」(四六%) の順であるのに対して、減少した経費では「各教員の基盤的な研究費」(七六%)、「各教員の基盤的な教育費」(五〇%) が他を大きく引き離して一位、二位を占めている。つまり法人化のしわ寄せは教育研究の基盤的な部分に、最も強く及んでいるのである。

法人化に伴って激増した、たとえば経営戦略・計画の策定、自己点検評価の実施、実績報告書の作製、財務諸表の作成や分析といった管理運営関連の業務が、職員だけでなく教員の時間を奪い「法人」への出向者を増やしていることも、すでに指摘した通りである。教育研究活動の活性化に向けられるべき資源は、その点でも奪われているといわねばなるまい。

ここでの分析の基礎となっている調査は、はじめに断ったようにあくまでも学長・理事という、経営体化した国立大学の最高経営層を対象としたものである。現場の教職員、とりわけ教育研究活動(さらにはあらたに加わった社会貢献活動)の直接の担い手である一般の教職員が法人化の現実をどうみているのかは、当然のことながらこの調査結果からは明らかではない。ただ、学長の「法人化の効果」に関する意見にみられた、「教員の意識改革」に対する相対的に低いプラス評価の数値は、経営層と教員層、「法人」と「大学」の間に、法人化の現実についての認識と評価について大きなズレがあることを予想させる。一般の教員が法人化された大学をどのようにみているのか、別種の調査が必要とされるだろう。

いずれにせよ、二〇〇二年に法人化が決定されてからの嵐のような四年間のあと、いま国立大学法人に必要とされているのは、手直しやみえてきた問題点の是正は別として、さらなる変動ではなく安定であろう。中期目標・計画の策定は、六年間の自律的な大学経営を保障する政府と国立大学法人との「契約」だったはずである。にもかかわらず毎年、予算編成のたびに人件費をはじめとする運営費交付金の減額や、自己収入の中核を占める授業料の増額が取りざたされ、実際にもそれが起こる現状では、長期的な展望に立った大学経営は難しい。なによりも教育研究活動のあり方を、じっくり考える時間と資源を持つことは不可能である。

運営費交付金の相次ぐカットで経営の「強制的」な合理化に成功しても、教育研究活動の衰退を招いたのでは、科学技術立国の基盤作りが目標だったはずの法人化の意義は失われる。安定的な教育研究活動の活性化を可能にする大学経営の確立のために、いま何をすべきなのか。これまでみてきたような現実と課題を踏まえて、大学以前に政府・文部科学省自身が、立ち止まってじっくり考えてみるべき時が来ているのではないだろうか。

第5章　大学院の行方

はじめに

わが国の大学院教育に、国立大学が圧倒的に高い比重を占めていることはよく知られている。卒業者に占める比率（二〇〇五年度）が、学部では七四％までが私立であるのに対して、大学院修士課程で五八％、博士課程では七一％までが国立であることは、それを裏書きしている。そうしたなか二〇〇三年、学校教育法が改正され、「専門職大学院」制度が発足した。その専門職大学院の学生数（二〇〇五年度）をみると、国立の三〇％に対して私立は六八％となっており、大学院教育の世界にも大きな変動が起ころうとしていることがうかがわれる。

国立大学はこれまで研究、とりわけ自然科学系の研究と、同じく自然科学系の研究者・技術者・教員等の高度専門職業人の育成を主要な機能としてきたが、法学系やビジネス系を中心とした専門職大学院の出現は、そのうちの国立大学の人材養成機能の問い直しを求めている。

本章では、法人化と並んで国立大学に対するあらたな挑戦となりつつある、また法人化の行方とも深い関わりを持つと思われる専門職大学院の問題を、戦後の大学院教育の発展の過程に関連づけながらみていくことにしたい。

まずはじめに専門職大学院の制度的な位置づけについて、簡単にふれておこう。これまで学校教育法の第六五条は、「大学院は、学術の理論及び応用を教授研究し、その深奥を究めて、文化の進展に寄与することを目的とする」と規定していた。二〇〇二年の改正後、この目的規定は「大学院は学術の理論及び応用を教授研究し、その深奥をきわめ、又は高度の専門性が求められる職業を担うための深い学識及び卓越した能力を培い、文化の進展に寄与することを目的とする」とあらためられ、さらにあらたに第二項として、「大学院のうち、学術の理論及び応用を教授研究し、高度の専門性が求められる職業を担うための深い学識及び卓越した能力を培うことを目的とするものは、専門職大学院とする」という規定が加えられた。

これに対応して、「専門職大学院設置基準」(省令)も定められたが、そこでは専門職大学院に置かれる「専門職学位課程は、高度の専門性が求められる職業を担うための深い学識及び卓越した能力を培うことを目的とする」とされている。わが国の大学院制度はこの法改正を機に、「大学院」と「専門職大学院」の二種類の大学院から構成されることになったのである(以下では前者を、専門職大学院と区別する必要がある場合には、「一般大学院」と呼ぶことにする)。

このように大学院制度が二元化されたことは、第二次大戦直後の学制改革以来懸案とされてきたわが国の大学制度改革上の課題について、ようやくひとつの結論が出されたことを意味するものであり、わが国の大学院のみならず大学にとって衝撃的といってよいほどの大きな、及ぶところの広く深い改革といってよい。にもかかわらず、今回の制度改革の持つ意味が直接の関係者の間ですら、十分に認識されているとはいいがたいように思われる。それはおそらくは今回の改革が、大学・大学院制度そのものの根本的な再検討に基づくものではなく、司法制度改革の一環として提起された法曹養成システムの改革構想に対応する形で、すなわち「法科大学院(ロースクール)」の開設要求とからんで進められてきたこと、そのためもあって専門職大学院というと法科大学院の問題ばかりが大きくクローズアップされることと、深く関わっていると思われる。

法科大学院構想に促され、あるいは強いられる形で進められてきたその制度改革が、わが国の高等教育システムにとってどのような意義を持ち、またどのような衝撃を与えるものであるのか。ここで検討を加えてみたいのはその問題である。そしてその作業はなによりも、「専門職大学院」の成立に至るわが国の大学における専門職業教育の位置づけをめぐる歴史的経緯を跡づけることから、始められなければならない。今回の改革の持つ重さと衝撃力の大きさは、そのなかで次第に明らかにされることになるだろう。

1　第二次大戦後の大学改革と専門職業教育

(1)　大学制度のモデル転換

第二次大戦後の新しい大学制度が占領軍の指導のもとに、アメリカのそれをモデルに構想されたことはよく知られている。戦前期の旧制度の大学はヨーロッパをモデルとするものであったから、それは制度の基本的構造の大転換を意味していた。

戦前期の高等教育システムは基本的に大学、高等学校、専門学校、師範学校の四タイプの学校からなり、このうち高等普通教育機関とされた高等学校を除いて、すべてが専門（職業）教育の機関であった。大学のなかには、高等学校に相当する教育課程を「大学予科」の形で併設するところもあったが、専門学部に教育の中心があったことに変わりはない。工・農・商の実業専門学校を含む専門学校も専門（職業）教育のみの、しかもほとんどが単科の高等教育機関であり、専門（職業）教育の年限は大学と同じく三年（医学は四年）が原則であった。また大学の設置認可について政府は著しく限定的であり、戦前期を通じてその数は国公私を通じて五〇余にとどまっていた。

戦後改革はこれら多様な高等教育機関をすべて、単一の新しい四年制大学（「新制大学」）に再編統合するものであった。とくに国立セクターでは、同一県内所在の諸学校が一県一大学を原則にすべて新しい大学に統合されたほか、高等学校もいずれかの新制大学に吸収された。

その新制大学の学部教育は従来通り専門学部制をとることになったが、旧制度の大学・専門学校が専門（職業）教育に偏していたことへの反省から、すべての新制大学が原則二年の「一般教育課程」を置くことを求められた。このことは新しい四年制大学では、学部段階の専門（職業）教育の期間が従来の三年から二年に短縮されることを意味する。このように専門（職業）教育の年限を短縮してまで一般教育、いいかえれば高等普通教育をすべての大学に義務づけた背景には高度の専門教育、とくに専門職業教育は、アメリカと同様に大学院段階で行えばよいという占領軍側の認識があったものと思われる。すなわち学部段階の教育改革は、アメリカ的な大学院制度、とりわけ専門職業教育に特化した「プロフェッショナル・スクール」制度の創設を、暗黙の前提として進められたとみることができる。

アメリカの大学院制度が、「研究大学院」（グラデュエート・スクール）と「職業大学院」（プロフェッショナル・スクール）の、二元的構造を持つことはよく知られている。それははじめから専門学部制をとり、専門職業人の養成中心に発展してきたヨーロッパの大学と違って、アメリカの大学が人間形成重視の教養教育・高等普通教育の場であるカレッジ（リベラルアーツ・カレッジ）から出発し、やがて大学教員・研究者養成のための「研究大学院」を開設し、さらには専門職業教育人養成の場として「職業大学院」を発達させてきたという歴史的経緯に由来している。最近までヨーロッパ諸国に制度化された大学院が存在しなかったことからも知られるように、大学院制度はアメリカの大学にきわめて特徴的なものだったのである（中山、一九八八、三八－五三頁）。

ヨーロッパの大学をモデルに成立してきたわが国の戦前期の大学にも、実は大学院が設置されていた。ただし「ユニバーシティ・ホール」と英訳されたその大学院は、「研究を継続したいと希望する学生が、指導教官の指導下に各自の研究を進める場所と考えられていたのであって、学位取得希望者ないし学問研究者の養成機関としての側面を強く持つ」場所（海後・寺﨑、一九六九、二七八頁）であった。つまりそれは「研究」大学院、しかもアメリカのように教員組織や教育課程の裏づけを持つ独立した教育研究組織としての大学院ではなく、学部に付随的で自立性を欠いた、制度化されたとはいいがたい組織として開設され運営されてきたのである。その日本的伝統が新制度の大学院にもそのまま引き継がれ、さまざまな歪みを生む原因になってきたことはあらためて指摘するまでもないだろう。

それはともかくわが国の大学では、医師や法曹などの代表的な専門職をはじめとする専門職業教育は、戦前期を通じて大学院とは関係なく大学の専門学部や（旧制）専門学校で完結的に行われてきた。このことは占領軍側の期待や認識と異なり、日本側の関係者の間に学部段階の専門（職業）教育年限の短縮に合わせて、研究者・後継者養成とは別の専門職業教育のための大学院をあらたに設置すべきだという認識が、まったくといってよいほどなかったことを示唆している。

事実、日本側にあって学制改革に中心的な役割を果たした「教育刷新委員会」での審議経過をみても、占領軍側の関係者が大学院での専門職業教育を想定して、「学士」と「博士」の中間的な学位を設ける必要性を指摘したのに対して、日本側はほとんど反応を示さなかったことが指摘されている（同、二九五－二九七頁）。同委員会の報告で最初に大学院にふれているのは、一九四八年の「科学研究者養成に関すること」だが、そこでも「大学院は、大学教育の延長ではなく……学術研究者を養成する機関」であるとされるにとどまっていた（日本近代教育史料研究会編、一九九八、八〇頁）。

(2) 大学基準協会と大学院基準

このことは、新しい学部・大学院制度と専門職業教育の関係が、政策課題として検討の対象とされなかったことを意味するわけではない。ただ、この問題の検討に中心的な役割を果たしたのは文部省でも教育刷新委員会でもなく、これもアメリカ的な制度の一部として設置された大学基準協会であった。それは大学の教育研究機関としての水準維持を、大学自身が自主的・自発的に行う「基準認定」（アクレディテーション）機関として一九四七年に生まれた大学基準協会が、文部省に代わってあらたに設置される大学・大学院の認可基準、すなわち「大学基準」や「大学院基準」作成の役割を担わされていたからである。

最初の「大学院基準」は、その基準協会での審議に基づいて一九四九年に定められるのだが、それによれば大学院には修士・博士の二つの課程を置くものとされ、それぞれの目的が次のように規定されていた（海後・寺﨑、一九六九、三七二－三七三頁）。

「修士の学位を与える課程は、学部に於ける一般的並びに専門的教養の基礎の上に、広い視野に立って、専攻分野を研究し、精深な学識と研究能力とを養うことを目的とする」。

「博士の学位を与える課程は、独創的研究によって従来の学術水準に新しい知見を加え、文化の進展に寄与するとともに、専攻分野に関し研究を指導する能力を養うことを目的とする」。

この目的規定は大学院が修士・博士の二課程ともに、研究者養成を主要な目的とする「研究大学院」（グラデュエート・スクール）として性格づけられたことを意味している。こうした性格づけは、これまでの日本的な大学院観からすれば当然であったろうが、アメリカ側の関係者はそれに批判的であったことが、基準協会の記録などからもうかがわれる（大学基準協会編、一九五七A、一一七－一一八頁）。その結果、大学院基準には「備考」として次のような一文が加えられることになった。

「この基準は、学術の研究者及び教授者の養成を主たる目的とする大学院について定めたものである。専門の職業に従事する者（たとえば医師、弁護士等）の養成を主たる目的とするものについては別に之を定める」。

つまり一九四九年の時点で、大学院は「研究大学院」として構想されたが、アメリカ的な「職業大学院」の構想も完全に否定ないし放棄されたわけではなく、将来の制度化への含みが残されていた。そしてこのように専門職業教育を目的とする大学院の設置が見送られたことは、あらためて学部段階の専門職業教育の年限をどうするのかについて問題を提起するものであった。

(3) 専門職業教育の年限問題

学部段階の専門職業教育については、一九四七年に新しい大学の年限を四年とする「学校教育法」が制定されるのに先立って、医学・歯学・獣医学のように、従来四年間の専門教育が行われてきた領域の年限をどうするかが問題にされ、医学・歯学については例外として学部教育六年、うち四年を専門教育にあてることで決着をみていた（同、六〇－六八頁）。

アメリカではともに「職業大学院」によって担われている医療系の二領域の専門職業教育に、学部教育の年限延長で対処するという選択が早々と下されていたことになる。「大学の修業年限は、四年とする。但し、特別の専門事項を教授研究する学部……については、その就業年限は、四年を超えるものとすることができる」という学校教育法の第五五条は、そうした二領域についての例外措置に対応したものにほかならない。

しかし教育年限が問題であることは、それ以外の専門職業教育の領域でも変わりはなかった。しかも「特別の専門事項を教授研究する学部」の年限は「四年を超え」てもよいという規定があるのだから、年限問題を議論すること自体タブーであったわけではない。一九四八年には各領域の「分科教育基準」の設定とも関わって、大学基準協会で法学教育の年限問題などが議論されたが、結論を得るに至らなかった（同、一三三頁）。また一九五〇年にも、大学基準の「備考」に示された「職業大学院」構想への含みもあって、法学・商学・工学・農学の四領域について「大学院職業分科会」を設けて、この問題の検討がはかられた。その結果、「大学院基準の趣旨に多少修正を加えれば、差し支えないという結論に達した」ものの、「新制大学が内容的に整備されないうちに職業コースを設けると大学院の水準を低める恐れがあるばかりでなく、大学院を学部の延長のようなものにする恐れが多分にある」という理由から、大学院基準を改定するまでには至らなかった（同、一二一頁）。

こうした消極的な態度は、一九四九年の新制大学の全面的な発足からまだ日が浅く、新制大学院が実態として存在しない状況にあった（新制大学院の発足は一九五三年）ことを考えれば、当然というべきかもしれない。一九五一年には、占領期の改革の見直しを目的に設置された「政令改正諮問委員会」が、「教育制度の改革に関する答申」を出しているが、そこでも大学院については「修士課程はいたずらに在学年限の延長をきたすに等しい結果に陥る弊害を伴いやすいから、とくにその設置及び運用について注意すること」とのべるにとどまっている。同委員会が重視したのはなによりも学部段階の専門職業教育の充実であり、大学を「二年又は三年の専修大学と四年以上の普通大学」に、「専修大学は、専門的職業教育を主とするもの（工、商、農各専修大学）と教員養成を主とするもの（教育専修大学）とに分かち、普通大学は学問研究を主とするものと高度の専門的職業教育を主とするものとに分かつこと」を提言している（学校教育研究所、第2巻、一九六六、二九八頁）。つまり専門職業教育は学部段階で行えば十分だというのであり、改革構想に大学と専門学校・師範学校の双方で専門職業教育が行われていた旧制度の記憶が、強く投影されていたことがうかがわれる。

その後一九五三年に、大学基準協会は「大学及び大学院問題研究委員会」を設置して、この問題の本格的な検討を進め、翌五四年、学部段階の専門（職業）教育については「四年制の枠は堅持する。但し、一般教育と修士課程をあわせ考えて総合的な見地から専門教育のカリキュラムは整備単純化されなければならない」、また大学院修士課程については、「高度の職業教育をもなし得ることとする」という結論に達した（大学基準協会編、一九五七Ａ、一九八頁）。一九五五年、大学院基準の修士課程に関する目的規定が「修士の学位を与える課程は学部における一般的並びに専門的教養の基礎の上に、広い視野に立って、精深な学識を修め、専門分野における理論と応用の研究能力を養うことを目的とする」と改められたのは、この結論に基づくものである（同、二二三頁）。これによってようやく、修士課程における専門職業教育が認められることになったのだが、政府はとくに国立大学における修士課程のみの大学院の設置には、きわめて消極的であった。

この時期、基準協会はまた「日本経営者団体連盟をはじめとする新制大学（大学院）に対する批判に答えるため」もあって「それと関係の深い」、またそれまで見送ってきた「法学、商学、工学、農学の四つに，同じくprofessional educationである神学を加え」た「高度の職業教育に関する五部門」についても、上記委員会のもとに専門委員会を設置して「教育基準」の検討をはかっている（同、一六五頁）。各専門委員会は一九五四年から五六年にかけて検討結果の報告を行ったが、大学院や専門職業教育に直接関連した部分を挙げれば次の通りである（海後・寺﨑、一九六九、三二九－三三五頁）。

(1)法学――「現行の大学基準による法学教育は、法職を対象とする職業教育としては不十分である。ゆえに学部の専門教育を拡充して学力の向上をはかり得るように大学基準の適用に弾力性を持たせる必要がある。また、修士課程において職業教育をも行い得るよう大学院基準を改定する必要がある」。

(2)農学――「現行大学院基準は修士課程の目的が研究能力を養うことにあると規定しているが、研究能力を持つ者即ち専門技術者であるから、現行のままで高度の職業教育は可能である」。

(3)商学――「専門教育の学科目は可能な限り基本的科目に絞り、それによって得た知識が将来実地に応用できるようにする……細分化された学科目は大学院に移す」。

(4)工学――「大学における工学教育は四年では不足であるとの意見もあるが……将来は別として、少なくとも現状では四年間を、より有効に活用する余地が残されていると考える。とくに大多数の学生にとって、学生生活を延長することは現在の社会事情からいっても極力避けるよう努力すべきである。高度の専門職教育（修士課程）あるいはさらに高度の研究、教育（修士課程、博士課程）に進む者のためには大学院を利用せしむべきである。新制大学の大学院は全くかかる目的のために置かれているのである」。

ここから共通に読み取れるのは学部段階の専門職業重視の傾向と、その裏返しとしての「職業大学院」の制度化に対する消極的態度であるが、同時に専門領域によって考え方にはかなりの違いがあったことがわかる。四つの専門領域のうち、四年制の学部教育による専門職業教育にとくに強い不満足を表明していたのは工学系と法学系であるが、その理由は著しく異なっていた。

(4) 法学と工学

まず法学だがそこでの不満は、実定法を中心とした構造化されたカリキュラムによる、しかも国家試験と関わる法学教育の期間が三年から二年に圧縮されたことに関わっていた。前記の専門委員会が一九五五年に発表した「概況報告」は、次のように述べている(同、三三四頁)。

「法学教育においては、法学的知識を授けるほかに、高い文化的教養を身につけるように教育することが重要である。その意味において一般教育を重視すべきことはいうまでもない。しかし他方においては、法学の専門的知識を学ぶために二年間の期間では不十分であって、大学における法学教育を充実させるために、次のような五つの案がとりあえず考えられる。

(a) 専門課程三年、教養課程二年の計五年案
(b) 専門課程三年、教養課程一年の計四年案
(c) 法学専門課程と修士課程一年の統合案

(d) 大学院制度改革案
(e) 法・経両学部を統合した『社会科学部』とロー・スクールとの両立て案」。

これらの案のうち、(c)案については「場合によっては修士課程の存廃が問題になってくる」、また(d)案については「現行の大学院制度における画一主義に修正を加えて、法学教育については、アメリカのロー・スクールのシステムを取り入れることが考えられる」というコメントが付されているが（同、三三四頁）、(a)、(b)、(c)の三案にみられるように、全体として学部段階の専門職業教育の改善によって対応しうるという考え方が、主流を占めていたことがわかる。

工学もまた年限短縮の影響を強く受けた領域である。ただ法学と違って国家資格試験との関係の弱いこの領域では、産業界の科学技術人材に対する量的・質的な不満足感が、改革を求める大きな力として働いていた。前記一九五一年の政令改正諮問委員会の答申自体、そうした不満に根ざしたものとみてよいだろう。

産業界を代表する日本経営者団体連盟は、一九五二年には「新教育制度の再検討に関する要望」を出して、新しい大学制度を厳しく批判し、「新制下における大学教育の現状は産業人としての人間教育面に遺憾の点が少くなく、また一般的には教養学科と専門学科の間に一貫性を欠き、専門的知識技術の学習を強化するため一部に変則的運営を行うものがあるなど、新制度自体に運営上の無理が既に露呈されている。故に大学専門学校別の存した旧学制がむしろ好ましいとの声さえ起こっている」（横浜国立大学現代高等教育研究所編、一九七三、一九三－一九四頁）としている。

その二年後の一九五四年になると批判はさらに鮮明なものになり、「当面教育改善に関する要望」として、「大学には学術研究、職業専門教育、教員養成等にそれぞれ重点を置く特徴ある性格を持たしめ、全国的画一性を排する」

ことや「教育の効率化をはかるため……一般教育と専門教育中基礎科目との調整を行い、それによって専門教育を一段と充実すること」、さらには「一部新制大学の年限短縮、あるいは一部短大と実業高校との一体化などにより五年制の職業専門大学とすることなど、政令改正諮問委員会とほぼ同趣旨の制度改革を提言している(同、一九五頁)。

日本経済が戦後の復興期を終え成長期に入り始めた一九五六年には、日本経営者団体連盟は「新時代の要請に対応する技術教育に関する意見」を出し、「技術者養成のための理工科系大学教育の改善」を求めている。そこでは「計画的に法文系を圧縮して理工系への転換をはかる」べきだという意見と同時に、「将来の科学技術の進歩と産業技術の高度化に即応し、理工系大学院を強化して、専門科学技術者・上級技術者の育成に努める外、産業界の依託学生の制度を修士課程において認めるべきである」としており、産業界の目がようやく、理工系に限ってではあるが、大学院における専門職業教育の整備・充実の必要性に向けられ始めたことがうかがわれる(同、一九九頁)。

これを受けるように、一九五七年には中央教育審議会が答申「科学技術教育の振興方策について」を出し、そのなかで最重要の政策課題のひとつとして「大学院の充実」を挙げている。その具体的な内容は「(1)高度の科学技術者と優秀な教育者・研究者を養成する大学院の任務の重要性にかんがみ、その施設・設備および教員組織を充実整備するとともに大学院学生に対する奨学資金を拡充増額すること。(2)大学院の修士課程においては、技術者養成の目標をも有することを明らかにするとともに、産業界の現職技術者を受け入れて、再教育する方途を講ずること」というものであり、理工系の技術者養成のための修士課程大学院の拡充整備が政策課題とされ始めたことがわかる。

2　学部教育から大学院教育へ

(1)　学部教育中心主義

このように法学・工学の両分野、とくに工学分野の専門職業教育については、その整備充実を求めるさまざまな意見が大学の外で強まり始めていたが、大学関係者の間には、専門職業教育に特化した大学院を作ることに賛成する意見はまだ少なかった。たとえば当時の東北大学学長・高橋里美は専門教育には三年が必要であるとしながら、それは大学の教育年限を五年に延長して行うべきだとし、大学院修士課程で行うことには強く反対している。当時の大学人の認識の一端を端的に伝える文章と思われるので、以下に引用しておく。

「諸般の事情のために、すべての四年制大学を五年制に改めることはおそらく容易なことではあるまい。それが不可能ならば、せめて大学院を持つような有力なる大学だけでも五年制にして、広い一般教養の基礎の上に立って精深なる専門教育を施すべきではなかろうか。同じ新制でも医科大学（学部）はすでに六年制を採っている。他の大学も必要とあらば五年制にして悪いという道理はあるまい……もし五年制大学は到底認められないというならば、学力低下を防止するために……一般教育を一年に短縮するのもやむを得ないと思う」（大学基準協会編、一九五七B、二二一－二二三頁）。

「修士コースに入学する学生には大体二種類があり、その一つは真に純粋なる研究を目的とし、できれば博士コースに進もうとするものであり、他は初めからその意図を持たず、単に就職ができなかったので、それができるまでの足だまりとして、またある種の就職には大学課程のみでは不十分だからそれを補充する場として、このコースを利用しようとするものである。この実情に鑑みて大学基準協会でも、最初の研究本位の修士基準を改定して、高級な専門技術の習得ということをその目的のうちに追加するようになったのである。これ実は一方大学院の性格を不純にするものであると共に、他方四年制大学だけでは就職にも学力不十分なることをある程度承認したものといえよう。それで国立大学のうちには、修士課程の一年を実質的には大学課程の中に編み入れているものもあると聞くが、これは表面上おかしな話である。それほどの必要があるならば、むしろ修士課程を廃し、その代わり大学課程を五年にして、名実一致せしむべきではなかろうか……最もすでに修士が出ていることでもあるし、強いて存置したいならば、今の修士コースの性格を変更して一年制の専攻科を置き、場合によっては二年のそれを置いて修士を出すようにするのもよかろう」(同、二六－二八頁)。

文中、「修士課程の一年を実質的には大学課程の中に編み入れている」大学とは、京都大学の工学部を指している。同大学は一九五五年から、「ガイダンスによって学部卒業生に修士課程を一年間修めることを勧奨し、五年制大学の主張に沿うような措置」をとっていた。これは工学の専門職業教育には二年では不十分であるところから、本来なら五年制大学にすべきところをやむを得ずとっている措置であり、「修士課程進学に伴う学生の過大な経済的負担を軽減し、しかも新分野の開拓に必要な実力をもった卒業生を恒常的に多数社会に送ろうとする趣旨に外ならないが、法規の関係上制度として実現されるにいたっていない」のだと、当事者である京都大学の教授がのべている(同、一八九－一九〇頁)。

このように工学の領域でも専門職業教育の中心はあくまでも学部教育にあり、学部教育の延長上に必要に応じて大学院教育を併せて行っていけばよいという考え方が強く、それが大学院進学者の増加を待ちながら実質的に修士課程大学院の「職業大学院」化をはかっていくという、現実的な政策を支えていく。文部省が一九五七年の中教審答申を受けて進めるようになった修士課程大学院、とくに地方国立大学の工学系大学院の積極的な設置政策もあって、工学系大学院進学者は着実な増加をとげていくのである。

これに対して法学の場合には、学部卒業者のうち法曹をめざして国家試験を受けるものは少数派であり、しかも司法試験の合格者数の枠が限られていたことから、学部教育の年限延長論自体が強いとはいいがたかった。一九六六年には、最も多数の司法試験合格者を出していた東京大学法学部が法学教育の五年制案を検討していることが、新聞にスクープ報道され大きな話題になったが、当時の学部長が記者会見で配布した文書によれば、その意図は次のようなものであったとされている。

「(ア)二年間の専門課程では詰め込み教育にすぎる。卒業生の三割留年はその証拠である、(イ)社会の高度発展、国家機能の拡大に伴い、教育すべき法学政治学の分野が拡大している、(ウ)総合判断力を養成するため隣接科学の習得が必要である、(エ)ケースメソッドの採用、演習の充実、学生個別指導などが必要である、(オ)教養課程の犠牲で専門教育を充実することはできない」(黒羽、一九九三、八三頁)。

この案に対しては他大学、とくに私立大学側の強い反対があり、文部省も「どうしても実施したいならば、専攻科を設けたらどうか」という程度の消極的な反応しか示さず、東大法学部自身も「修士課程利用案」や「専攻科利用案」にまで後退し、結局陽の目をみることなく終わった(同、八三頁)。

こうして新制大学発足以来の専門職業教育の位置づけをめぐる問題は、医学・歯学の領域では学部教育の六年制、工学を中心とした理工系では四年制学部プラス修士課程二年、法学では四年制学部教育プラス予備校等での司法試験準備教育という、それぞれに異なる形でひとまず現実的な対応がはかられることになった。しかしそれは問題の根本的な解決からはほど遠く、とくに学部段階の専門（職業）教育重視が（東大の法学部五年制案が指摘していたように）次第に一般・教養教育を圧迫し、やがては一般教育課程の廃止をもたらす一因となることは、あとでみる通りである。

(2)　修士課程大学院の設置

このように専門職業教育は基本的に学部中心に展開されることになったが、文部省は専門職業教育に特化した大学院の設置構想を完全に放棄したわけではなかった。一九六三年の中央教育審議会答申「大学教育の改善について」は、「高等教育機関には、学問研究と職業教育に即して、おおよそ三つの水準が考えられる」として、

「(ア)高度の学問研究と研究者の養成を主とするもの
(イ)上級の職業人の養成を主とするもの
(ウ)職業人の養成および実際生活に必要な高等教育を主とするもの」

の三つを挙げ、それぞれが大学院、大学学部、短期大学に対応するとしながら、大学院について次のように述べている。

「大学院には、修士課程と博士課程があり、その一つまたは両者が置かれている。修士課程は、現在、博士課程と並んで、研究能力の育成を目的としているが、研究能力の高い職業人の養成も行なうようにすべきだという意見も強く、また現実にはこのような役割も果たしており、とくに最近ではこの種の教育に対する要望がますます高まりつつある。このような事情にかんがみ、博士課程においては、研究者の養成を主とし、修士課

程においては、研究能力の高い職業人の養成を主とするものとすべきである。修士課程と博士課程の性格がこのようなものであれば、両者はこれを学部の上に並列させて置くのが適当であろう。しかし、修士課程を修了して博士課程に進学する積み上げ式も、大学院における専攻の性質、大学院の運営および学生指導のうえからみて、実情に即した面を持っている。よって、並列式と積み上げ式の両者を認めてよいであろう」(横浜国立大学現代高等教育研究所編、一九七三、六五頁)。

高等教育機関を五つのカテゴリー(「種別」)に分けることを提言するこの答申は、大学院を主とする高等教育機関の「種別」として「大学院大学」を挙げているが、それは「高等の学術研究を行うとともに、高い専門職業教育を行うもの」と性格づけられ、「主として高い専門職業教育を行う」ところである「大学」と区別されている。つまり「高い専門職業教育」は学部段階だけでなく、大学院修士課程でも行われるものとされているのであり、そこには六年制の医学・歯学教育や、法学・工学などの学部段階で実際に行われている専門職業教育に対する配慮が、裏返せば専門職業教育を修士課程大学院の役割といいきることへのためらいが、うかがわれる。

しかし同時に修士課程のみの大学院を職業専門教育の場にしていこうという志向は、これまでに比べていっそう明確であり、それは答申の「修士課程は、研究能力の高い職業人の養成を主な目的とし、修業年限は二年とするが、五年の学部の卒業者は一年で修了するものとする。博士課程は、修士課程と並列に又はその上に置く」という部分に端的に示されている。つまり研究者養成志向の強い修士・博士の課程積み上げ型の大学院に対して、専門職業教育重視の修士課程大学院の設置を積極的に推進していこうというのである。

学部段階の専門職業教育はそのままに残し、より高度の教育が必要とされる、たとえば技術者のような職業領域については、専門職業教育に特化した修士課程のみの大学院研究科の設置を奨励するという、二〇〇〇年の「専門大学院」制度の発足まで続く文部省の政策の基礎がこうしてようやく固まることになる。

実際に文部省は答申を受ける形で職業人養成のための修士課程大学院の積極的な開設に踏み出し、国立大学についてみれば、一九六〇年にゼロだった修士課程大学院の数は一九七〇年には五八にまで急増した。その内訳をみると工学二五、農学二〇、理学七、併せて五二の研究科が理工系で占められており、文部省の政策意図をはっきりと示す内容になっている（天野、二〇〇三、一八六頁）。

(3) 大学院の自立化構想と「四六答申」

ところで、アメリカ的な職業大学院制度の成立を阻んできた現実的な条件のひとつとして、大学院の組織的・財政的基盤の問題がある。わが国の大学院は人的にも物的にも学部に全面的に依存した、学部の付属的な施設として成立し発展してきた。戦後の新しい発足後も長期にわたって大学院の教員は事実上すべてが学部の専任であり、また独自の予算を認められることもなかった。大学院が実質的に研究者養成のみを目的とする「研究大学院」であり、学部と一体化した存在であったことを考えれば、それもさほど不思議なことではないというべきかもしれない。学部と切り離された独立の予算と専任教員を持ついわゆる「独立大学院」が出現するのは、一九七五年の東京工業大学総合理工学研究科の発足以後のことである。

ただ事実上一体化していたとはいえ、教育研究活動上のコストがかかる大学院について、予算面での配慮がまったく払われなかったわけではない。一九五六年の文部省令「大学設置基準」は、学部の組織について「教育上必要な学科目を定め、その教育研究に必要な教員を置く」「学科目制」と、「教育研究上必要な専攻を定め、その教育研究に必要な教員を置く」「講座制」の二つのタイプを設けているが、文部省は国立大学の学部・大学の組織をこの二種に分け、博士課程大学院の設置はこのうち講座制学部・大学のみに認めるものとし、積算校費の額に講座制と学科目制とで差をつけるという形で、博士課程大学院を置く大学・学部に予算上の特別の配慮をしてきた。

具体的に大学・学部の名称をみればわかることだが講座制をとり、したがって研究者養成の機能を持ち予算面で優遇される博士課程大学院を置くことを認められたのは、旧制の大学・学部（と医・歯学部）だけである。学科目制をとり、修士課程大学院の設置だけを認められた新制の大学・学部からすれば、それは明らかに差別的な政策であり、それが専門職業人養成を目的とするはずの修士課程大学院においても、研究者養成への強い志向を生む一因となった。

それはともかく一九六〇年代に入って、学科目制をとる地方国立大学の一部の学部について修士課程大学院の設置が進むなかで、これら修士課程大学院についても積算校費の単価の引き上げなど、予算面での一定の配慮がなされるようになった。しかし、これら新設の大学院も、専任教員も独立の予算も持たない学部依存的な研究科であることに変わりはなかった。ただこうした大学院の設置数の増加と規模の拡大が、あらためて学部と一体化した大学院の組織的・財政的基盤の問題を投げかけ、改革を求める力になっていくのである。

一九七一（昭和四六）年、中央教育審議会はその後「四六答申」として知られることになる長大な答申を提出するが、「今後における学校教育の総合的な拡充整備のための基本的施策について」という長いタイトルを持つこの答申は、大学院についても六三年の答申をさらに発展させる形で注目すべき改革構想を提起するものであった。

すなわち答申によれば、「現在の大学院については、これまでの施設・教員が学部と一体であり、大学院としての機能をじゅうぶん発揮できないので、これを学部から独立した機関にすべきだとの意見」を踏まえて、高等教育機関に「大学」「短期大学」「高等専門学校」「大学院」「研究院」の五つの種別を設けるべきだとしているのだが、このうち「大学院」についてはその性格を次のように説明している。

「学術の高度化と再教育の要請に応じ、特定の専門的事項について現行の大学院修士課程の水準に相当する教育を行うものであり、『大学』を修了した者および実務経験、自己研修等によりこれと同等以上の能力を身につけていると認められる者を対象とする課程のほか、再教育を求める一般社会人に対して、個別的な単位の履修を認める機能を持つものである。この機関が『大学』と併設されている場合には、特別に必要のある分野についてそれらを一貫する教育を行うこともありうる。この機関を……『研究院』と制度上区別したのは、現行の大学院修士課程がいわば学部教育に接続する高度の専門教育を行うものであって、学術の研究修練を中心とする博士課程とは性格が異なること、社会の複雑高度化とともに、そこにおける教育を一般社会人にも開放する必要が増加したことなどによるものである」(横浜国立大学現代高等教育研究所編、一九七三、一五二頁)。

また「大学院」と「研究院」については、「教育上の組織と研究上の組織とを区別して、それぞれ合理的に編成されることが望ましい」とし、とくに「博士の学位を受けるにふさわしい高度の学術研究を行う者の研究修練のための指導・管理組織」である「研究院」については、「通常……専任の教員を含む教員組織をもつものとする」としている(同、一五六―一五七頁)。

ここにみられるのは従来の大学院博士課程と修士課程の制度的な分離と、修士課程大学院の完全な「職業大学院」化の構想である。一九七三年に新構想大学として設置された筑波大学は、こうした新しい大学院構想を忠実に具体化したものであり、そこでは専門職業教育を目的とした修士課程大学院が博士課程大学院とはまったく別のものとして、しかも学部段階から切り離された形で開設されることになった。先にふれた一九七五年の東京工業大学の独立研究科も、答申の「研究院」構想に沿ったものとみてよい。

(4) 新構想大学から臨教審答申へ

ただ大学院政策はその後も、この「四六答申」の線を全面的になぞる形で展開されることにはならなかった。文部省が、答申に示された改革構想のいわばモデル大学として何校か開設した新構想大学を、職業大学院の実験の場としても活用をはかろうとしたことは、その代表格である筑波大学に地域研究、経営・政策科学、教育、環境科学といった修士課程のみの、職業人養成を目的とする大学院研究科を次々に設置し、また修士課程大学院重視の教員養成大学三校、技術者養成大学二校を、いずれも新構想大学として新設したことからもうかがわれる。

しかし既存の大学では、新領域の研究者養成を目的とした博士課程の独立研究科の数こそ着実に増えていったものの、専門職業教育に特化した独立の修士課程研究科の新設は進まず、専門学部の上に置かれる従来型の修士課程研究科の設置だけが持続的に進められていくことになった。それは大学院の学部依存的な性格と、大学院段階の専門職業教育の性格のあいまいさが、依然として残された問題であり続けたことを意味している。文部省は一九七五年には「大学院問題懇談会」を設置して、あらためて大学院の振興方策の検討を求めたが、三年後に出された報告は全体として改革の方向に批判的であり、拡充についても消極的であったとされている(黒羽、一九九三、八七－八八頁)。

このように、大学関係者の多くが大学院制度の改革に消極的な態度をとり続けるなか、修士課程の職業大学院化は一九八四年、当時の中曽根康弘内閣のもとに設置された「臨時教育審議会」の審議の過程で再び、さらに鮮明な形で打ち出されることになった。すなわち同審議会の第二次答申（一九八六年）は、大学院の「修士課程は、(ア)研究者養成の一段階として、(イ)専門教育をさらに充実し、補強する場として、(ウ)高度の専門職の要請と研修の場としての役割を担っているが、今後の修士課程の在り方としては、(イ)と(ウ)の方向で整備と拡充をはかる」として、以下にみるように「大学院の飛躍的充実と改革」の第一項にそれを明記したのである。

「社会の進展に伴って、今後、高度且つ創造的な教育・研究の場としての大学院は重要性を加え、それへの需要は増大すると考える。また学術研究の基盤を培い、わが国が国際的に積極的な役割を果たすためにも、大学院の飛躍的充実と改革は緊急の課題である。

ア．修士課程については、専門教育をさらに充実し、補強する場ならびに高度専門職の養成と研修の場として整備・拡充をはかる。また、社会に開かれた弾力的な措置を積極的に講ずる。さらに、専門分野によっては修業年限の標準を一年とすることについても検討する。

……………

エ．大学院の形態については、従来のあり方に加え、独立研究科等その多様化を促進し、また、固有の教員組織、施設・設備を強化する」。

このうち「エ」についてはさらに説明を加えて、「大学における大学院の位置付けを明確にし、大学院固有の教員組織、施設・設備を整備することが重要であり、このための財政的支援も積極的に講ずべきである」と、踏み込んだ提言をしているのが注目される。

3　大学審議会と大学院改革

(1)　大学院制度の弾力化

臨時教育審議会での審議が一九八七年に幕をおろしたのち、大学院改革を具体的に推し進めるための論議の場は、あらたに設置された大学審議会に移された。その大学審での審議の基調は、これまでと同様に既存の大学院制度の枠内で修士課程の整備・拡充をはかる方向にあったが、ただ多様化と実践性の強化に対する要求が強まるなかでの整備・拡充は、制度の枠組みそのもののよりいっそうの弾力化を求めずにはおかなかった。それは大学審の大学院問題に対する最初の答申が、「大学院制度の弾力化について」（一九八八年）であったことに端的に示されている。その「弾力化」答申の主要な内容は以下の通りである。

⑴**博士課程の目的**　「社会の多様化、複雑化に対応し、博士課程において、大学等の研究者のみならず、社会の多様な方面で活躍し得る高度の能力と豊かな学識を有する人材を養成する必要があり、このことを博士課程の目的の上でも明らかにする」。

⑵**修士課程の年限**　「多様な形で大学院の活性化を推進していくため、修士課程の修業年限を標準二年に改め、個々の学生の業績等に着目して最短一年で終了を認めることもできることとする」。

⑶**研究科の編制**　「大学院における教育研究の高度化、活性化をはかるため、その基本組織である研究科、専攻については、学部の編成の考え方等にとらわれることなく弾力的に編成しうることを明確にする必要がある」。

⑷**教員の資格**　「大学の教員については、専攻分野について特に優れた知識及び経験を有し、教育研究上の高度の能力があると認められる者を広く社会に求め、これらの人材にも教員資格を認めることとする」。

⑸**教育の方法・形態**　「各大学院がそれぞれの目的、性格に応じて、教育研究の内容を高度化、活性化し得るよう、教育方法、形態についても多様化、弾力化をはかる必要がある」。

⑹**修了要件**　「高度専門職業人の養成を主目的とする修士課程においては、修士論文免除の特例を活用することが適当である」。

このうち「教育の方法・形態」についてはさらに、1)修士課程で「社会人の受け入れを積極的にすすめていくため」の「夜間その他特定の時間又は時期において授業又は研究指導ができる」教育方法上の特例、2)「専ら夜間において教育を行う」修士課程大学院の設置認可、3)修士課程での研究指導委託、4)単位互換の促進、5)大学院再入学者の既修単位の認定の五項目にわたって、具体的な「弾力化」の方策が提言されている。こうした一連の「弾力化」方策が大学院、とりわけ修士課程における専門職業教育の整備・拡充の容易化をめざしたものであることは、あらためて指摘するまでもないだろう。この答申に基づいて大学院設置基準の大幅な改定など、「弾力化」路線が推進されるなかで、大学審議会は大学院の量的規模の積極的な拡大政策を打ち出すことになった。

(2)　高等教育計画と大学院政策

大学院、とくに職業人養成関連の大学院拡充の重要性が認識されるようになったのは、すでにふれたように一九七〇年代に入るころからだが、それは文部省の高等教育計画が始まった時期でもあった。

一九七一年の中教審「四六答申」は、すでにみたように制度改革の重要性こそ強調したが、量的拡充については「高等教育の拡充整備は、『大学院』、『研究院』の拡充が先行しなければ、教員の需給関係から行き詰まりを生じるであろう」と、大学の教員需要の観点からそれに配慮する必要があることを指摘するにとどまっていた（横浜国立大学現代高等教育研究所編、一九七三、一七九、一八二頁）。

これに対して文部省に置かれた高等教育懇談会が、一九七六年に出した報告書「高等教育の計画的整備について」（文部省大学局）は、「大学院の拡充整備」に一項を割き、大学院の規模は「昭和三五（一九六〇）年の学生数一・六万人から、昭和四八（一九七三）年度四・六万人に増加している。この増加の大半は修士課程の拡大（二・四万人）によるものであり、専門分野別には、工学系修士課程の拡大（一・二万人）が著しい」としながら、「このような大学院の規模を学部学生数との対比においてみると、昭和四八年度で三・〇％であり、米国の一三・二％（一九七一年）、フランスの一二・四％（一九六八年）等と比較すれば、制度上若干の相違はあるが、我が国の高等教育における大学院の規模は、なお、かなり小さい」と指摘している。やがて大学院拡充の重要な理由のひとつとされるようになる国際比較の視点が、この時期にはじめて登場してきたことに注目すべきだろう。

これに続けて報告は次のようにのべている。

「高等教育は大衆化のすう勢にあるが、他方で学問内容の高度化や学問領域の専門分化の進行に応じ、より高度の教育研究の水準を求めて大学院へ進学する傾向が高まることは、一般的に予想される。また社会の複雑高度化等に対応して、高度の専門職業人の養成や社会人の再教育を行う大学院の活動も高まるであろう。更に、高等教育機関の教員を含め、研究者の養成確保は、高等教育の拡大と学術研究の高度化に伴う重要な課題であり、また、国際的な学術交流の進展に伴い、外国人研究留学生の受け入れ拡大も図らなければならない。このような要請に応えるためには、今後、大学院の計画的な拡充を進める必要がある」。

「一方、今日、わが国の大学院が社会に対してその機能を果たしている状況には、専門分野によって大きな相違がある。たとえば、工学系の修士課程は、高度の専門職業人に対する需要等に応じて急速に拡大しているが、社会系の修士課程は、このような専門職業人の養成という形では、かならずしもその機能を果たしていないのが実態である。また、大学院の入学者数は、全般に定員をかなり下回っているが……定員と入学者の比は、専門分野によってかなり状況が異なっている……それは少なくとも、今日の大学院における教員組織や施設設備、研究費等の教育研究条件がなお不十分であり、大学院自体のものとして整備されていないこと、卒業者に対する社会の需要や評価が定まっていない分野が多いこと、これらの問題とも関連して、大学院が優れた学生にとって十分に魅力のあるものとは必ずしもなっていないこと等によるものといえよう」。

「従って、今後の大学院の整備に当たっては、単なる現状のままでの量的拡充を想定することなく、同時に、現在の大学院における教育研究の内容や条件について、今後の要請に対応し得るような改善、整備を図らなければならない。特に、教員組織については、格段の充実をはかる必要がある。更に、入学資格、修業年限の弾力化など制度の改善をはかり、また、学生の専攻選択の指導やその処遇についても十分配慮する必要がある」（文部省大学局、一九七六、七八－七九頁）。

このように、「報告」には、国際比較の視点もさることながら、その後の大学院の規模拡大政策の推移を考えるうえで重要ないくつかの指摘がなされている。その第一は、問題意識が全体規模だけでなく分野別の規模にも及び、とくに工学系の順調な発展と対照的な、社会科学系の修士課程大学院の立ち遅れに注意が向けられた点である。それはやがて専門大学院・専門職大学院の成立へと至る政策上の課題意識が、この時期に生まれたものであることを示唆している。第二は、定員の不充足問題への着目である。全体的な規模拡大をはかる前に、いまある定員の不充足状態を解消していかなければならない。それは高等教育計画のなかの大学院関連の部分の、最重要の計画目標になっていくのである。

一九七五－一九八〇年の第一期計画に続く、第二期計画（一九八一－一九八六）は、先にふれた大学院問題懇談会の報告にふれながら、「修了者の社会への進路状況は必ずしも順調ではないこと、入学定員の充足率が低いこと、教育研究指導の内容についても改善、充実をはかる必要があること」などを大学院の問題点として挙げ、「このような状況にかんがみ……内容の改善に重点を置くこととし、大学院（特に博士課程）の新設・拡充については慎重に対処することが適当」だとしている（大学設置審議会、一九八四、一〇頁）。

こうした「内容の改善」を重視し規模拡大に慎重な方針は、一九八六－一九九二年の第三期計画にも引き継がれ、「大学院の現状については、入学定員の充足率、修了者の進路状況等に問題があり、大学院における入学者選抜や教育研究指導の在り方についても今後一層の改善工夫を加えていく必要はあるが、既設の大学院の入学定員の見直し及びその有効な活用を図ることを検討しながら、専門分野によっては、必要に応じ、入学定員の増加を図ることも含めて、全体として、大学院の整備を進める必要がある」という、「量より質」重視の政策の必要性が強調されている（同、Ⅳ頁）。

なおこの時期の大学院の実態を知る参考として、大学院の設置状況と専門分野別等の在学者数を**表5-1**、**表5-2**に示しておく。

表5-1　大学院の設置状況（1983年）

区　　分			計	国立	公立	私立
大学院を置く大学			268	82	22	164
内訳	修士課程のみを置く大学		89	41	6	42
	博士課程を置く大学		179	41	16	122
研　究　科　数			714	298	42	374
内訳	博士課程	修士課程の研究科	254	154	11	89
	博士課程	区分制博士課程の研究科	346	80	22	244
		5年一貫性博士課程の研究科	18	18	–	–
		後期3年のみの博士課程の研究科	6	5	–	1
		医歯学の博士課程の研究科	90	41	9	40
入学定員			40, 837	23, 339	1, 816	15, 682
内訳	修士課程		29, 467	17, 177	1, 125	11, 165
	博士課程		1, 370	6, 162	691	4, 517
入学者数			25, 871	16, 356	1, 090	8, 425
内訳	修士課程		20, 549	13, 218	775	6, 556
	博士課程		5, 332	3, 138	315	1, 869
在学者数			62, 000	37, 941	2, 737	21, 322
内訳	修士課程		42, 525	26, 522	1, 601	14, 402
	博士課程		19, 475	11, 419	1, 136	6, 920
全大学数			458	96	34	328

注）入学定員、入学者および在学者数について、

「修士課程」＝修士課程、区分制博士課程（前期2年の課程）および5年一貫制博士課程（在学者数にあっては、その1・2年次）。

「博士課程」＝区分制博士課程（後期3年の課程）および医歯学の博士課程（在学者にあっては5年一貫制博士課程の3～5年を含む）。


出典）「昭和61年度以降の高等教育の計画的整備について－報告－」大学設置審議会大学設置計画分科会、1984年。

表5-2　大学院の入学状況（1983年）

士課程

区分	人文科学	社会科学	理学	工学	農学	保健	課程	教育	芸術	その他	計
入学定員A	1,019	1,682	2,163	6,942	2,539	475	74	1,845	244	194	17,177
入学者B	607	489	1,601	6,741	1,504	524	46	1,287	261	158	13,218
充足率B／A	0.60	0.29	0.74	0.97	0.59	1.10	0.62	0.70	1.10	0.78	0.77
入学定員A	130	215	116	308	126	80	42	9	99	-	1.125
入学者B	82	57	101	249	97	69	14	5	101	-	775
充足率B／A	0.63	0.27	0.87	0.81	0.77	0.86	0.33	0.56	1.02	-	0.69
入学定員A	2,582	3,685	588	2,612	733	424	136	250	155	-	11,165
入学者B	1,454	1,260	422	1,913	748	344	60	149	206	-	6,556
充足率B／A	0.56	0.34	0.72	0.73	1.02	0.81	0.44	0.60	1.33	-	0.59
入学定員A	3,731	5,582	2,867	9,862	3,998	979	252	2,104	498	194	29,467
入学者B	2,143	1,806	2,124	8,903	2,349	937	120	1,441	568	158	20,549
充足率B／A	0.57	0.32	0.74	0.90	0.69	0.96	0.48	0.69	1.14	0.81	0.70

士課程

区分	人文科学	社会科学	理学	工学	農学	保健	課程	教育	芸術	その他	計
入学定員A	335	522	724	1,538	363	2,486	7	121	30	36	6,162
入学者B	301	202	531	529	245	1,186	5	97	19	23	3,138
充足率B／A	0.90	0.39	0.73	0.34	0.68	0.48	0.71	0.80	0.63	0.64	0.51
入学定員A	41	77	49	119	42	338	21	4	-	-	691
入学者B	37	27	47	16	19	159	6	4	-	-	315
充足率B／A	0.90	0.35	0.96	0.13	0.45	0.47	0.29	1.00	1.02	-	0.46
入学定員A	703	910	218	681	76	1,852	2	55	20	-	4,517
入学者B	464	284	68	105	23	891	2	31	1	-	1,869
充足率B／A	0.66	0.31	0.31	0.15	0.30	0.32	1.00	0.56	0.05	-	0.41
入学定員A	1,079	1,509	991	2,338	481	6,676	30	180	50	36	11,370
入学者B	802	513	646	650	287	2,236	13	132	20	23	5,322
充足率B／A	0.74	0.34	0.65	0.28	0.60	0.48	0.43	0.73	0.40	0.64	0.47

1　「修士課程」とは、修士課程、区分制博士課程（前期2年の課程）、および一貫制博士課程（医・歯学を除く）をいう。
2　「博士課程」とは、区分博士課程（後期3年の課程）、および医・歯学の博士課程をいう。
3　「工学」には、商船を含む。
表5-1に同じ。

(3) 大学院の規模拡大策

これに対して一九九一年の大学審答申「大学院の整備充実について」は一転して大学院、しかも専門職業人養成のための大学院の積極的な規模拡大策を打ち出す。

答申は「大学院は、基礎研究を中心として学術研究を推進するとともに、研究者の養成及び高度の専門能力を有する人材の養成という役割を担うものである。大学院の担うこれらの役割は、近年における学術研究の進展や急速な技術革新、社会経済の高度化・複雑化、国際化、情報化等の変化に伴い……重要性を増しつつある」として、⑴学術研究の推進と国際的貢献、⑵優れた研究者の養成、⑶高度な専門的知識、能力を持つ職業人の養成と再教育、⑷国際化の進展への対応の四つを、新時代の大学院に期待される役割として挙げている。文部省関連の審議会としては最初の、大学院問題に関するこの包括的な答申からは、大学院の重要性に対する従来の認識が一変したといってよいほどに改められ、なかでもこれまで研究者養成の陰に隠れていた専門職業人の養成機能が、大きくクローズアップされていることがわかる。新しい大学院制度の発足以来、半世紀近くにわたってあいまいなままに残されてきた大学院の役割・目的の分化の必要性が、ようやく明確に認識され提示されるようになったのである。

この答申を受ける形で半年後に出された答申「大学院の量的整備について」は、この点についてさらに具体的に「量的整備に当たっての留意点」として、「高度な専門的知識・能力を有する人材の養成への配慮」を挙げ、「大学院は、大学等の研究者の養成を通じ、わが国の学術研究の発展に大きく寄与してきたが、近年では……社会の多様な方面で活躍し得る高度な専門的知識・能力を有する人材が求められており、今後は、このような人材の養成についても、大学院の積極的な貢献が期待されている。このため、大学院は、大学等の研究者養成だけでなく、このような社会的需要を的確に受け止め、社会の多様な方面で活躍し得る人材を養成する機関としてふさわしい教育研究指導の体制を整備していく必要がある」（高等教育研究会編、二〇〇二、一八三頁）とのべている。

これまですでに社会的な需要に応えて規模拡大をとげてきたが、今後さらに「大きな人材需要が予想され」る工学系大学院の規模拡大もさることながら、この答申で注目されるのは、それがはじめて「人文科学、社会科学関係」の人材養成の必要性についてふれている点である。

「現在のところ、この分野について一般的には大学院の量的拡充に結びつくほど人材需要は大きなものとして顕在化していないが、高度の専門的知識・能力を有する人材の養成を目的とする分野、たとえば、人間科学、カウンセリング、国際関係、地域研究、実務法学、社会情報システム、経営システム科学、現職教員のリカレント教育などについては、すでに需要が顕在化しつつあり、今後、ますます増大するものと予想される。また、人文・社会科学における学際領域あるいは人文・社会科学と自然科学との学際領域の発展も予想され、それらの分野における人材需要が増加することが見込まれる。更に、職業上の知識のリフレッシュの必要性などから、人文・社会科学全般にわたる成人層の生涯学習のニーズも高まりつつある。このため、これらの需要動向を見極めつつ、これに対応するものについては、単に修士課程の拡充のみでなく博士課程を含めて逐次整備充実を図っていく必要がある」（同、一八六頁）。

自然科学関係ついて、「全体としてはこの分野は大きな人材需要が予測され、特に修士課程については、すでに入学定員を越えて学生を受け入れている場合が多く、かなりの規模の拡大が必要である」とのべるにとどまっているのと比べて、この答申が人文・社会科学系の拡充重視を高い調子で訴えていることがわかる。

ただこうした新しいタイプの人材需要と結びついた大学院を制度的にどのような形で、つまり専門学部の上に従来型の修士課程大学院として立ち上げるのか、それとも学部と関係のない独立大学院として開設していくのかについて、答申は何もふれていない。新しいタイプの人材養成を目的に掲げる大学院を、それぞれに専門（職業）教育の長い伝統を持つ学部の上に直接立ち上げることは難しい。といってこれから生ずるだろう人材需要を見込んで、独自の組織と財政基盤を持った大学院を設置することはさらに困難である。すでにある学部教育の基礎の上に、その延長上に、一体化した形で修士課程研究科を開設すればよかった理工系大学院との大きな違いは、そこにはある。つまり、人文・社会科学系の専門職業人養成のための大学院の必要性を強調すればするほど、学部教育との関係をどうするのかを、あらためて問い直すことの必要性が明確になってきたのである。

4　専門職業教育の時代

(1)　学部教育と専門基礎教育

実はその学部教育について同じ一九九一年、大学審議会はきわめて重要な答申を出している。戦後の新制大学の最も重要な特徴とされてきた、一般教育課程の廃止と学部段階の教育課程編成の完全な自由化を求めた、「大学教育の改善について」答申がそれである。

戦後長い間、わが国の大学は文部省の定める省令「大学設置基準」によって学部教育の課程編成に厳しい枠をはめられ、それが大学の画一化・非個性化の主要な理由とされてきた。一般教育・専門教育各二年、一般教育の科目は外国語・保健体育のほか人文・社会・自然の三領域にわたる科目を用意し、それらを必修とするという設置基準の規定については、その後何度か規制緩和のための改定が加えられてきたが、一般教育と専門教育を分かつ教育課程編成の大枠は変わらなかった。そして知識の高度化や学問体系の変化が進むなかで、当初は年限の延長に向けられていた専門教育関係者の眼は、次第に一般教育の期間短縮を求める方向に向けられるようになったのである。四年間の学部教育の下方に向けて専門教育の充実がはかられるなかで、一般教育の期間が実質的に一年半ないし一年まで縮減された大学も少なくない。教育課程編成の自由化構想はそうした現実を背景に登場してきたのである。大学審の答申は、

「開設授業科目については、大学設置基準上、一般教育科目、専門教育科目等の科目区分は設けないこととし、大学は、当該大学、学部及び学科（課程）の教育上の目的を達成するために必要な授業科目を開設し、体系的に教育課程を編成すること、教育課程の編成に当たっては、学部等専攻に係る専門の学芸を教授するとともに、幅広く深い教養、総合的な判断力を身に付けさせ、豊かな人間性を涵養するよう適切に配慮することという趣旨を規定することとする」（同、二二六頁）

としたあとで、以下のように付記している。

「このように、大学設置基準上開設授業科目の科目区分を整理することについて、これにより一般教育等を軽視する大学が出てくるのではないかと危惧する向きもある。本審議会としては、一般教育等の理念・目標は

きわめて重要であるとの認識に立ち、それぞれの大学において、授業科目の枠組みにこだわることなく、この理念・目標の実現のための真剣な努力・工夫がなされることを期待するとともに、この点についての大学人の見識を信ずるものである」(同、二二六頁)。

先にふれたような学部教育の現実からすれば、こうした一般教育が軽視されるのではないかという大学審自身の内部にあった「危惧」の念は、杞憂であったとはいいがたい。審議会の委員の間には教育課程編成の自由化によって、四年間の教育課程をすべて一般・教養教育にあてる、アメリカの「リベラルアーツ・カレッジ」型の大学・学部の出現を期待する声もあったようだが、現実に起こったのは学部教育の専門(職業)教育支配の強化・貫徹であったことはよく知られている。

そしてこのように学部段階で実質的に四年間を通じて、しかも自由に専門(職業)教育を行うことが可能だというのであれば、社会的な需要の定かでない人文・社会科学分野の専門職業人養成を目的とした大学院を、積極的に開設する必要性は小さいことになる。同時期に進められることになった「大学教育改革」と大学院の拡充政策の間には、その意味で大きな不整合があったというべきだろう。

それから五年後の一九九六年に、大学審議会は「大学院の教育研究の質的向上に関する審議のまとめ」というタイトルの「報告」を提出し、大学院改革の進展状況をレビューして「現状の問題点」を洗い出し、「問題への対応方策」を記しているが、そのなかで「学部教育との関係」という項を設け、次のような注目すべき指摘をしている。

「学術研究の進展や社会の高度化・複雑化を背景に、高度な専門教育を行う機関としての大学院の位置付けがますます強まる傾向にある。もとより大学院を改革するに当たっては、学部を含めて大学全体を改革する視点を持つべきであり、学部と大学院の役割を明確化した上で、学部教育の改革との関連から大学院の教育内容・方法を見直す必要がある。その際、大学院の分野や目的によっては、学部段階では専門の基礎を重視し、それとの関連で修士課程のカリキュラムや指導方法の工夫をする必要があろう。また、大学院の開設授業科目の内容の程度に応じての段階を明示すること、基礎学力に応じコース分けをすることなども求められよう。一方、大学院と学部の共通科目を設けるなどにより、優秀な学部学生に大学院の授業を受ける機会を広げていくことが望ましい」(同、二〇四頁)。

ようやく大学院での教育と学部教育との関係が問題として意識され始めたことと、そのなかで学部での専門教育を「基礎」的なものに、つまり「専門基礎教育」に限るべきだという議論がはじめて出てきたことがわかる。修士課程大学院の職業大学院化をめざし、その拡大・発展をはかろうとすれば当然、学部段階での専門(職業)教育との関係が問題になってくる。一般教育課程が廃止され学部段階の専門(職業)教育の強化がはかられるなかで、戦後の新制度の大学・大学院発足以来の問題が、人文・社会科学系の修士課程大学院の振興の問題と関わって、あらたな装いのもとに再度クローズアップされることになったのである。

(2) 「二一世紀の大学像」答申と専門職業教育

一九八七年の発足以来、もっぱら個別の具体的な改革課題を対象に審議を進めきた大学審議会は、一九九八年に「二一世紀の大学像と今後の改革方策について」という包括的な答申を出した。この答申は、中央教育審議会以来のどの答申よりも大学院問題を重視した答申になっているが、「今後の大学院の在り方としては、その教育研究水準の質的向上とあいまって、全体として研究者養成に加え、高度専門職業人養成の役割をもより重視した、多様で活力あるシステムを目指すことが重要である」というその一節にみられるように、大学院における専門職業教育の役割の重要性をことさらに強調している点に、大きな特徴がある。この問題にふれた主要な部分を引用しておけば、次の通りである。

「国際的にも社会の各分野においても指導的な役割を担う高度専門職業人の養成に対する期待にこたえ、大学院修士課程は、その目的に即した教育研究体制、教育内容・方法等の整備をはかり、その機能を一層強化していくことが急務になっている。

そのため、これまでの高度専門職業人教育の養成の充実と併せて、これを更に進め、特定の職業等に従事するに必要な高度の専門的知識・能力の育成に特化した実践的な教育を行う大学院修士課程の設置を促進することとし、制度面での所要の整備を行い教育研究水準の向上を図っていく必要がある。

高度専門職業人の養成に特化した大学院修士課程は、カリキュラム、教員の資格及び教員組織、修了要件などについて、大学院設置基準等の上でもこれまでの修士課程とは区別して扱い、経営管理、法律実務、ファイナンス、国際開発・協力、公共政策、公衆衛生などの分野において、その設置が期待される……

なお、大学院の修了と資格制度との関係では、現在、法曹養成制度の改革が進行中であり、今後、法曹養成のための専門教育の課程を修了した者に法曹への道が円滑に開ける仕組み（たとえばロースクール構想など）について広く関係者の間で検討していく必要がある。

さらに、幅広い分野の学部の卒業生を対象として高度専門職業人の養成を目的とする新しい形態の大学院の在り方についても、今後関係者の間で検討が行われることが必要である」(同、七二－七三頁)。

このような提言の基底にある現状認識は、次のようなものであった。少し長くなるが引用しておこう。

「(ア)高度専門職業人の養成と大学院修士課程

(a)近年、一部の大学では、社会の要請に対応して修士課程に高度専門職業人の養成やリフレッシュ教育を行ういわゆる専修コースや実務能力の育成を重視した社会人向けの研究科が設置されつつあるが、修士課程全体としては従来の研究者養成のための教育内容・方法からあまり変わっていないとの指摘がある。他方、社会人の受け入れの進行に伴って、学生間の当該分野の習熟の水準の差の広がりが生じており、学生が大学院教育に求めるものも、先端的な知識であったり幅広い知識であったり、その一方、問題解決能力から実践的能力、実務的能力まで、多様に分化してきている。

(b)国際的にも社会の各分野においても指導的な役割を担う高度の専門的な知識・能力を有する者の養成や再学習などに対する期待にこたえ、大学院修士課程は、今後、高度専門職業人養成の目的に即した教育研究体制、教育内容・方法等の整備をはかり、その機能を一層強化していくことが急務となっている。

(c)すなわち、各大学院の修士課程が、その分野において職業人等が当面している課題や求められる職能、資格制度との関係や大学院がそこで果たすべき役割などをふまえ、養成しようとする人材を念頭に学生にどのような知識・能力を身に付けさせることを目的とするかを改めて問い直し、その目的・役割を明確化し教育研究体制の整備をはかる必要がある。さらに、それに即した体系的カリキュラムの開発・工夫を関係大学院が共同して行うなどの取組を一層推進する必要がある。

(d)修士課程における高度専門職業人の養成を考える場合、大学における教育研究と社会における実践・実務との関係が重要な課題であり、教員養成分野を初めとする各分野において、実践・実務とのよりよい相互作用をめざしさまざまな交流が行われ、それが人材の養成のみならず大学における教育研究の広がり、豊富化につながっていくことが期待される。

(イ)高度専門職業人養成に特化した実践的な教育を行う大学院修士課程の設置促進

(a)今後、専門職業人養成の目的に即した教育研究体制等の整備を促進しその機能を一層強化するという観点から、制度面でも所要の整備を行い、大学院修士課程におけるこれまでの高度専門職業人の養成をさらに進めて、特定の職業等に従事するのに必要な高度の専門的知識・能力の育成に特化した実践的な教育を行う大学院の設置を促進し、且つそれぞれの大学院が質的に充実した教育研究を展開していくようにすることが必要である。

(b)高度専門職業人の養成に特化した実践的な教育を行う修士課程については、その目的に即した質の高い教育研究を確保するために、大学院設置基準の上でも……一般の修士課程とは区別して扱うことが必要である。また、一定の規模以上の学生を擁する大学院にあっては、専任教員の配置等が必要である。

(c)この大学院修士課程においては、当該研究科等の目的・趣旨を学則等においてたとえば『○○等の高度の専門性を要する職業等に必要な高度の能力を養うことを目的とする』と規定するなど、自らが高度専門職業人の養成に特化した大学院であることを対外的に明らかにすることが必要である。

(d)高度専門職業人の養成に特化した実践的な教育を行う大学院修士課程は、たとえば経営管理、法律実務、ファイナンス、国際開発・協力、公共政策、公衆衛生などの分野において期待される。

それは、これらの分野にあっては、

1) 近年、わが国社会・経済の構造変化と国際的な相互依存関係、世界的規模での競争の中で、金融・経済・法制など各般の分野で国際社会の直面する新たな課題の解決と公正な国際的ルール作りや合意の形成に積極的に参画しうる人材の育成がとりわけ求められていること

2) これらの分野において、わが国の大学院修士課程は、理論と実務との関係あるいは資格制度と学部・大学院との関係などから、世界的に高い評価を得ている米国等のいわゆるビジネススクール、ロースクール等と比較すると、その目的・役割としてそのような志向は薄かったが、近年変化が生じてきていること

3) 国際標準・ルールとその形成をめぐり、わが国あるいはアジア地域の特性に応じた枠組の形成に向けたわが国としての努力が課題となっていること

などから、大学院修士課程は、このような要請に対応し、これらの分野において国際的にも指導的な役割を担う高度の専門的な職業人の養成を行っていくことが特に必要と考えられるからである。

(e)高度専門職業人の養成に特化した大学院の修了者に授与される学位の在り方については、現行の修士とは異なる種類の学位（専門職学位）とすべきであるとの意見もあるが、国際的な通用性を考慮し、修士とすることが適当である……

(ウ)**配慮事項**

高度専門職業人の養成に特化した大学院の設置が期待される分野としては、当面、先にふれた分野が考え

られるところであるが、今後のわが国社会の進展、当該分野における取組の状況等に応じ対応することが必要である……

なお、高度専門職業人の養成に特化した修士課程の設置促進に当たっては、教育研究における理論と実務との接点という観点から、大学の教員と実務家との共同研究や大学の教員が一定期間実務を経験することの奨励・支援が必要であり、これらにより当該学問分野の発展に新たな可能性を開くことにもなることが期待される。

(エ)今後の検討課題

(a)わが国の実情においては、米国等と違って大学院の修了が職業資格と直接的に結びついていないことなどから、課程の目的と養成される人材との関係は必ずしも明確ではないとの指摘もある。これに関して、現在、法曹養成制度の改革が進行中であり、今後、資格制度と関連して、法曹養成のための専門教育の課程を修了した者に法曹への道が円滑に開ける仕組み（たとえばロースクール構想など）について広く関係者の間で検討していく必要がある。さらに、幅広い分野の学部の卒業者を対象として高度専門職業人の養成を目的とする新しい形態の大学院等の在り方等についても、今後関係者の間で検討が行われることが必要である。

(b)また、高度専門職業人の養成に特化した実践的な教育を行う博士課程に関しては、その在り方について今後検討することが適当である」(同、七三－七五頁)。

(3) 「高度専門職業教育」の時代へ

表5-1、表5-2に示した一九八三年当時の大学院に関する諸数値を、「二一世紀の大学像」答申の出された

一九九八年のそれと比較してみると、その一五年間に起こった大学院の量的規模の拡大がいかに大きなものであったかが知られる。八三年に六・二万人だった大学院在学者数は、一七・九万人と三倍近くに増え、その低さが問題視されてきた入学定員の充足率も、修士課程では〇・七〇から一・〇九へ、博士課程でも〇・四七から〇・八五へと大幅に上昇し、とくに工学系修士課程では定員超過が常態化して九八年には一・二九倍に達した。それ以上に注目されるのは、社会科学系の修士課程入学者の増加であり、入学者全体に占める比率こそ依然として低いものの、実数では一、八〇六人から八、〇六八人へと、四倍近くに急増した。

大学院、とくに修士課程のこうした規模拡大は、これまで研究者養成の一段階とみなされ、その意味で博士課程に従属的な位置に置かれてきた、とくに人文・社会系の修士課程の性格を大きく変え、一方では学部教育、他方では博士課程との関係の問い直しを迫るものであった。

よく知られているように工学・農学を中心とした理工系大学院では、すでに修士課程修了者の雇用機会が安定化し、修了者の大部分が博士課程に進学することなく就職していく。ところが人文・社会系の場合には、修士課程修了者の雇用機会は著しく限られており、しかも博士・修士の入学定員比が大部分の大学院で二対一に設定されてきたことからも知られるように、博士課程への進学機会も制約され、修士課程は事実上、博士課程への進学準備段階として機能してきた。修士論文が重視される一方で、いったん博士課程に入学を認められたのちは博士論文執筆への意欲が低下する、博士課程の定員に併せて修士課程の入学者数が制限される、さらには修士・博士両課程とも大量の過年度在学者（いわゆるOM、OD）を抱える、といった人文・社会系に特徴的な現象はこうした現実がもたらしてきたものである。そうした状況のなか、依然として雇用機会の不安定なままに進行し始めた入学者数の増加は、人文・社会系大学院にいやおうなく修士課程と博士課程の関係、なかんずく修士課程の性格・教育目的の明確化を

表5-3　大学院の設置状況（1998年）

区　分			計	国立	公立	私立
大学院を置く大学			439	99	41	299
内訳	修士課程のみを置く大学		123	19	17	87
	博士課程を置く大学		316	80	24	212
研　究　科　数			1,148	396	87	665
内訳	博士課程	修士課程の研究科	358	139	36	183
	博士課程	区分制博士課程の研究科	642	171	40	431
		5年一貫性博士課程の研究科	22	19	-	3
		後期3年のみの博士課程の研究科	30	24	3	3
		医歯学の博士課程の研究科	96	43	8	45
入学定員			73,660	41,799	3,447	28,414
内訳	修士課程		55,407	30,684	2,504	22,219
	博士課程		18,253	11,115	943	6,195
入学者数			75,732	47,299	3,437	24,996
内訳	修士課程		60,241	36,258	2,633	21,350
	博士課程		15,491	11,041	804	3,646
在学者数			178,829	113,542	8,054	57,233
内訳	修士課程		123,220	74,035	5,223	43,962
	博士課程		55,609	39,507	2,831	13,271
全大学数			604	99	61	444

注）1　入学定員、入学者および在学者数について、

「修士課程」＝修士課程、区分制博士課程（前期2年の課程）および5年一貫制博士課程（在学者数にあっては、その1・2年次）。

「博士課程」＝区分制博士課程（後期3年の課程）および医歯学の博士課程（在学者にあっては5年一貫制博士課程の3～5年を含む）。
2　大学数は、放送大学を除く。

出典）「21世紀の大学像と今後の改革方策について－答申－」大学審議会、1998年。

表5- 4　大学院の入学状況（1998年）

修士課程

区分	人文科学	社会科学	理学	工学	農学	保健	課程	教育	芸術	その他	計
入学定員Ａ	1, 582	2, 348	4, 447	12, 563	2, 713	1, 023	67	3, 847	282	1, 812	30, 684
入学者Ｂ	1, 689	2, 273	4, 305	17, 261	2, 980	1, 286	83	4, 215	340	1, 826	36, 258
充足率Ｂ／Ａ	106. 8	86. 8	86. 8	137. 4	109. 8	125. 7	123. 9	109. 6	120. 6	100. 8	118. 2
入学定員Ａ	226	400	332	806	149	236	44	26	221	64	2, 504
入学者Ｂ	182	303	339	963	136	276	98	12	253	71	2, 633
充足率Ｂ／Ａ	80. 5	75. 8	102. 1	119. 5	91. 3	116. 9	222. 7	46. 2	114. 5	110. 9	105. 2
入学定員Ａ	3, 649	6, 297	1, 444	6, 805	360	1, 235	345	580	607	897	22, 219
入学者Ｂ	2, 845	5, 492	1, 327	7, 889	375	1, 166	262	514	691	789	21, 350
充足率Ｂ／Ａ	78. 0	87. 2	91. 9	115. 9	104. 2	94. 4	75. 9	88. 6	113. 8	88. 0	96. 1
入学定員Ａ	5, 457	9, 045	6, 223	20, 174	3, 222	2, 494	456	4, 453	1, 110	2, 773	55, 407
入学者Ｂ	4, 716	8, 068	5, 971	26, 113	3, 491	2, 728	443	4, 741	1, 284	2686	60, 241
充足率Ｂ／Ａ	86. 4	89. 2	96. 0	129. 4	108. 3	109. 4	97. 1	106. 5	115. 7	96. 9	108. 7

博士課程

区分	人文科学	社会科学	理学	工学	農学	保健	課程	教育	芸術	その他	計
入学定員Ａ	528	740	1, 536	3, 185	724	3, 263	35	180	40	884	11, 115
入学者Ｂ	704	610	1, 466	2, 696	990	3, 260	46	234	37	998	11, 041
充足率Ｂ／Ａ	133. 3	82. 4	95. 4	84. 6	136. 7	99. 9	131. 4	130. 0	82. 5	112. 9	99. 3
入学定員Ａ	68	125	133	160	72	276	77	5	10	17	943
入学者Ｂ	70	98	116	116	40	317	17	6	7	17	804
充足率Ｂ／Ａ	102. 9	78. 4	87. 2	72. 5	55. 6	114. 9	22. 1	120. 0	70. 0	100. 0	85. 3
入学定員Ａ	999	1, 217	339	1, 073	122	2, 033	28	128	25	231	6, 195
入学者Ｂ	819	663	154	417	72	1, 222	34	108	25	132	3, 646
充足率Ｂ／Ａ	82. 0	54. 5	45. 4	38. 9	59. 0	60. 1	121. 4	84. 4	100. 0	57. 1	58. 9
入学定員Ａ	1, 595	2, 082	2, 008	4, 418	918	5, 572	140	313	75	1, 132	18, 253
入学者Ｂ	1, 593	1, 371	1, 736	3, 229	1, 102	4, 799	97	348	69	1, 147	15, 491
充足率Ｂ／Ａ	99. 9	65. 9	86. 5	73. 1	120. 0	86. 1	63. 9	111. 2	92. 0	101. 3	84. 9

「修士課程」とは、修士課程、区分制博士課程（前期２年の課程）、および一貫制博士課程（医・歯・獣医学を除く）をいう。

「博士課程」とは、区分博士課程（後期３年の課程）、および医・歯・獣医学の博士課程をいう。

分野別の区分は、学校基本調査の選考区分とした。

表5- 3に同じ。

求め始めた。「二一世紀の大学像」答申は、ひとつにはそうした現実を踏まえ、その変革を求めて修士課程大学院の改革構想を打ち出したのである。

しかし答申も認識し指摘しているように、人文・社会系大学院の問題は単純ではない。なによりも理工系の場合、人材需要が着実に学部卒から大学院修士課程修了者に、つまり答申のいう「高度専門職業人」に移行し、一部の業種・職種では修士卒が採用の主流になってきたのに対して、人文・社会系の場合には人材需要は依然として圧倒的に学部卒中心のままである。それだけでなく同じ専門職業教育といっても理論と実践が結びついた、しかも体系的で構造化された教育課程を持ち、したがって学部教育と連続的な、しかしより高度の大学院教育を構築しやすい工学系などと違って、人文・社会系の場合には、学部段階の専門職業教育自体が体系的・構造的で実践的であるとはいいがたく、その延長上に連続的に「高度」専門職業教育のカリキュラムを設定しうる状況にはない。いいかえれば、人文・社会系修士課程の「高度専門職業人」の養成機関化は、既存の大学院の改組・再編だけで対応することがきわめて難しい。答申がそれとは別に「高度専門職業教育」に特化した、従来のそれとは著しく異なる新しいタイプの修士課程大学院の制度化構想を打ち出したのは、そのためとみてよい。

いま一九九八年度の『全国大学一覧』をみると、社会科学系の修士課程研究科のうち職業人養成と関連の深いと思われるものとして、社会情報、総合政策、総合政策科学、政策科学、地域政策学、地域政策科学、公共政策、経済・社会政策科学、国際開発、アドミニストレーション、経営・政策科学、経営情報学、流通科学などの研究科名が挙げられている。そのほとんどが一九七三年当時にはなかった研究科名であり、政策・管理・経営などの分野の「高度専門職業人」養成に、大学がようやく取り組み始めたことを物語っている。

しかし研究者養成中心に編成されてきた「大学院設置基準」と、それに基づいて設計された修士課程の教育内容・

方法が、「高度専門職業人」養成という目的と期待を十分に満たすものでなかったことは、答申が前掲の大学院設置基準の改訂にふれた部分(イ)の(b)で、「1)授業・研究指導の柱としてケーススタディ、フィールドワークなどを取り入れることにより実践性を担保するカリキュラムの工夫、2)実務経験のある社会人を相当数教員として迎えるなど教員の資格や教員組織の在り方についての配慮、3)修了要件として、修士論文に代えて特定課題研究を原則とすることや課程制大学院の趣旨を重視する観点から三〇単位を越える単位数を課すこと」(同、七四頁)などを、改訂の主要な課題として挙げていることからもうかがわれる。また新設されたこれら「高度専門職業人」養成型の研究科も、その範囲が依然として限定的であり、国際的な人材需要の動向に照らして不十分と考えられていたことは、答申が挙げている人材養成の分野(イ)の(d)をみれば明らかだろう。

こうして、文部科学省は答申に基づいて設置基準の改定を行い、あらたに「専門大学院」に関する規定を設けることになった。設置基準の第三一条「大学院には、高度の専門性を要する職業等に必要な高度の能力を専ら養うことを目的として、とくに必要と認められる専攻分野について教育を行う修士課程を置くことができる。2 前項に規定する修士課程を置く大学院は、当該修士課程に関し、専門大学院と称することができる」がそれである。

これに附随して、(1)教員組織については「教員のうち相当数は、専攻分野における実務の経験を有する者となるよう配慮しなければならない」、(2)教育課程については「その目的を達成し得る実践的な教育を行うよう専攻分野に応じ事例研究、討論、現地調査その他の適切な方法により授業を行うなど適切に配慮しなければならない」、(3)修了要件の特例として通常の「修士論文の審査」を「特定の課題についての研究の審査」で代えることができるようになった。「一般大学院」とは制度的に区別される「専門大学院」の設置が、これによって認められることになったのである。ただし、それには「とくに必要と認められる専攻分野」という枠がはめられていたことに注意すべきだろう。その「専攻分野」が答申に例示された諸分野であることは、あらためていうまでもあるまい。

5　専門大学院から専門職大学院へ

(1)　専門大学院の発足

改訂された設置基準に基づいて二〇〇三年までに開設された、専門大学院の名称は次の通りである（カッコ内は入学定員）。

経営管理・技術経営

一橋大学　国際企業戦略研究科　経営・金融専攻（八五）

神戸大学　経営学研究科　現代経営学専攻（五四）

九州大学　経済学教育部　産業マネジメント専攻（四五）

青山学院大学　国際マネジメント研究科　国際マネジメント専攻（一〇〇）

芝浦工業大学　工学マネジメント研究科　工学マネジメント専攻（二八）

早稲田大学　アジア太平洋研究科　国際経営学専攻（一五〇）

会計

中央大学　国際会計研究科　国際会計専攻（一〇〇）

公共政策

早稲田大学　公共経営研究科（五〇）
公衆衛生
京都大学　医学研究科　社会健康医学系専攻（二一）
九州大学　医学系教育部　医療経営・管理学専攻（二〇）

このように開設された専攻の具体的な内容をみると、⑴制度の発足（二〇〇〇年）から三年の時点ということがあるにせよ、全体で一〇専攻という開設数は意外に少ない、⑵答申に「とくに必要と認められる専攻分野」として例示された分野に限定されている、⑶広義のビジネス・マネジメント系が多数を占めている、⑷私立大学は独立研究科、国立大学は独立専攻の形をとっている、⑸国立の場合、入学定員が小さい、などの特徴がみられる。⑷と⑸は互いに関連しており、総じて国立大学（ということは文部科学省）が「専門大学院」の設置に必ずしも積極的ではないこと、また私立大学にとっても新しい教育分野として経営上、十分に魅力的な制度とはいいがたかったことがうかがわれる。

しかし、専門大学院は、なにぶんにも制度として発足したばかりであり、それがどのように成長をとげていくのか、またこれまで「一般大学院」の枠内で行われてきた同種の専門職業教育の場、とくにビジネス・マネジメント系の研究科・専攻にどのような衝撃が及ぶのか、専門大学院への制度変更を求める研究科・専攻が現れるのかなどについては、時間をかけてみきわめる必要があったと思われる。

実際に「二一世紀の大学像」答申の二年後、大学審議会の最後の答申として出された「グローバル化時代に求められる高等教育の在り方について」（二〇〇〇）も、「学部段階における幅広い教養教育を基礎とした専門大学院の充実による高度専門職業人の養成」という見出しで、次のようにのべている。

「社会、経済の構造変化と国際的な相互依存関係、世界的規模での競争の中で、職業人として指導的な役割を果たす人材を育成するためには、学生に、幅広い教養を身に付けさせた上で、職業上必要な高度な専門的知識・技術を習得させることが重要である。このため、学部段階において、広い視野を持った人材の育成を目指す教養教育を中心とした教育プログラムの提供を推進しつつ、専門大学院の設置を促進し、学部と大学院を通じて高度専門職業人を養成するシステムを確立する必要がある。また、学部段階における幅広い教養教育を受けた者を対象として、専門職業人の養成を目的とし、職業資格との関連も視野に入れた新しい形態の大学院制度を検討するとともに、このことと関連していわゆる専門職学位の創設についても検討する必要がある」（同、一三二－一三三頁）。

ここには、専門大学院制度の確立への強い期待がこめられているとみてよい。同時に注目されるのはその期待が学部段階の教育、とくに教養教育の重視と関連づけられている点である。一九九一年の大学設置基準の大綱化が、おそらくは期待に反して、国立大学の教養部解体に象徴される「教養教育」の弱体化を招いたことは、すでに指摘した通りである。「グローバル化」答申は、国際化や国際競争の激化と関連づけてこの問題を取り上げ、国際的に通用する教養ある高度専門職業人の養成こそが専門大学院の役割であるとし、そうした視点から学部教育の見直し、教養教育に特化した学部教育に対する期待を表明したのである。

しかし専門大学院制度は成熟に必要な、また一般大学院や学部教育に変革をもたらすに十分な時間を持つことができなかった。それはなによりも、司法制度改革の一環として具体化し始めた法科大学院（ロースクール）構想の出現が、発足したばかりの専門大学院制度の抜本的な改革を求めるものであったからである。

大学審議会は、そのロースクール問題を、まったく視野の外においていたわけではない。それどころか、「法科大学院」の制度化の経緯をたどってみると、大学審の答申自体がその重要な契機、あるいは触媒のひとつになっていることがわかる。

すなわちすでにみたように、一九九八年の「二一世紀の大学像」答申は「今後の検討課題」として、「法曹養成制度の改革が進行中であり、今後、資格制度と関連して、法曹養成のための専門教育の課程を修了した者に法曹への道が円滑に開ける仕組みについて、広く関係者の間で検討していく必要がある」とし、また「幅広い分野の学部卒業者を対象として高度専門職業人の養成を目的とする新しい形態の大学院等のあり方についても、今後関係者の間で検討が行われることが必要である」としていた。また先にみたように二〇〇〇年の「グローバル化」答申も、「職業資格との関連も視野に入れた新しい形態の大学院制度を検討」し、「関連していわゆる専門職学位の創設についても検討する」必要があることを指摘していた。それだけでなく、専門大学院の想定する「とくに必要と認められる専攻分野」のなかには「法律実務」も含まれていた。

ところがそうした大学審答申に触発されながら「法科大学院構想」が急浮上し、具体化していくなかで、それが専門大学院制度の枠を大きくはみ出すものであることが、次第に明らかになっていくのである。

(2) 法科大学院構想の登場

法曹養成制度の改革の必要性が本格的に議論され始めたのは、一九九〇年代に入るころからである。しかしその議論は当初、法曹人口の拡大と、それと不可分な司法試験制度改革の問題に集中していた。法曹養成の最も基底的な部分であるはずの法学教育に関する問題関心は、けっして高いものではなかった。

すでにみたように法学教育については、戦後の改革によって三年から二年に短縮された教育年限の再延長案が、真剣に議論された時期があった。しかし高等教育の大衆化が進み、また法学部自体の入学者数が急速に増加し四万人を越えるなかで、法曹の養成数（司法試験合格者数）が長く年間五〇〇人程度に抑制されてきたことは、年限延長論を低調化させ、法曹の国家資格試験をめざす「ロースクール」型の法学部教育の発展を阻む大きな原因になってきた。といって大学法学部での専門教育だけで、最難関とされた司法試験を突破するのは事実上不可能であり、法曹の道をめざす受験者たちは自力で、あるいは予備校に通って受験準備を、しかも何年にもわたって続けるという、いいかえれば法曹の養成のための教育が事実上、大学法学部の外で行われるという奇妙な現実が長年にわたって常態化してきたのである。

しかし九〇年代に入って活発化した司法試験制度の改革論議の結果として、法曹の養成枠が若干ではあるが拡大に向かったことは、こうした状況に一石を投ずるものであった。大学法学部の間に、予備校に奪われた法曹のための準備教育を大学院における専門職業教育を整備することで、取り戻そうとする動きが生まれたのである。

法曹の養成問題にふれ、また「法曹実務」を「専門大学院」のめざすべき分野のひとつに挙げた大学審答申は、そうした大学側の動きをさらに刺激する役割を果たした。「（大学審）答申以前の数年の間に、一部の大学は大学院大学化、従来の研究者養成とは別に法律専門職を志す学生のための大学院専修コースの設置、それに伴う大学院の定員拡大など、大学院改革を進めてきていた。更なる展開のひとつの選択肢として、専門大学院の法曹養成が本答申によってクローズアップされることになった」と、法学関係者のひとりは述べている（法律時報・法学セミナー編集部編、二〇〇〇、二二一頁）。

一九九九年に内閣に司法制度改革審議会が設置され、また文部省内にも「法学教育の在り方等に関する調査協力者会議」が設置されると、こうした動きは一気に加速され、大学を含めたさまざまな団体から「ロースクール」構想が提示されることになった。その概略は次のように整理されている（同、二三二―二三七頁）。

(1)ロースクール　「大まかに共通の前提とされているのは、現在の大学法学部とは別に、大学院前期課程を中心に大学院設置基準にいう専門大学院として法曹養成に特化した課程（独立大学院ないし研究科）を設置し、その大部分は法曹となるようにする」。

(2)入学定員　「ロースクールを修了した者に何らかの試験を課してその合格者に法曹資格を認めるものと想定されている」。「試験の合格率をどの程度に設定するか……あまり低い合格率ではロースクールの意味がなく、あまりに高いときには法曹の質が低下する――多くの意見では、合格率七・八割という数字が挙げられている」。〔ここから逆算される〕「総定員をどの大学にどのように配分するか……文部省と法務省などによってロースクールの設置数を決定し、一定の基準に従ってこれを各大学に割り振るというもの」と、「設置数を予め限定することなく、ロースクールに必要とされる諸基準を満たしたものは認可し、その後は基本的に自由競争にゆだねるべきだとするもの」とがある。

(3)入学資格　「典型的なのは、学部の三年次から『法曹コース』のようなものを設け、事実上そのコースからの進学者だけを（あるいは優先的に）ロースクールに受け入れるという考え方である」。「他大学法学部出身者にも一応は受験資格を設けているが、法学部以外からの入学は学部三年次への編入ないし学士入学が求められている……構想されているのは、結局、学部の二年間とロースクールとを結合した四年間で充実した法曹養成の教育課程を実現しようとの発想によるものである」。これでは「入学者が事実上当該大学の法学部出身者によって占められ……有力な大学法学部への受験競争が引き伸ばされ、二年次の『法曹コース』への選抜競争へと繋がり、ロースクールは閉鎖的な性格のものとなり、その学生構成においても多様性を欠く結果となろう」。「問題は履修年限にも関連するが、必要十分な教育が可能であることを前提として、ロースクールはその大学の法学部の卒業者以外の者にも広く開かれていなければならない」。

(4)入学試験　「各ロースクール独自の試験を前提としているが、それに加えて、アメリカのLSATのような全国統一テストの導入を想定してその成績との総合評価を構想するものが多い」

(5)教育年限　「多くの案が現行の大学院前期課程の標準的な年限である二年をロースクールの年限とするようになってきて」いるが「はたして二年間で十分かは疑問である」。「それを補うために学部の三・四年次との連結が提案されることともなっている。しかしその場合には学部二年次での『法曹コース』への選抜の問題があるばかりか、それ以外の法学部学生に対する教育の内容と水準をどう設定するか、法学部以外の卒業生や他大学法学部の卒業生をどうロースクールに受け入れるかという問題を生じる」。「やはり、三年は必要ではないかと思われる。そしてその三年間は、法学部あるいは他の学部において基礎的ではあれ完結した専門知識を習得した後に積み上げられるところに意味がある」。

(6)教育課程と学位　「(大学院設置基準の専門大学院に関する規定に配慮して)どの構想案も充実した専門法学科目の教育を強調するほか、教育方法としてもソクラティック・メソッドによる講義、少人数の演習、エクスターンシップなどを取り入れるとしている」。「ロースクールを大学院前期課程と重ねた場合、その修了者に修士学位を認めるかどうかには、各案ともさして関心がないようである……ロースクールの修了要件として修士論文ないしリサーチペーパーを要求する東京大学などの案とこれを要求しない早稲田大学などの案とがある」。
(7)実務教育　「実務教育は司法研修所での集合修習を含む司法修習に依存し、ロースクールにおいては実務的視点を入れた法理論教育を行うとするものが多い。確かに、大学内に置かれるロースクールにおいて法律実務の教育・訓練を全面的に実施するという構想は、現時点では非現実的」である。「しかし、司法研修所の存続を前提とする場合も、基礎的な実務の訓練をロースクールの教育システムに組み込むことは可能であるし、また、望ましいであろう」。
(8)質の保証　「ロースクールにおける教育の『質』を担保するためには、そのための仕組みとして『外部評価』ないし『第三者評価』の機関を設置することが計画されている」。「専門大学院については、大学院設置基準によって『当該分野の高度職業人で広く高い見識を有するもの』による評価が義務付けられており、文部省や法曹三者の主導によってロースクールに共通の認証機関が作られる可能性もあるが、ロースクールの側からも、『ロースクール協会』のような組織を作り……教育の水準と内容についての自主的な検証を行う、というような動きが出てくることも予想される」。

長い引用になったが、専門大学院制度に刺激・触発されたとはいえロースクール構想が、それが想定したのとはいかに異質の、独自の性格を持つ、しかもきわめて具体的な形で登場してきたかがわかる。法曹関係者の描く「ロースクール」像はすでに構想の段階から、専門大学院制度の想定した大学院像をなぞったものではなく、具体化しようと思えばさまざまな点で、それを大きくはみ出さざるを得ないものだったのである。

それはなによりも専門大学院制度がもともと、医師や法曹など社会的に認知され確立された専門職業人（プロフェッション）の養成を中心とした、アメリカ的な「プロフェッショナル・スクール」として設計されたものではないことに起因している。専門大学院が想定した専攻分野は、「法律実務」を除けばいずれも国家資格試験と無関係な、しかもどうみてもわが国では社会的に認知され確立されているとはいいがたい、これから創出さるべき「高度専門職業人」（という定義も定かでない名称で呼ばれる人材）の養成に関わるものであった。「法律実務」自体、答申が「今後の検討課題」のなかでロースクール構想にふれていることからも知られるように、法曹養成とは直接の関係のない分野として挙げられているにすぎない。

しかしそうした専門大学院の制約された性格と関わりなく、法学関係者自身が指摘しているように「ロースクールへの動きは誰の予想をもはるかに超えるスピードで進行」（同、二三七頁）していった。

(3)　専門大学院と法科大学院

二〇〇一年、大学審議会を引き継ぐ形で中央教育審議会に大学分科会が置かれると、法曹養成のための大学院問題は、大学分科会の「法科大学院部会」と「大学院部会」の双方で議論されることになった。この時点ではすでに、一九九九年に設置された司法制度改革審議会の意見書『二一世紀の日本を支える司法制度』が出されており、そのなかで「新たな法曹養成制度の整備」の必要性について次のようにのべられていた。

「これまでの大学における法学教育は、基礎的教養教育の面でも法学専門教育の面でも必ずしも十分なものとはいえなかった上、学部段階では一定の法的素養を持つものを社会のさまざまな分野に送り出すことを主たる目的とし、他方、大学院では研究者の養成を主たる目的としてきたこともあり、法律実務との乖離が指摘されるなど、プロフェッションとしての法曹を養成するという役割を適切に果たしてきたとは言い難いところがある。しかも、司法試験における競争の激化により、学生が受験予備校に大幅に依存する傾向が著しくなり、『ダブルスクール化』、『大学離れ』と言われる状況を招いており、法曹となるべき者の資質の確保に重大な影響を及ぼすに至っている……

司法（法曹）が二一世紀のわが国社会において期待される役割を十全に果たすための人的基盤を確立するためには、法曹人口の拡大や弁護士制度の改革など、法曹の在り方に関する基本的な問題との関連に十分に留意しつつ、司法試験という『点』のみによる選抜ではなく、法学教育、司法試験、司法修習を有機的に連携させた『プロセス』としての法曹養成制度を新たに整備することが不可欠である。そして、その中核をなすものとして……法曹養成に特化した教育を行うプロフェッショナル・スクールである法科大学院を設けることが必要かつ有効であると考えられる」。

その「法科大学院」の具体的な内容として、意見書はさらに⑴標準修業年限は三年とする（短縮型の二年修了を認める）、⑵法学部出身でない者や社会人等を一定割合以上入学させる、⑶理論と実務の架橋をめざし、その修了者の七～八割程度が新司法試験に合格できるような充実した教育を行う、⑷法科大学院の設置認可は広く参入を認める仕組みとする、⑸適切な機構を設けて法科大学院に対する第三者評価（適格認定）を実施する、などの点を挙げている。先にみたロースクール諸案の共通部分を基礎に、そこで明らかにされた意見の対立点に一応の答えを出す内容になっていることがわかる。中教審大学分科会での審議は、こうした司法制度改革審議会の意見にどう対応するかを中心に進められることになった。

表5-5　原稿の大学院と法科大学院（案）との比較

事項	現行の大学院	専門大学院	法科大学院（予定）
修業年限	修士課程：標準2年 博士課程：標準3年	修士課程と同様（標準2年）	標準3年（法学既習者は1年以下の短縮可能）
修了要件	修士課程：30単位＋研究指導＋修士論文審査 博士課程：研究指導＋博士論文審査	30単位＋研究指導＋特定課題 研究の成果の審査	・3年以上の在学で93単位以上の単位取得 ・法学既習者は1年以下（30単位以下）を免除
教員組織	・一定数以上の研究指導教員を必置 ・実務家教員の必置規定なし ・研究指導教員1人あたりの学生の収容定員が20人以下（法学系）	・通常の修士課程の2倍の研究指導教員を配置 ・専任教員1人あたりの学生収容定員を2分の1として算出 ・専任教員の中に実務家教員を相当数配置	・高度の教育上の指導能力が認められる者を配置 ・研究指導教員の配置を要しない ・専任教員のうち実務家教員を2割以上 ・専任教員1人あたりの学生収容定員が15人以下
授業方法	明確な規定なし	事例研究、討論、実地調査その他適切な方法による授業	・事例研究、討論、調査、現場実習その他の適切な方法による授業 ・少人数教育を基本
研究指導	研究指導の実施が必須	同左	研究指導を必須としない
第三者評価	規定なし	外部評価を義務づけ	継続的な第三者評価（適格認定）を義務づけ
学位	博士、修士	修士	国際的通用性も勘案しつつ、既存の修士・博士とは別の専門職学位を設けることを検討

法科大学院構想と専門大学院制度とのギャップは、大学分科会での審議の初期に作成された一枚の表（**表5-5**）に明らかである。そこにみられるように、修業年限・修了要件・教員組織・研究指導・学位など、構想された法科大学院は主要な部分で専門大学院の規定の枠をはみ出しており、構想を実現するとすれば専門大学院制度そのものの改革が必要になってくる。「法科大学院」が、アメリカのロースクールをモデルに構想されたことを考えれば、それは当然のことといってよい。

アメリカの「職業大学院」（プロフェッショナル・スクール）と比べれば日本の「専門大学院」は、それが想定した人材養成の分野自体が物語っているように、いかにも中途半端な性格のあいまいな制度にとどまっていた。そのアメリカの「職業大学院」のなかでも、ロースクールは最も代表的、かつ伝統的なもののひとつである。大学院部会での議論は「法科大学院」構想に引きずられる形で、専門大学院制度の全面的な見直しと、その「専門職大学院」（日本的プロフェッショナル・スクール）への発展的解消をはかる方向に動いていった。

(4) 専門職大学院の出現

中教審大学分科会での審議の結果、二〇〇二年八月、「大学院における高度専門職業人養成について」と「法科大学院の設置基準等について」の二つの答申が提出された。このうち「高度専門職業人」答申は、「専門職大学院」制度の創設にいたる経緯と認識を次のように述べている。長くなるが引用しておこう（中央教育審議会、二〇〇二、三一―三三頁）。

「わが国の大学院制度は戦後大きく変わり、博士のほかに修士の学位が加わるとともに、課程制大学院の考え方が導入された。修士課程は当初、研究者養成という役割を担っており、博士課程の前段階と言う性格であったが、その後、修士課程の役割は多様化していき、社会の各分野で指導的役割を果たす人材の養成という役割をも併せ持つようになった……ただ、これまで、わが国の社会においては、米国のプロフェッショナル・スクールのように高度専門職業人養成に特化した教育を行う大学院設置に対するニーズが必ずしも高くなく、結果としてわが国の大学院は……（研究者養成の）役割を中心とした発展を遂げてきた。大学院のなかには、工学系や薬学系などの大学院修士課程のように、社会的需要や科学技術の進展に応じて、研究者養成よりも技術者等の実務家養成の比重が大きな割合を占めるようになってきたものもある。しかし、全体としては現在の大学院は……研究者養成という役割に重点を置いた仕組みとなっており、実態面でも……高度専門職業人養成の役割を果たす教育の展開は不十分である」。

「しかしながら、近年の科学技術の進展や急速な技術革新、社会経済の急激な変化と多様化、複雑化、高度化、グローバル化等を受け、大学院における社会的・国際的に通用する高度専門職業人養成に対する期待が急速に高まってきている。このような社会的要請は、特定の職業の実務に就いたり、職業資格を取得する者の養成についてのみならず、すでに職業についている者や資格を取得している者が、更に高度の専門的知識や実務能力を修得できる継続教育、再教育の機会の提供に対するものも含め、さまざまな分野で高まってきている。わが国に置けるこうした高度専門職業人教育の要請に対する課題と期待に適切にこたえていくためには、特定の職業等に従事する上で必要となる高度の専門的知識の習得や能力の育成等の実践的な教育を充実させることがきわめて重要である」。

「こうした大学院における高度専門職業人養成の推進の一方策として、平成一一年に、高度専門職業人養成に特化した実践的な教育を行う大学院修士課程として専門大学院制度が創設された。平成一四年現在、経営管理、会計、ファイナンス、公衆衛生、医療経営の分野において、六大学に六研究科・専攻が設置されている。これらの専門大学院においては、国際的に活躍できる高度専門職業人養成のための積極的な教育が展開されており、その取り組みは社会的に高く評価されている」。

「しかし、今後、社会的なニーズの更なる高まりが予想される高度専門職業人養成をさまざまな分野において一層促進し、各職業分野の特性に応じた柔軟で実践的な教育を展開していくためには、制度面での位置付けの明確化も含め、現行の専門大学院制度を更に改善し、発展させていく必要があるとの要請が高まっている」。

「すなわち、専門大学院制度は、現行の修士課程の中の一類型として位置付けられているため、その大学院で習得させる職業能力の如何にかかわらず、標準修業年限は二年とされている。また、従来の大学院修士課程における研究指導、修士論文との関係から、修了要件として特定の課題についての研究の実施に対する指導を行うこととしていること、この指導のために相当数の研究指導担当教員の配置を求めていること等、従来の大学院の枠内で制度設計がなされている。このような制度の枠組みが、さらに、さまざまな分野でその求められる能力に適した高度な専門職業人を養成するための実践的な教育を展開していく上で制約となることも指摘されている」。

「現在検討が進められている法科大学院については……『法曹養成に特化した実践的な教育を行う学校教育法上の大学院』として位置付けることとされており、実践的な教育をより一層充実させる観点から、必要とされる標準教育年限が三年とされ、研究指導や特定課題についての研究成果をまとめることを必須とはしないなど、修業年限や修了要件等について現行の専門大学院制度とは異なる新たな制度を導入することが求められている」。

「以上のことから、今後、国際的、社会的にも活躍する高度専門職業人の養成を質量共に飛躍的に充実させ、大学が社会の期待に応じる人材育成機能を果たしていくため、現行の専門大学院制度をさらに発展させ、さまざまな職業分野の特性に応じた柔軟で実践的な教育を可能にする新たな大学院制度を創設する必要がある」。

「このような大学院においては、実務者の教員の参画等による実務界との連携・交流により実践的な教育をはかるとともに、第三者による評価の導入により変化に応じた柔軟で質の高い教育を保証していくことが求められる」。

「また、この新たな大学院の修了者に対して授与する学位についても、修得した能力を適切に表すため新たな学位を創設することが適切である」。

このように答申は、発足から数年を経たばかりの専門大学院制度の不備を突き、専門職大学院への発展的移行の必要性を力説している。しかし、一般大学院・専門大学院・専門職大学院・法科大学院それぞれの異同を示した答申の付表（**表5-6**）をみると、専門職大学院がいかに強く法科大学院構想に影響されて制度化されたかがうかがわれる。つまり、「専門大学院」から「専門職大学院」への移行は、専門大学院自体の内在的な発展形態としてではなく、アメリカの「ロースクール」をモデルに、司法制度改革の一環として突きつけられた「法科大学院」構想との整合性をはかるために、必要とされたのである。

専門大学院の二年の標準修業年限は、専門職大学院では「専攻分野の教育内容等にふさわしい標準修業年限が定められるような柔軟な制度設計とする事を基本」にすると変わり（法科は三年）、研究指導や修士論文審査は不要になり、したがって研究指導教員の配置も不要化し、またあらたに専門職学位（法科の場合は法務博士）が授与されることになった。さらに、専門大学院が大学院設置基準の一部改正によって制度化されたのに対して、専門職大学院については、学校教育法を改正してあらたに項を起こし、また別途、専門職大学院基準を定めたことは、はじめにみた通りである。これによって、「高度専門職業人」養成のための大学院は完全に「一般大学院」から独立した制度となり、それとともに、設置が期待される人材養成の分野も事実上自由化された。

「専門職大学院は、社会の各分野において国際的に通用する高度で専門的な職業能力を有する人材の養成が求められる各般の専攻分野で設置が期待される。国家資格等の職業資格と関連した専攻分野だけでなく、

表5-6　現行の大学院修士課程と専門職大学院との比較

事　項	現行の大学院修士課程		専門職大学院	
	共通の仕組み	専門大学院の仕組み	共通の仕組み	法科大学院の仕組み
標準修業年限	2年	⇒同左	専門分野の教育内容等にふさわしい標準修業年限が定められるような柔軟な制度設計とすることが基本	⇒標準3年、法学既習者は1年以内の短縮可能
修了要件	・標準修業年限以上の在学 ・30単位以上の修得 ・研究指導 ・修士論文審査	⇒同左 ⇒同左 ⇒同左 ・特定課題研究成果の審査	⇒同左 ・30単位以上で各大学が定める ・必須としない ・必須としない	⇒同左 ⇒93単位以上 ⇒同左 ⇒同左
教員組織	・教育研究上必要な教員を配置 ・一定数以上の研究指導教員を配置 ・研究指導教員1人あたりの学生収容定員の上限を分野ごとに規定(法学系は20人以下) ・実務家教員の必置規定なし	⇒同左 ・通常の修士課程の2倍の研究指導教員を配置 ・通常の修士課程の研究指導教員1人あたりの学生収容定員を2分の1として算出 ・専任教員中に実務家教員を相当数配置	・専門職大学院の教育にふさわしい高度の教育上の指導能力が認められる者を配置 ・研究指導教員の配置を要しない ・今後最低基準を定める ⇒同左	・法科大学院の教育にふさわしい高度の教育上の指導能力が認められる者を配置 ⇒同左 ⇒専任教員1人あたりの学生収容定員の上限は15人以下 ⇒同左（おおむね2割程度以上）
具体的な授業方法		・事例研究、討論、現地調査その他の適切な方法による授業	⇒同左	⇒同左
研究指導	研究指導の実施が必須	⇒同左	・研究指導を必須としない	⇒同左
第三者評価		・学外者による評価を義務づけ	・各専攻分野ごとに継続的な第三者評価を義務づけ	・継続的な第三者評価（適格認定）を義務づけ
学位	修士（○○）	修士（○○）	・「修士」「博士」の名称は含むが、既存の学位とは異なる○○修士（専門職（学位））を授与。修業年限3年以上で法令で定める場合には、○○博士（専門職（学位））を授与。	法務博士（専門職（学位））を授与。

社会的に特定の高度な職業能力を有する人材の養成が必要とされている専攻分野、国際的に共通の水準の人材養成が必要とされるような分野等における設置が考えられる。現時点で、すでに専門大学院として設置されている経営管理、公衆衛生・医療経営などのほか、法務、知的財産、公共政策（行政）、技術経営などの分野で高度専門職業人養成に特化した大学院が構想されている。更に、将来的にはより広い分野で多様なニーズが増大していくことも想定されることから、専門職大学院の設置の対象は特定の専攻分野のみに限定しないこととする」（同、三五頁）。

「国際的に通用する高度で専門的な職業能力を有する人材」が、具体的にどのような職業人を想定しているのか定かではないまま「高度」の、つまり学部卒業者を入学させ「専門職業教育」を目的に掲げ、所定の要件を満たしている教育機関であれば、「専門職」大学院として認可を得ることの可能な道が、こうして大きく開かれたのである。

6　専門職大学院の現況と課題

(1)　専門職大学院の発足

専門職大学院が発足すると、これまでに開設されている専門大学院一〇校は、そのまま新制度の専門職大学院に移行することになった。それ以外に、二〇〇四年春に新設されたのは、次の諸研究科・専攻である（カッコ内は入学定員）。

法科（別掲、**表5-7**）

	区分	大学院名	研究科・専攻名	入学定員
35	〃	専修大学大学院	法務研究科　法務専攻	60
36	〃	創価大学大学院	法務研究科　法務専攻	50
37	〃	大東文化大学大学院	法務研究科　法務専攻	50
38	〃	中央大学大学院	法務研究科　法務専攻	300
39	〃	東海大学大学院	実務法学研究科　実務法律学専攻	50
40	〃	東洋大学大学院	法務研究科　法務専攻	50
41	〃	日本大学大学院	法務研究科　法務専攻	100
42	〃	法政大学大学院	法務研究科　法務専攻	100
43	〃	明治大学大学院	法務研究科　法務専攻	200
44	〃	明治学院大学大学院	法務職研究科　法務専攻	80
45	〃	立教大学大学院	法務研究科　法務専攻	70
46	〃	早稲田大学大学院	法務研究科　法務専攻	300
47	〃	神奈川大学大学院	法務研究科　法務専攻	50
48	〃	関東学院大学大学院	法務研究科　実務法学専攻	60
49	〃	桐蔭横浜大学大学院	法務研究科　法務専攻	70
50	〃	山梨学院大学大学院	法務研究科　法務専攻	40
51	〃	愛知大学大学院	法務研究科　法務専攻	40
52	〃	中京大学大学院	法務研究科　法務専攻	30
53	〃	南山大学大学院	法務研究科　法務専攻	50
54	〃	名城大学大学院	法務研究科　法務専攻	50
55	〃	京都産業大学大学院	法務研究科　法務専攻	60
56	〃	同志社大学大学院	司法研究科　法務専攻	150
57	〃	立命館大学大学院	法務研究科　法曹養成専攻	150
58	〃	大阪学院大学大学院	法務研究科　法務専攻	50
59	〃	関西大学大学院	法務研究科　法曹養成専攻	130
60	〃	近畿大学大学院	法務研究科　法務専攻	60
61	〃	関西学院大学大学院	司法研究科　法務専攻	125
62	〃	甲南大学大学院	法学研究科　法務専攻	60
63	〃	神戸学院大学大学院	実務法学研究科　実務法学専攻	60
64	〃	姫路獨協大学大学院	法務研究科　法務専攻	40
65	〃	広島修道大学大学院	法務研究科　法務専攻	50
66	〃	久留米大学大学院	法務研究科　法務専攻	40
67	〃	西南学院大学大学院	法務研究科　法曹養成専攻	50
68	〃	福岡大学大学院	法官実務研究科　法務専攻	50
	私立計	46大学		3,800人
	合計	68大学		5,590人

表5-7　2004年度開設の法科大学院一覧

	区分	大学院名	研究科・専攻名	入学定員
1	国立	北海道大学大学院	法学研究科　法律実務専攻	100人
2	〃	東北大学大学院	法学研究科　総合法制専攻	100
3	〃	千葉大学大学院	専門法務研究科　法務専攻	50
4	〃	東京大学大学院	法学政治学研究科　法曹養成専攻	300
5	〃	一橋大学大学院	法学研究科　法務専攻	100
6	〃	横浜国立大学大学院	国際社会科学研究科　法曹実務専攻	50
7	〃	新潟大学大学院	実務法学研究科　実務法学専攻	60
8	〃	金沢大学大学院	法務研究科　法務専攻	40
9	〃	名古屋大学大学院	法学研究科　実務法曹養成専攻	80
10	〃	京都大学大学院	法学研究科　法曹養成専攻	200
11	〃	大阪大学大学院	高等司法研究科　法務専攻	100
12	〃	神戸大学大学院	法学研究科　実務法律専攻	100
13	〃	島根大学大学院	法務研究科　法曹養成専攻	30
14	〃	岡山大学大学院	法務研究科　法務専攻	60
15	〃	広島大学大学院	法務研究科　法務専攻	60
16	〃	香川大学・愛媛大学大学院(連合)	香川大学・愛媛大学連合法務研究科法務専攻	30
17	〃	九州大学大学院	法務学教育部　実務法学専攻	100
18	〃	熊本大学大学院	法曹養成研究科　法曹養成専攻	30
19	〃	鹿児島大学大学院	司法政策研究科　法曹実務専攻	30
20	〃	琉球大学大学院	法務研究科　法務専攻	30
	国立計	20大学		1,650人
21	公立	東京都立大学大学院	社会科学研究科　法曹養成専攻	65
22	〃	大阪市立大学大学院	法学研究科　法曹養成専攻	75
	公立計	2大学		140人
23	私立	東北学院大学大学院	法務研究科　法実務専攻	50
24	〃	白鴎大学大学院	法務研究科　法務専攻	30
25	〃	大宮法科大学院大学	法務研究科　法務専攻	100
26	〃	駿河台大学大学院	法務研究科　法曹実務専攻	60
27	〃	獨協大学大学院	法務研究科　法曹実務専攻	50
28	〃	青山学院大学大学院	法務研究科　法務専攻	60
29	〃	学習院大学大学院	法務研究科　法務専攻	65
30	〃	慶應義塾大学大学院	法務研究科　法務専攻	260
31	〃	國學院大学大学院	法務研究科　法務職専攻	50
32	〃	駒澤大学大学院	法曹養成研究科　法曹養成専攻	50
33	〃	上智大学大学院	法学研究科　法曹養成専攻	100
34	〃	成蹊大学大学院	法務研究科　法務専攻	50

国立二〇大学、公立二大学、私立四六大学、計六八大学（五五九〇）

ビジネス・MOT

小樽商科大学　商学研究科　アントレプレナーシップ専攻（三五）

香川大学　地域マネジメント研究科　同専攻（五〇）

東京理科大学　総合科学技術経営研究科　同専攻（五〇）

法政大学　イノベーション・マネジメント研究科　同専攻（六〇）

明治大学　グローバル・ビジネス研究科　同専攻（八〇）

同志社大学　ビジネス研究科　同専攻（七〇）

会計・ファイナンス

早稲田大学　ファイナンス研究科　同専攻（一二五）

公共政策

東北大学　法学研究科　公共政策専攻（三〇）

東京大学　公共政策学教育部　公共政策学専攻（一〇〇）

徳島文理大学　総合政策研究科　地域公共政策専攻（一〇）

その他

天使大学　助産研究科　助産専攻（四〇）

京都情報大学院大学　応用情報技術研究科　ウェブビジネス技術専攻（八〇）

日本社会事業大学　福祉マネジメント専攻科　同専攻（八〇）

宝塚造形芸術大学　デザイン経営研究科　同専攻（四〇）
デジタルハリウッド大学院大学　デジタルコンテンツ研究科　同専攻（八〇）

このように、二〇〇四年春には法科大学院五、五九〇人、その他九三〇人、それに専門大学院からの移行分六五四人、合計七、一七四人の入学定員を持つ新しい、しかも法科・経営管理系中心の専門職大学院制度が発足することになった。一般大学院における現在の入学定員が、社会科学系全体で約一万二千人、法学系が政治学や行政学を併せても約三千人であることからすれば、それが相対的にみていかに大きな規模を持っているかがわかる。

こうした専門職大学院の出現は、わが国の高等システム全体に、衝撃といってよいほどに大きな影響を及ぼさずにはおかない。なぜならそれは、単なる大学院制度上の問題、すなわち一般大学院との関係やあり方の問い直しの問題にとどまらず、学部と大学院の関係、とくに学部段階の専門（職業）教育と「教養教育」との関係、専門職学位の出現に伴う学位制度の問題、大学の内部組織や財政、入学者選抜、専門分野別の評価システム、授業料のあり方、専修学校との関係、大学間競争の構造や大学間の序列など、高等教育システムの全体にわたって多様な問題を投げかけるものだからである。一見、戦後の新しい大学制度の発足以来、半世紀余にわたって模索が続けられてきた「職業大学院」（プロフェッショナル・スクール）問題に、今回の「専門職大学院」の発足によってようやく決着がつけられたかにみえるかもしれない。しかしそうではなく、それがさらにあらたな問題を提起するものだということを見逃してはならないだろう。

(2) 専門職大学院の提起するもの

それでは専門職大学院の制度の成立は具体的に、あらたに検討を必要とするどのような問題を投げかけているのか。その主要なものをみていくことにしよう。

まず第一に指摘しておかねばならないのは、専門職大学院制度それ自体に関わる問題である。

この新しい制度の最大の問題点は、「質の保証」システムにあると思われる。規制緩和の時代の只中に生まれた専門職大学院制度は、「事前規制から事後チェックへ」の掛け声に忠実に、その設置基準をみてもわかるように設置者側の自由を重視した、柔軟性に富んだ開放度の大きい制度設計になっている。具体的にいえば、「高度専門職業教育機関」としての「質の保証」を文部科学省ではなく大学自体、あるいは「第三者」にゆだねる仕組みになっているところに、この専門職大学院制度の大きな特徴がある。学校教育法が、とくに一項を設けて「当該専門職大学院の設置の目的に照らし……教育課程、教員組織その他教育研究活動の状況について、政令で定める期間ごとに、認証評価を受けるものとする」（第六九条の三）と定めて、「事後チェック」の必要性を強調しているのはそのためである。

この学校教育法に明記された、文部科学省の認証を受けた評価機関による専門職大学院対象の「認証評価」制度については当面、それが義務づけられているのが法科大学院のみだという点に注意する必要がある。法科大学院の場合、その義務づけは「法科大学院の教育と司法試験等との連携等に関する法律」（二〇〇二年）によっても求められており、実際に法科大学院の発足以前にすでに評価機関の発足が予定されていた。これに対して他の分野の専門職大学院については、当面の措置として「外国の国際的に認められた評価機関の評価」を受けるか、「自己点検・評価の外部検証を実施し、その結果を公表し、且つ文部科学大臣に報告」すればよいことになっている。

規模の点でも社会的な威信や教育水準の点でも、現時点で専門職大学院の主流を占めるのは法科大学院である。医師と並んで最も伝統ある専門的職業人である法曹の養成にあたるこの大学院は、基礎になる学問体系も職業人として必要とされる知識・技術も確立されたものであり、しかも国家資格試験との関係で、そこでの教育目標やそれを達成するための教育課程や方法も明確に規定されている。それだけでなく共通試験を含む厳しい入学者選抜や、「適格認定」(アクレディテーション)型の評価システムもすでに用意されている。いいかえれば設置基準と関わりなく、よく整備された「質の保証システム」が、そこにはすでに準備されているのである。

しかしこれらはあくまでも法科大学院に限っての、特殊な条件であることを忘れてはならない。それ以外の専門職大学院は、すでにみた研究科・専攻名からも明らかなようにほとんどが、「専門的職業(プロフェッション)」として確立されているとも、社会的に認知されているともいいがたい、「専門家(スペシャリスト)」と呼ぶ方がふさわしい人材の養成を目的としたものである。「高度専門職業人」としての教育について学部段階からの積み上げや、一般大学院の枠内での先行例がすでに多くあって、経験や実績の十分な領域ではないだけではなく、また教員資格や教育課程について一定した明確な基準があるわけでも、資格試験制度との直接的な結びつきがあるわけでもない。

このことは専門職大学院が真に社会的に必要とされる、また「国際的」に通用する「高度専門職業人」の養成機関へと成長し、卒業後の職業機会や経済的報酬を含めて制度として社会的に定着するまでには、(法科大学院は別として)長い道のりが必要であるだけでなく、法科大学院以上に「質の保証システム」の整備が不可欠の課題であることを示唆している。学校教育法に書き込まれた「認証評価」制度を最も必要としているのは、実は法科大学院以外の専門職大学院なのである。新制度発足の当面はやむを得ないとしても適用除外は早急にやめ、評価機関の立ち上げを中心に独自の「質の保証システム」の確立をはからなければ、専門職大学院における新分野の「高度専門職業教育」

は社会的信頼をかちえ、制度としての順調な発展をとげることが難しいだろう。

(3) 高等教育システムと専門職業教育

第二に、高等教育システムにおける専門職業教育の全体に関わる問題がある。

現在、わが国の高等教育システムのもとで、専門職業教育は、おおよそ四つの系統に分かれて行われている。

1) まず医療系では医師、歯科医師、薬剤師、看護師など、最も伝統的な専門職業人の養成がいずれも学部段階で完結的に行われている。医学・歯学は六年制、薬学・看護学は四年制だったが、薬学については六年制への移行が決まった。アメリカではこれら医療系専門職業人はいずれも、職業大学院（プロフェッショナル・スクール）で養成されている。わが国でもアメリカ的な、たとえばメディカル・スクールへの移行論がないわけではないが、専門職大学院の制度化の過程で医学関係者からの積極的発言はほとんどなく、また薬学教育の年限延長についても六年制学部論が支配的であり、新しい専門職大学院制度の活用による薬剤師養成論は聞かれなかった。

2) 技術系の、工業・農業などの産業技術者養成は、学部と修士課程大学院の双方で行われているが、次第にその重心は大学院段階に移り、修士課程の事実上の職業大学院化が進行してきた。技術者養成のこうした構造はアメリカでもほぼ同様だが、わが国の場合には大学院進学者が増えるとともに、学部と大学院の間で専門職業教育の内容や水準をどのように差異的に編成するか、専門基礎教育や教養教育をどうするかといった問題が浮上してきたにもかかわらず、これまで十分な解決のための努力がされぬままになっている。

3) 問題は法務・経営・金融・会計・管理・行政といった、社会系の人材養成である。この領域では法曹や公認会計士のように国家資格試験と結びついた専門的職業もあるが、大方はビジネスやマネジメント関連の新しい職業である。これまでこの領域での大学院段階の専門職業教育は（法曹や公認会計士を含めて）未発達であったが、アメリカのビジネススクールやロースクールなどの影響を受けて、ようやくその制度化がはかられ始めたというのが現状である。法学部や商学・経営学部の例にみるように、この領域では学部段階の教育自体が専門「職業」教育というにはほど遠く、実践性・実用性に欠けている。専門職大学院の拡充は当面この社会系の領域を中心に進展していくものと思われるが、教育の内容もさることながら、（国家試験に結びついた若干の専門的職業は別として）わが国の企業の伝統的な雇用慣行が変わり、修了者の職業機会が大きく広がらない限り、この分野の急激な成長と定着は望みがたいだろう。

4）最後に、次第に姿を現しつつある分野として臨床心理・社会福祉・学校教育など、行動科学系の専門的職業がある。学校教員は別としてその多くはわが国では新しい職業であり、体系的な教育課程の編成や資格試験制度の整備も発展途上にある。専門職業教育はもっぱら学部段階で完結的に行われており、当面専門職大学院制度を利用する必要性に欠ける。学校教員は、一九七〇年代に新構想の教員養成大学院大学が三校新設されるなど、例外的に修士課程の職業大学院化がはかられてきた領域だが、資格制度との関連が弱いことから十分な成長をみるに至っていない。

このように現状ではわが国の高等教育システムの内部に、四つの専門職業教育の系統が並存しており、そのどれもが問題を抱え、制度的に安定した状態にあるとはいいがたい。それはなによりも専門的職業の概念が、社会的に著しく混乱していることに原因している。たとえば今回の専門職大学院が「高度専門職業人」の養成の場というあいまいな言葉で語られ、しかも最も確立された専門的職業である医療系の人材養成や、一般大学院の枠内で発展してきた技術者養成と無関係に制度化されたことは、その象徴である。

わが国の専門職大学院のモデル視されている、アメリカの「職業大学院（プロフェッショナル・スクール）」は、医師や法曹という伝統的な、確立された専門的職業人養成のためのスクールの整備・拡充に始まり、それを理想型として他の専門的職業のためのスクールが次々に制度化される形で発展してきた。職業の専門職業化（プロフェッショナライゼーション）の社会として知られるアメリカでは、職業大学院（プロフェッショナル・スクール）の開設が、ある職業集団の専門職業化の証しとみなされる、つまり専門的職業としての社会的認知が職業大学院の設置によって裏づけられる、という関係が形成されてきた。専門職団体と職業大学院の間には緊密な関係が作られてきたのである。

これに対してわが国では、これまでみてきたように大学院レベルの専門職業教育は一般大学院の枠内で、しかも医療と法曹という最も重要な専門的職業人の養成と無関係に進められてきた。それだけでなく医師会や弁護士会のような専門職団体と、専門職業教育機関との養成面での結びつきも弱い。そうしたなかでの今回の専門職大学院の発足は、制度的に多元的な混乱した状態を解決するよりも、むしろさらに深める危険性をはらんでいるとみなければなるまい。

(4) 一般大学院と専門職業教育

予想される混乱の最も重要なひとつは、一般大学院の枠内での専門職業教育との関係である。文部科学省がこれまで、修士課程大学院の職業大学院化を政策課題としてきたこともあって、一般大学院でもすでに研究科や専攻レベルでさまざまな形で、専門職大学院のそれと類似した専門職業教育が行われている。しかし今回の専門職大学院制度の発足は、少なくともいまのところ、そうした二元的状況の解消に役立つと思われる一般大学院から専門職大学院への移行の動きを、引き起こすに至っていない。一般大学院に比べて専任教員や実務家教員の数、教育課程など設置基準の点で、専門職大学院の設置基準の方がより厳しいことがその主要な原因になっているものと思われるが、裏返せばそれは一般大学院の専門職業教育の水準が、実践的・実務的な面で低いままに放置される可能性を示唆している。

その一方で、先にみた専門職大学院の具体的な研究科・専攻名称からも明らかなように、とくに今後に増加が予想されるビジネス・マネジメント系の専門職業教育については、アメリカのビジネススクールなどと違って、限定された特殊な専門領域の人材養成を研究科や専攻の名称を掲げるものが多い。この著しい専門特化もまた、一方では一般大学院からの移行をためらわせる方向に、他方では専修学校からの参入を奨励する方向に働く。専門職大学院と一般大学院、さらには専修学校との関係、それらの間の差異を明確にするためにも、大学院制度そのものの再検討が必要だろう。

予想されるもうひとつの混乱は専門学部と専門職大学院、いいかえれば学部段階の専門職業教育と専門職大学院におけるそれとの関係である。モデル視されているアメリカでは、日本と違って学部段階では専門学部制をとっておらず、教育の主目的は教養教育ないし一般教育と低度の専門教育・職業教育に置かれている。研究大学院と職業大学院の制度的な差異も明確で、組織的にも独立しており、学部段階でどのような専門・職業教育を受けてきたかと関わりなく入学者を選抜し教育している。ところがわが国では、ことさらに「独立大学院」の設置が問題にされてきたことからも知られるように、これまで長い間、学部と大学院は組織的にも人的にも、さらにいえば教育内容においても連続的であった。多くの大学院が事実上、専任の教員も独立の建物も独自の予算も持たず、いわば学部の付属施設として運営されてきたというのがその実態だったのである。

専門職大学院がそうした現状から大きく一歩踏み出し、まさに「独立大学院」として構想され制度化されたのは重要な変化といってよい。しかしここでもまたアメリカの職業大学院との大きな違いは、それが専門学部制、ひいては学部段階の専門職業教育を残したまま、そのあり方の問い直しを欠落させたままの制度化だという点にある。法科大学院の現実をみれば、そのことのはらんでいる問題・矛盾は明らかだろう。当初の構想では法科大学院は出身学部の如何を問わず、独自の共通学力試験によって入学者を選抜し、法曹養成に特化した完結的な専門職業教育を行うことになっていた。しかし学部段階の法学教育（法学部）がそのまま残され、法科大学院自体が完全に法学部から独立した人的・財政的基盤を持ちえないまま発足しようとしている現状で、その構想はいくつもの修正ないし妥協を避けることができなかった。法学部卒業者を入れる二年制課程の開設や、法学の学力試験の実施はその端的な表れにほかならない。

専門職大学院の制度化にあたっては、それが学部教育の変革をもたらすのではないかという期待があった。一九九一年の設置基準の大綱化、教育課程編成の自由化以来、学部教育は大きく専門（職業）教育重視に傾斜してきたことはよく知られている。多くの大学で一般教育課程・教養部が廃止され、専門（職業）教育の単位の増加と、共通・教養教育の縮減が一般化した。教養教育の再重視ないし復権を訴えた一九九八年の「二一世紀の大学像」答申は、そうした現実に対する大学審議会の危機感を表明したものとみてよい。専門職大学院が発足し出身学部と関わりなく進学の道が開かれれば、学部段階の教育は、一般・教養教育や専門基礎教育重視の方向に大きく転換していくのではないか。法科大学院はまさにそうした学部教育改革の尖兵としての役割を期待されて、制度化されたのである。それがすでにしてつまずきをみせていることは、右にみた通りである。

薬学部の六年制化にあたってもたしかに教養教育の重要性は指摘されたが、年限延長の目的はなによりも学部段階における専門職業教育の拡充にあった。多元的な、分裂した専門職業教育の現実を打開する方向で問題の検討をはかろうという志向は、ほとんどみられなかったのである。

(5) 学位制度の問題

最後に第三として、学位制度の問題にふれておこう。専門職大学院の制度化は、同時に専門職学位制度の発足を伴うものであった。

わが国の学位は長い間学士を学位とせず、修士・博士の学位はその上に、たとえば文学・工学などの専攻分野名を冠するものであり、冠しうる分野名称は学位規則に定められていた。規制緩和の一環として、その学位規則は一九九一年に改正されて学士が学位となり、同時に分野名称が自由化され、博士（経済学）や修士（電子工学）のように括弧書きされることになった。これによって括弧書きされる専攻分野名称が一挙に多様化したことは、周知の通りである。

これは一般大学院についての規定だが、それとは異なる設置基準による専門職大学院については、学位についても独自の制度を設ける必要があるというのが中教審大学分科会の結論であった。二〇〇二年の答申「大学院における高度専門職業人養成について」は、この点について以下のように述べている。

「専門大学院は既存の大学院とは異なる目的・要件の下で設置されるものと位置付けることから、その目的である高度な専門職業能力を修得したことを表す適切な名称の新たな専門職学位を授与する」。「『○○修士（専門職）』（たとえば、経営管理修士（専門職））などのように、習得した職業能力を適切に表す専攻分野の名称を修士の前につけて表記し、既存の学位と区別するため、専門職学位であることを修士の後に付記することとする方向で新たな学位名称を表記することが適切と考えられる。また専門職大学院の専攻分野には多様なものがあり、標準修業年限が三年以上で法令上定める専門職大学院において授与される学位については『○○博士（専門職）』（たとえば法務博士（専門職））や『○○博士（専門職学位）』（法務博士（専門職学位））などとすることが適当と考えられる」（同、三六－三七頁）。

そして専門職大学院についても生じたのは、学位名称の著しい多様化であった。法科大学院については答申にも例示されているように、すでに二年制・三年制を問わず修了者には法務博士号が授与されることになっている。それ以外の研究科・専攻については、どのような専攻名称を冠するかは各大学の自由とされており、その結果、以下のような多様な修士号が授与されることになっている（表5－8、括弧内は研究科・専攻数）。

経営（三）、経営学（一）、経営管理（四）、経営管理学（一）、ビジネス（二）、公共経営（一）、公共政策（三）、公共法政策学（一）、ファイナンス（二）、国際会計（一）、技術経営（二）、技術経営学（一）、情報技術（二）、デザイン経営（二）、コンテンツマネジメント（一）、福祉マネジメント（一）、医療経営・管理学（一）、社会健康医学（一）、助産（一）

こうした学位名称の多様性を、自由化の産物として積極的に評価することも不可能ではないかもしれない。しかし、学位制度が社会的な制度のひとつであり、しかも職業と直接結びついた、ほかならぬ「専門職」学位であることからすれば、名称の多様性は混乱とみるべきではないか。一般大学院の授与している学位名称のなかには、上記

表5-8　専門職大学院（法科以外）

大学院名	研究科・専攻名	設置形態	開設年度（平成）	入学定員	学位
一橋大学大学院	国際企業戦略研究科　経営・金融専攻	国立	12年度	85	経営修士（専門職）
京都大学大学院	医学研究科　社会健康医学系専攻	国立	12年度	22	社会健康医学修士（専門職
神戸大学大学院	経営学研究科　現代経営学専攻	国立	14年度	54	経営学修士（専門職）
九州大学大学院	経営学教育学部　産業マネジメント専攻	国立	15年度	45	経営修士
九州大学大学院	医学系教育部　医療経営・管理学専攻	国立	15年度	20	医療経営・管理学修士
小樽商科大学大学院	商学研究科　アントレプレナーシップ専攻	国立	16年度	35	経営管理修士（専門職）
東北大学大学院	法学研究科　公共法政策専攻	国立	16年度	30	公共法政策修士（専門職）
東京大学大学院	公共政策学教育部　公共政策学専攻	国立	16年度	100	公共政策学修士（専門職）
香川大学大学院	地域マネジメント研究科　地域マネジメント専攻	国立	16年度	30	経営修士（専門職）
青山学院大学大学院	国際マネジメント研究科　国際マネジメント専攻	私立	13年度	100	経営管理修士（専門職）
芝浦工業大学大学院	工学マネジメント研究科　工学マネジメント専攻	私立	15年度	28	技術経営修士（専門職）
中央大学大学院	国際会計研究科　国際会計専攻	私立	14年度	100	国際会計修士（専門職） ファイナンス修士（専門職
早稲田大学大学院	公共経営研究科　公共経営学専攻	私立	15年度	50	公共経営修士（専門職）
早稲田大学大学院	アジア太平洋研究科　国際経営学専攻	私立	15年度	150	経営管理学修士（専門職） 技術経営学修士（専門職）
天使大学大学院	助産研究科　助産専攻	私立	16年度	40	助産修士（専門職）
デジタルハリウッド大学院大学	デジタルコンテンツ研究科　デジタルコンテンツ専攻		16年度		コンテンツマネジメント 士（専門職）
東京理科大学大学院	総合科学技術経営研究科　総合科学技術経営専攻	私立	16年度	50	経営学修士（専門職）
日本社会事業大学大学院	福祉マネジメント研究科　福祉マネジメント専攻	私立	16年度	80	福祉マネジメント修士（ 門職）
法政大学大学院	イノベーション・マネジメント研究科　イノベーション・マネジメント専攻	私立	16年度	60	経営管理修士（専門職） 情報技術修士（専門職）
明治大学大学院	グローバル・ビジネス研究科　グローバル・ビジネス専攻	私立	16年度	80	経営管理修士（専門職）
早稲田大学大学院	ファイナンス研究科　ファイナンス専攻	私立	16年度	125	ファイナンス修士（専門職
京都情報大学院大学	応用情報技術研究科　ウェブビジネス技術専攻	私立	16年度	80	情報技術修士（専門職）
同志社大学大学院	ビジネス研究科　ビジネス専攻	私立	16年度	70	ビジネス修士（専門職）
宝塚造形芸術大学大学院	デザイン経営研究科　デザイン経営専攻	私立	16年度	40	デザイン経営修士（専門
徳島文理大学大学院	総合政策研究科　地域公共政策専攻	私立	16年度	10	公共政策修士（専門職）

専門職学位と同一名称のものが少なくない。たとえば「経営学修士」と「修士（経営学）」とは、何がどのように違うのか、さらにいえば同じ専門職学位でも「経営修士」と「経営学修士」とは同じなのか、違うのか。

それらは新制度の発足時に特有の混乱であり、制度が社会的に定着していけばやがては収束すると考えるべきなのかもしれない。しかし先にふれたように、専門的職業とは何かについての十分な議論や共通の認識、さらには明確な定義のないままに「専門職」大学院が発足したことが、こうした混乱の原因であるとしたら、それはさらに拡大することが予想される。とりわけ既存の大学・大学院の一部として設立されるのではなく、たとえば専修学校などを母体に「市場」に新規参入する専門職大学院のなかには、競争を強く意識して新奇な専攻名や学位名称を使うところが少なくない。

しかし、学位はいってみれば大学・学問の世界や職業の世界、さらには広く日本の社会やグローバル化する国際社会に流通する、一種の社会的な「通貨」である。中教審大学分科会で法科大学院の修了者にあえて「法務博士」号の授与を認めたのも、単に標準年限が三年だからというだけでなく、モデルとされたアメリカのロースクールの授与するのがドクター号だという、その意味での国際性を重視したためである。専門職大学院、いや日本のすべての大学院の授与する学位の、国内のみならず国際的な流通性を保障するためには、その内容や水準はいうまでもなく名称についても十分な関心を払う必要があるのではないか。

結び

専門職大学院の発足が、専門職業教育の問題を越えて、わが国の高等教育システム全体に投げかける問題は、先にもふれたように多岐にわたっている。これまでみてきたいくつかの問題はそのごく一部にすぎず、検討を要する問題はさらに数多く残されている。専門職大学院の出現はその意味で、わが国の高等教育システムがこの半世紀にわたって抱えてきた問題をあらためて提起し、さらには伏在してきた問題を表面化させる役割を果たしたといってよい。そしてそれは（専門職大学院の発足もその重要な一部である）高等教育システムの改革が、部分的・断片的なそれの積み重ねではなく、あるべき全体像の展望に立ったものになることを強く求められていることを示唆している。

本章の冒頭でもふれた、国立大学との関連でいえば、専門職大学院が法学系・ビジネス系など、社会科学系中心に発展し始めたことは、大学院における高度専門職業人養成について、これまで国立大学が私立大学に対して持ち続けてきた優位性が、着実に失われていくことを意味している。一般大学院の枠内にある工学・農学・医学関係の高度職業人養成における国立大学の優位性は、依然として揺らいではいない。しかし、社会科学系をみれば、司法試験や公認会計士試験などの合格者数で、私立大学はこれまでも国立大学と肩を並べ、あるいはそれを上回る実績を上げてきた。専門職大学院としての法科大学院や会計大学院の発足は、そうした実績をさらに高め、制度的に可視化する役割を果たし始めている。

しかも法人化したとはいえ、経営上の自由度が著しく制約された国立大学に対して、私立大学は、時代や社会の要請に応える新しい形態や職業領域の人材養成に、積極的に対応していく柔軟性を備えている。ＭＢＡやＭＯＴなどもそうだが、新しいタイプの、とくに社会科学系や人文系の人材養成の場は、多数の入学希望者が見込める、また卒業後の職業機会の豊かな大都市部でこそ可能性が大きい。そして、私立大学が人文・社会系中心で大都市部に集中しているのに対して、国立大学が自然科学系中心で、しかも地方分散的であることは、あらためていうまでもないだろう。

明治以来、研究と専門職業人養成を中心に設計され、役割を果たしてきた国立大学だが、専門職大学院という新しい制度の出現にどう対応していくのか、法人化はそうした新しい挑戦に応えて自己変革をとげていく力を、国立大学に与えるものになりえているのかどうか。いまそれが、厳しく問われ始めているのであり、その問いに大学だけでなく文部科学省がどのように答えるのかが、国立大学のレゾン・デートルに関わる重要な課題になりつつある、といってよいだろう。

終章　国立大学と国家戦略

はじめに——国立大学は不要か

(1) アメリカはモデルか

最近は、大学に対する厳しい批判が目立ちますが、その批判はもっぱら国立大学に向けられているように思われます。国立大学は国によって庇護された、競争や市場と無縁の存在である、「親方日の丸」「護送船団方式」で、世間の波風から切り離されてきた、その国立大学をこのまま放置しておいてよいのかというので、手厳しい批判が向けられているのです。

その批判のなかでいつも引き合いに出されるのは、アメリカの事例です。世界で最も成功している大学・高等教育システムは、アメリカだとみなされているからです。アメリカでは市場主義が大学の世界にも広がっており、大学間に厳しい競争がある。大学はそれぞれが一つの経営体として、生き残りをかけた競争をしている。それに比べて日本は、というわけです。日本は経済も政治も、国を挙げて全体がアメリカモデルを志向しているように思われます。そうしたなかで、アメリカと日本の高等教育システムの最大の違いはといえば、日本には国立大学があることですから、国立大学は要らないのではないか、アメリカの州立(公立)大学のように、府県立に移管したらどうか、さらには民営化したらどうかという意見が、野党を含めて政界からも、財界からも出ているというのが現状です。

しかし、アメリカはどこまで日本のモデルになりうるのか。最近は政治や経済の世界にもそういう疑問を投げかける論者がいますが、高等教育も同じではないかと思われます。アメリカの大学問題の研究者たちに、アメリカは日本のモデルたりうるだろうかと疑問を投げかければ、ある程度国際的な状況について知識を持っている人たちは必ず、「それは難しい、なぜならアメリカのシステムはきわめて特異でユニークだからだ」、という答えを返してくるでしょう。

たとえばマーチン・トロウ教授という、日本でもよく知られたカリフォルニア大学バークレー校の高等教育研究者がいます。彼は最近の本(『高度情報社会の大学』二〇〇〇)のなかで、「アメリカの高等教育は世界のどこの国と比較しても、きわめて特異な機能と構造を持っている」と書いています。また、「アメリカに固有な制度を、そのまま他国のシステムに移植するのは重要な間違い」だともいっています。

アメリカの何が特異なのか。あとでまたふれますが、簡単にいえばアメリカの高等教育・大学は私立から出発して、一九世紀の後半になって州立大学が作られ始めました。いまでは学生数で七割強を州立が占めています。国立から出発しながら私立が七割強を占める日本とは、歴史的な伝統が違っています。またアメリカには軍関係を除いて連邦立、つまり国立の高等教育機関が存在しないだけでなく、国公立と私立というセクターの境目があいまいで、私立のなかにも多額の資金を政府から受けている大学があり、州立のなかにも州政府から受け取る資金は全体のごく一部という大学があります。とくに「研究大学」と呼ばれる研究機能の強い大学のなかには、日本的な国公私立の区別では論じられない大学が少なくありません。

(2)　日米の違い

資金面でなによりも違うのは、アメリカにはフィランスロピー（篤志）の伝統があり、有力私立大学の多くが寄付によって作られた基金を基本財産に設立され、そこから得られる収益を主要な財源のひとつとして運営されているという点です。ハーバード大学やスタンフォード大学は有名な例として知られていますが、その基金は運用益だけでなく、さらなる寄付によってもつねに増殖しています。それはアメリカ資本主義のもとでの、富の蓄積形態の違いとも関係していると思われます。最近もそうですが富の蓄積が個人を中心に進み、有力な起業家や大富豪が次々に登場し、彼らが大学に多額の寄付をする例が多いからです。アメリカの有力大学の生成期は、産業化の急進展とそうした大富豪の出現の時代と重なっており、税制との関係もあってかれらが遺産の一部を大学に寄付するということが、繰り返し行われてきました。そうした巨額の寄付をもとに大学が新設され、あるいはそれを基金に組み入れて大学が新しい教育研究活動を立ち上げるという形で、いまのような豊かで活気に満ちた私立大学群が形作られてきたのです。

またご承知のように連邦政府は、いまは強くなりましたが長い間、とくに高等教育の面では小さくて弱い政府でした。合衆国であるアメリカという国家は州の連合体であり、州は準国家といってもよい存在です。その準国家としての州は、州民に教育機会を保障するために南北戦争以後、積極的に州立の高等教育機関を立ち上げてきました。ニューヨーク州もカリフォルニア州もそうですが、多くの州が私立大学とは別に巨大な州立高等教育のシステムを持っています。

このように国家や連邦政府の役割は全体として小さいのですが、大きな役割を果たしている部分もあります。それは研究費の提供と奨学金です。研究費は、大学の研究活動の側面にお金をつぎ込んでいるということですし、奨学金は、教育の機会の平等化のために努力しているということです。貧しい人向けのもの、優秀な人向けのもの、いろいろな奨学金のプログラムを連邦政府は持っています。

こうした歴史的な背景もあって、アメリカではおしなべて教育研究機関としては私立大学の方が、エリートセクターといいますか質が高い。州立大学は州民のために高等教育機会を開放していかなければなりませんので、マス化した高等教育機関になっているという違いがあります。これはアメリカの特殊な歴史的事情によるもので、世界的にみれば先進諸国はいずれも大学は国公立が原則です。例外的なアメリカでも、私学セクターは学生数の四分の一程度しか占めていません。中世以来の長い大学の歴史のなかで、これまでその費用は公費負担が原則でした。ごく最近までヨーロッパの大学には授業料制度そのものがありませんでしたし、アメリカの州立大学の授業料は低い水準に設定されています。

そうしたなかで日本は重要な例外になっていますが、実は韓国、台湾などの東アジアの国と地域も日本とよく似ています。日本の旧植民地だったところが同じように例外になっているというのは興味深い問題ですが、この三つの国では私学セクターが非常に大きくなっています。お隣の中国は社会主義国ですから違っていますが、しかし国立大学の授業料はかなり高い水準にありますし、「民弁大学」という名の私学セクターもだんだん膨らむ方向にあります。高等教育の東アジアモデルとでもいうべきものが、あるのかもしれません。しかしそこでも国立大学は不要だとか、民営化すべしという議論は聞かれません。

いずれにせよそういう状況からしますと、単純にアメリカを引き合いに出して国立大学は不要だとか、民営化してしまえという議論の立て方をするのは、暴論に近いといわざるを得ません。こうした世界的な現実のなかで、国立大学はほんとうに必要なのか不要なのか、必要だとしたらなぜ必要なのかをきちんと議論する必要があるのではないか。そうした冷静な議論抜きの感情的な国立大学批判や、客観的な分析や検討なしの改革論や廃止論があまりにも多すぎるのではないか。日本の高等教育システム全体のなかで、国立大学とはどういう位置を占め、役割を果たしているのか。それが議論されないままの国立大学不要論は、日本という国家の将来を危うくするものではないかと思えてならないのです。

1　日本の国立大学セクター

(1)「国家の須要」に応ずる大学

簡単なおさらいをしておきましょう。現在私たちが持っている国立大学群は、明治以来の日本の近代化の歴史的な産物です。日本は、国家主導で大学や高等教育のシステム作りをしてきました。明治一九年に出された「帝国大学令」の第一条には、「国家の須要」に応ずることがこの大学の目的だと書かれています。大学を国家に奉仕するものとして作る、ということです。「帝国」といういかめしい名前がついていることからもわかるように、その大学はいってみれば国家の政策的意図の塊のようなものでした。近代化・産業化のため、文明開化・富国強兵・殖産興業のための学問研究と人材養成をする。それに必要な学部や学科を置き、講座を設置する。いわば自然発生的に私立大学が生成し、あとを追って州立大学が設立されてきたというアメリカとはまったく違っています。大学は国家の意思に基づいて、ナショナル・ポリシーのもとに作られてきたのです。

近代化を後発する国にとっては、いつの場合にも国際水準の質の高い大学を創設することは大事業です。戦前期の日本には七校の帝国大学がありましたが、その帝国大学は一〇年に一校程度しか、作れませんでした。最初の帝国大学が東京に設立されたのが明治一九（一八八六）年です。明治三〇（一八九七）年になってようやく、第二の帝国大学が京都に設置され、明治四〇年代の初めに東北と九州にできました。大正七（一九一八）年に北海道帝国大学が設立され、昭和六（一九三一）年に大阪、昭和一四（一九三九）年に名古屋が最後に作られます。全国を七つのブロックに分け、それぞれに一校の国立総合大学を配置するという構想は明治の初めからありましたが、それを実現するまでに七〇年近くかかりました。つまり一〇年に一校程度しか、高度の教育研究機能を持つ総合大学を作ることができなかったのです。

それはなによりも、多額の国費投入が必要だったからですが、キャンパスや建物を含めて物的なストックの形成にお金がかかるだけでなく、教育研究に携わる教員・研究者集団という人的なストックと、彼らが担い創造する知的なストックもなければなりません。とりわけ人的・知的なストックは、時間をかけなければ形成されません。学問というのは蓄積であり、「大学は一日にしてならず」です。それは、帝国大学以外の旧制高等学校や実業専門学校、師範学校などの国立の高等教育機関も同じです。それらのストックがあってはじめて、戦後の各県一校の新制国立大学の創設も可能になったのです。

ですから旧帝国大学をはじめとする国立大学は知の塊、知の集積体であると同時に、いわば国民の税金の塊、国家的な富の集積体というべきものです。国家的・社会的な投資を基礎に長い時間をかけて歴史、伝統、学風などが作られ、知識が「蓄積」される。その蓄積された知識を「伝達」して次の世代を育て、また蓄積のうえに新しい知を「創造」していく。それが大学の果たしてきた、いまも果たしている役割です。この知の創造・再創造の主体となっているのが、教員や研究者だということになります。もちろん国立に限らずすべての大学が、基本的にそうした知識の「蓄積・伝達・創造」役割を持っていますが、そのどの部分のウエイトが大きいかによって、大学は同じではありません。「伝達」中心・教育中心の大学もあれば、「創造」中心・研究中心の大学もある。機能の濃淡があるわけです。

(2)　国立大学の機能的特性

それでは国立大学は、日本の高等教育システム全体のなかでどのような機能的特性を持っているのか。そのひとつは研究重視ということです。国立大学がなぜ研究重視になるかといえばそれは研究、とくに自然科学系の研究にお金がかかるからです。日本の私立大学の多くは授業料収入に依存していますが、授業料収入で研究費をまかなうことは難しい。学問の蓄積・創造に必要な資金は、学生の支払う授業料で十分にまかなえるものではないし、またまかなうべきものではないと思います。そこでそれ以外の資金、とくに国費の投入が必要になります。それは私立の有力な研究大学が多数あるアメリカも同じで、連邦政府が多額の研究費を私立大学に投じています。日本の場合は、最近は競争的な配分ということで、私立大学にも公的な研究費が投入されるようになりましたが、明治以来長い間「親方日の丸」で、政府の行政機構の一部に組み込まれた国立大学、とりわけ帝国大学を中心としたひと握りの大学だけに集中的に研究費がつぎ込まれてきたのです。

もうひとつの国立大学の機能は、高度専門職業人の養成です。近代化・産業化はプロフェッションと呼ばれる、高度な知識を持った人たちの育成・供給なしには進めることができません。医師や弁護士、それに官僚も入ると思いますが、そのほかに工業・農業等の産業技術者、それから学校の教員や研究者を養成しなければならない。こうした近代化・産業化の担い手となる人材育成には、多くの国で国立大学が主流になっています。それはなぜかといえば、その多くが社会的な公共性を持った職業であり、したがってその養成コストを個人の負担だけにゆだねることができないからです。国家目標としての近代化・産業化を推進するために、国家戦略として人材養成を行う。帝国大学、とくに東京帝国大学は法学部を筆頭学部にし、そこに最大の入学定員を配分して発足しましたので、官僚養成の大学だといわれますが、次に大きいのは工学部でした。その後の帝国大学も、真っ先に開設されたのは理工系の学部と医学部です。専門学校も同様で、最初に設置されたのは医学専門学校であり、その後次々に開設されたのは実業専門学校であり、その主力は商業よりも工業・農業でした。

そうした歴史的な経緯がありますので、国立大学は日本の大学全体のなかでみると、著しく偏った編成を持った大学群になっています。なによりも理工系中心です。旧制の七帝国大学のなかで、戦前期に独立の文学部を持っていたのは東京と京都だけ。東北と九州には法文学部という形で小規模の文科系の学部がありましたが、残りの北海道・大阪・名古屋の三大学にはそれすらない。帝国大学の主流はなんといっても理工系の学部と医学部であったわけで、それは戦後すべての旧帝大系の大学が総合大学化したあとも、圧倒的に高い理工系の学生定員比率や、強力な理工系大学院の存在という形で強い伝統として残っています。

また戦後、一県一大学原則による新制国立大学（いわゆる「地方国立大学」）の母体になったのは、なによりも実業専門学校群です。実業専門学校というのは、いうまでもなく実践的な専門的人材養成の場として全国的に開設されたものです。それぞれの県や地域ブロックの産業構造を考慮に入れた配置がなされてきました。それと医師養成のための医科大学、教員養成のための師範学校も新制大学に組み込まれました。戦前期の高等教育機関というと旧制高校の評価ばかりが高いのですが、帝国大学進学者のための予備教育機関ですから、専門人材の養成という点でいえば大きな役割を果たしていたわけではありません。新制国立大学に組み込まれたときも、大方は文理学部という形でした。

その「一県一大学原則」、つまり各県に複数の学部を持った、旧帝国大学に準ずる総合大学・複合大学を少なくとも一校は作ろうという政策は、高等教育機会の民主化・平等化をはかろうという視点から行われたものです。それまで、帝国大学以外の官立高等教育機関はすべて、単科で単機能の学校でした。同一県内にある医科大学等の単科の大学と実業専門学校、旧制高等学校、師範学校を統合して新しい大学を作り、その後も国家的な人材需要に考慮し、地域社会への貢献を謳って、たとえば工学部や医学部などの新増設をはかってきました。別にミニ東京大学作りをめざしてきたわけではないのです。もともと実業専門学校群はその産業構造に対応するような形で配置されてきたのですから、そういう性格が強いのです。

それらの国立大学は大学や高等教育のあるべき形、モデルというかスタンダードを示すという隠れた役割も果たしてきました。明治一九年に創設された帝国大学は、いわば国が大学とはかくあるべきものだという「範型」、つまりモデルを示したものです。あとから作られる大学は、それをモデルとしなければならない。国立だけでなく私立大学も同様です。そのモデルにある場合には強制的に、ある場合には自発的・選択的に近づくように、スタンダードを満たすようにという要求のもとに、文部省による設置認可の制度が運営されてきたのです。戦後の「大学設置基準」はそのことを明文化したものとみてよいでしょう。設置基準が自由化の名のもとに大幅に緩和されたのは、ごく最近のことです。

(3)　国際的な競争の担い手

もうひとつ重要なのは、国際的な大学間競争の担い手としての役割です。国立大学は、とくに開発途上国においては、近代国家としての威信を象徴するものとしてシンボリックな意味を強く持っています。日本の最初の大学が「帝国」大学などという、いまからみればなんとも大仰な名前を付けられたのも、それが国家の威信をかけた大学であったからです。いまは明治の初めとは違いますが、別の意味で大学が国家の威信の象徴になってきました。国際的な評価に耐える質の高い、いわゆる「研究大学」をいくつ持っているか。世界的な大学ランキングがはやっていますが、そのなかでどのようなポジションを自国の大学が占めているか。たとえば一〇〇位以内にいくつの大学が入っているかなどということが、新聞の社会面の記事になるほど社会的な関心事になっています。それはもちろん、これも国家の威信をかけた先端科学技術競争の手段としての大学という見方とも深く関わっているわけで、競争に勝ち抜くために大学の研究活動に集中的に、国家が研究費の投入をはかっていることはご承知の通りです。

さらにいえば、大学はいまやひとつの産業と化してきています。アメリカはもちろん、オーストラリアやイギリスなども含めて、英語圏の国々では大学がひとつの産業として国家政策の対象になっています。国際的に急増した留学生の獲得をめぐって、国際競争が激化しているからです。日本でもようやく一〇万人を越えた留学生の数を、さらに増やそうという動きがありますが、それら英語を国語とする国々は留学生の獲得政策を積極的に打ち出しているだけではありません。大学や大学分校をほかの国に設置するとか、教育プログラムを売るとか、個別大学の対応を越えた取り組みを展開しています。それが国家にとっての大きな収入源になるからです。たとえばオーストラリアでは高等教育の産業化、産業としての高等教育の育成が国家政策になっています。

その結果、留学生の国際流動がますます大きくなり、留学生の奪い合いも起こっています。とくにアジア地域がたくさんの留学生を外国に送り出すようになり、どの国がどのぐらいのシェアを獲得しているかに各国とも敏感になっています。イギリスは最近中国からの留学生が減少気味で、獲得に懸命になっているという話もあります。イギリスの多くの大学は、留学生からはフルチャージで授業料を取っています。留学生の自己収入になりますから、留学生が全学生の二割、三割になる大学もあって、教育水準が下がるのではないかと危惧されているという新聞報道もありました。高等教育の産業化・大学の経営体化が、それだけ進んでいるということです。

このように知識産業社会のなかで高等教育が産業化することによって、大学はこれまでとは違った新しい形での国家戦略の対象になってきているといってよいでしょう。欧米諸国の大学がアジアに進出してきているといいましたが、中国や韓国、それにインドなどの台頭が著しいアジアでは、国家・地域間の大学競争も激しさを増しています。中国も韓国も早くから重点大学化構想を持って、国立大学の育成・水準向上に多額の公的資金を集中的に投入してきました。中国の清華大学や北京大学、韓国のソウル大学なども世界大学ランキングの上位に入るようになり、最新のランキングでは北京大学が東京大学より上になったというので、マスコミでも話題になりました。上か下かは別にして、各国とも激化する先端科学技術競争や高度専門人材の養成競争のなかで、国家戦略として大学の育成策をますます強化しているのが現状です。

2　国立大学の法人化

(1)　活性化と効率化

国立大学の法人化は、そうした大学政策の国家戦略化のなかで出てきた問題だといってよいでしょう。国立大学の法人化の話は、実は明治以来ありました。しかし二〇〇〇年代に入るころから起きてきた法人化論は、従来のそれとは著しく性質の違ったものとみるべきでしょう。

なによりもこれまでみてきたように、大学改革が国家戦略化しました。大学が国家戦略の対象になれば、当然のことながらまずは国立大学に厳しい目が向けられます。明治以来国立大学が期待され、実際に果たしてきた研究や高度人材養成の機能強化をはからなければ、国際競争を勝ち抜けない。全体としての大学の教育研究の活性化をはかろうというのなら、まずは国立大学の改革をしなければならない。一九九〇年代に入るころ、当時の東京大学の有馬朗人総長が東京大学をはじめとする国立大学がいかに貧困化しているか、このままでは国際競争を勝ち抜くことはできないということで危機感に火をつけました。それが、グローバル化・情報化が進行するなかでの経済の低迷と相まって、科学技術面で教育研究の活性化をはかろうという動きを加速し、それが大学改革への要請となっていまに至っているわけです。

東京大学のような研究大学は、研究の最先端の部分でたえず国際的な大学間競争にさらされていますから、そこでの立ち遅れが強い危機感となって、大学の側から改革に向けた問題提起がされたのですが、その大学改革の問題はご承知のようにその後、行財政改革とも深い関わりを持って議論されるようになりました。有馬総長が強調したように、国際的な科学技術競争に伍していくためには、公的資金の投入と同時に大学の管理運営の自律化・自由化、教育研究活動の自由化のための制度・組織改革が必要とされます。一九九〇年代の後半、橋本内閣のころから行財政改革をめぐる議論が活発になりますが、そのなかで改革のひとつのターゲットが法人化という形で、国立大学に絞られていきました。

その行財政改革のねらいは規制緩和と小さな政府にあり、その点で最も成功を収めている（ようにみえる）アメリカと同様に新自由主義的な改革を進めないと、日本という国家はいまの地位すら保てないという話になりました。

考えてみれば当然のことですが、国立大学は税金の塊であると同時に文部科学省という行政機構の一部として、規制の塊でもあります。国立学校特別会計制度にがっちり守られ、教育研究活動に必要な財源を全面的に国家に依存している。その代わりに厳しい規制を受けており、配分され保障された資金や人という資源を自由に再配分し直したり、使ったりすることができない。規制緩和を進め小さな政府を実現するには、大学全体に対する規制もさることながら、まずは国立大学を文部科学省から切り離して財政的な自立をはかり、より安いコストで運営できるようにしなければならない。それが同時に国立大学の運営の自由度を高め、ひいては教育研究活動の活性化をもたらすはずだ——そこから法人化、さらには極端な意見として民営化論まで出てきたのです。

このように大学の教育研究の活性化をはかる必要があるという意見と、より効率的に公的資金を使う大学にすべきだという考え方、教育研究の活性化論と行財政の緊縮論の二つが結びついたところで、国立大学の法人化が具体的な課題になり実現に至ったといってよいでしょう。国立大学はこれまではヒト・カネ・モノを国家によって保証されたうえで、教授会自治を中心にした「知の共同体」として存立してきましたが、これからは文部科学省から切り離して独立の組織にし、国家だけに頼らず自力で資金を獲得する努力もし、ヒト・モノ・カネを自由に活用して教育研究の成果を上げる「知の経営体」に変わっていかなければいけない。法人化はそうした論理のうえに推進されたのです。

(2)　アメリカモデルの理想化

こうした議論のなかで理想のモデルとして取り上げられるのは、決まってアメリカの大学です。アメリカの大学こそが理想の大学だ、日本の大学はそれに比べて劣っている、遅れている、日本の大学はアメリカの大学に学ぶべきだというわけです。はじめに、マーチン・トロウ教授がアメリカの大学は「特異な機能と構造を持っている」とのべているといいましたが、彼は実はもうひとつのこともいっています。「ヨーロッパの〔「世界の」といいかえてもいいと思いますが〕高等教育は、急速にアメリカモデルを目指している」。アメリカを理想のモデル視しているのは、日本だけではないということです。「それはアメリカが富を持ち、スーパーパワーだからでもなければ、諸外国における多くの諸制度のアメリカナイゼーションの要素をなすアメリカ文化の力の反映でもない。それはひとえに、アメリカの高等教育が規範的にも構造的にも〝脱工業化〟の時代の諸要求に適合しているからである」というのが、彼の指摘です。

その通りだというしかありません。アメリカの大学はまさに、ポスト・インダストリアル・ソサイエティに適合的な、情報化社会にふさわしい構造を持ち、それゆえに成功を収めていることは間違いないからです。しかし同時に、その成功がきわめてアメリカ的な（ここでは詳しくふれる余裕がありませんが）条件によって規定されていることもまた事実だ、というのがトロウの繰り返し指摘している点です。

これは社会科学的な常識といってよいと思いますが、どんなに成功したモデルからでも学ぶことの可能なものには制約や限界があります。手放しでアメリカ的なモデルを真似ようというのは、ナンセンスな議論というほかはありません。モデルの選択的な導入は、政治や社会の知恵といってよいでしょう。明治一九年に作られた帝国大学自体、ドイツモデルの大学だといわれていますが、具体的に検討してみれば別にドイツの大学だけをモデルにしたのではないことがわかります。いろいろな国の大学から良いところ、都合のよい部分を取り出してきて、それらを寄せ集めて作った大学だというのが正しいと思います。ある部分はフランスの大学に似ている、アメリカやイギリスの大学に似ているところもある。どこかの国のモデルを全面的に真似ることはしませんでした。それが現在の東京大学、さらにいえば日本の「大学」の範型・原型になっているわけです。

それはともかくアメリカモデルとして引き合いに出されるのは、ごく普通の教育中心の大学の話ではなくて、研究中心の大学の話です。国家戦略との関わりで大学のあり方が問題になっているのですから、なによりも「研究大学（リサーチ・ユニバーシティ）」と呼ばれている、ノーベル賞級の学者を多数出しているような、国家の威信を象徴するような大学ということになります。ハーバード大学は、スタンフォード大学は、ＭＩＴはという話になりますが、これらはいずれも私立の研究大学です。

ただ日本の私立大学と違って、巨大なファンドを持っています。ハーバードは数兆円のファンドを持っているといわれます。その豊かな私立大学に多額の研究費が、政府資金として流れています。政府関連の研究費の提供者としてはＮＩＨのような医療関係も、ＮＳＦのような自然科学関係もありますし、軍事関係の予算も多額に流れています。それに豊かなファンドを持った財団があり、企業も研究費を提供し、さらにフィランスロピーの伝統に根差した卒業生を含むさまざまな篤志家が、寄付をしているのがアメリカのこれら研究大学です。しかも研究費には五〇％前後の、オーバーヘッドと呼ばれる間接経費がついていて、研究者が研究費を獲得すればそれに応じた一定額の収入が、研究の場を提供している大学にも入ってくる仕組みになっています。さらにいえばこれらの私立大学は教育の面でも二万ドル、三万ドルといった高い授業料を取る一方で、充実した給付奨学金の制度も持っています。博士課程の学生ともなれば、ほとんどが奨学金をもらっているといわれています。そのような恵まれた条件のもとで私立大学として自由な経営が行われ、高い教育・研究水準を実現することが可能になっているのです。

3　研究費と公的財政支出

(1)　研究大学の現状

ひるがえって日本の私立大学はどうか。日本の私立大学のなかで研究大学と呼びうる大学は、科学研究費の獲得額をはじめとする研究の水準に関わる、さまざまなインデックスをとってみればすぐわかることですが、残念ながら現状では慶応と早稲田の二大学だけといってよいでしょう。私立ですからどこから資金を得ようと自由ですが、アメリカの大学と違って巨額のファンドは持っていません。慶応義塾のような日本を代表する私学で、しかも多数の財界人を送り出し強力な同窓会組織を持っている私立大学でも、ファンドはごく小規模で、そこから得られる収益で大学運営に必要な資金の一定部分をまかなえるというようなものではありません。政府資金もあまり投入されない。研究関連の公的資金の予算額自体が少ないということもありますし、旧帝国大学系の国立大学との研究費獲得競争になかなか勝てないという問題もあります。政府による経常費補助金の制度もありますが、経常費の一割強程度を占めるにすぎません。

アメリカと比べた日本の私立大学のもうひとつの重要な特徴は、なによりも授業料が安いことです。アメリカでは二、三百万円が普通ですが、アメリカの半分どころか三分の一以下の授業料しか取っていません。国立大学との競合から、高い授業料を取るのは難しいと考える私学が多いためです。これは戦前期からそうでした。帝国大学をはじめ、官立学校は発足当初からかなり高い授業料を徴収しており、私学は学生集めのためにもまた教育条件からいっても、それ以上の授業料はなかなか取れなかったのです。さらにいえば、国立セクターの規模を政府が抑制し、私立セクターに増大する一方の進学要求への対応を求めてきた、つまりマス化の担い手を私学に求めてきましたから、ますます高い授業料の徴収は難しい。そのため私立大学は教育研究条件を高めることが難しい状況に、ずっと置かれてきたのです。

こうした私立セクターの厳しい状況に対して、日本を代表する研究大学といえば、それは旧帝大系の国立大学ということになります。これらの大学もまた当然のことながらファンドをまったく持っていません。毎年、政府から来る公的資金だけに依存して運営されてきました。授業料は五〇万円強ですから、ヨーロッパの事実上ただというのに比べれば高いわけですが、アメリカの州立大学なみです。私立の研究大学に比べれば安いその授業料も、これまでは国庫収入ということで大学の自己収入にはなっていませんでした。資金面ではまさに「親方日の丸」で、いわば政府の丸抱えになっていたのです。

しかし多額の政府資金を投入されているのだから豊かなのかというと、そうではありません。東京大学に行ってみればわかります。たしかにいまはキャンパスがきれいに整備され、新しい建物が増えましたが、戦後長い間、教育研究環境は悪くて、とても経済大国を代表する最高学府とはみえませんでした。九〇年代の初め、有馬総長が危機を訴えた当時の東大はほんとうに悲惨な荒廃した状態で、「大学の棺桶化」とまでいわれていました。それに比べれば改善されたことは確かですが、しかし建物が増える一方で超過密化した東大のキャンパスは、スタンフォードとはいわぬまでも北京大学と比べてみても貧弱で、いかに国際的に見劣りがするかがわかります。昨年の秋に何年ぶりかで北京大学や、上海にある復旦大学等を訪ねてきましたが、集中的な資金投入が進んでいるらしく、キャンパスは行くたびに立派になり新しい建物ができています。清華大学の施設設備などは日本の大学と比べて数等上ではないかと思われます。

不幸なことに日本の国内では国立の研究大学はつねに、そうした諸外国の一流大学とではなく、日本の私立大学と比較されてきました。私立大学と比べればたしかに、国立大学の方が恵まれているでしょう。しかし国際的にみれば、とても東京大学が恵まれているとはいえません。国内基準からすれば恵まれている、しかし国際基準でいえば貧困な大学、それがわが国を代表する国立大学の現状だといってよい。それ以外の国立大学や私立大学については、あらためていうまでもないでしょう。

日本の研究大学が世界の一流大学に伍していくためには、ハーバードやスタンフォードのような資金豊富なアメリカの大学とも、国家の重点的投資の対象になっている中国の北京大学や清華大学とも、競争していかなければなりませんが、そのための条件はけっして良くありません。小宮山宏東大総長は、世界一の大学になるにはもっとお金が必要だといっています。それはたしかにその通りでしょう。しかしフローとしての研究費だけでは、一流の研究大学にはなれません。施設設備にしても人にしても、あるいはその果実を自由に使えるファンドにしても、ストックがなくてはなりません。一流の研究大学は一日にしてはならないのです。過密なキャンパスで教員も職員もいっこうに増えず、経常費も人件費も削減されるなかで、フローとしての研究費ばかりが増えても、ほんとうに国際水準の大学を実現するのは難しいのではないかと思われます。

(2) 公的財政支出の貧困

ひと握りの研究大学以上に重要なのは、高等教育全体に対する公的財政支出の貧困です。これは繰り返しいわれてきたことですが、GDP比で日本は〇・五％、アメリカは〇・九％です。欧米諸国は軒なみ一％前後の数字になっていますが、日本はその半分しか国が高等教育にお金を出していません。もちろん私立セクターがありますし、授業料収入もありますから、この他に私費負担分が日本は〇・六％、アメリカは一・八％になっています。アメリカの場合は授業料以外に民間が負担している寄付金等が入っているので、日本に比べて私立セクターが小さいにもかかわらず、三倍近い比率になっています。

これを足し合わせますと日本はＧＤＰ比で一・一％、アメリカは二・七％です。ＧＤＰの大きさが日本とアメリカでは違うわけですから、それを考慮に入れると高等教育に支出している実際の金額には、相当に大きな開きがあることになります。関係者、とくに政治家や財界人はそのことを十分に認識し、大学にいかに無理を強いているかについてもっと自覚的になるべきではないかと思います。それは国立だけでなく、私立を含めたわが国の大学・高等教育全体に関わる問題です。資金の手当てを含めて新しい資源の投入のないまま、乏しい資源の現状のまま頑張れ、頑張れの精神主義だけで教育研究の活性化を求めても、またその乏しい資源を先端科学技術競争と直接関わる、その意味で国家戦略的な研究テーマに「選択と集中」で投入しても、それだけで大学間の厳しい国際競争を勝ち抜くことは難しいでしょう。

国立大学についてはっきりしているのは、どんなに厳しく尻を叩かれ努力を重ねても、財政的に自立することは不可能であり、それを性急にまた強制的に求めることは「角を矯めて牛を殺す」に等しいということです。国立大学が研究と専門職業人養成に中心を置く大学である限り、そこの部分に国は資金を投入せざるを得ません。医師や研究者・教員、それに技術者など、社会全体にとって関わりの深い公共性の強い職業人の養成は国立大学に期待された重要な役割のひとつです。

もちろん現在ではこうした職業人の養成に、私立セクターも大きな役割を果たしています。医師の養成はその代表的な例のひとつですが、そこに十分な公的資金を投入せずに授業料・入学金という形での多額の個人負担に依存していることが、さまざまな歪みを生んでいることはご承知の通りです。そうした教育コストの高い、しかも公共性の強い人材養成については、国家の助成なしには教育そのものが成り立ちがたいのです。実際に私学助成の大学別をみればその大きな部分が、医師の養成をしている大学に配分されていることがわかります。研究、とくに自然科学系の研究となればなおさらです。私立大学が人文社会系の教育や研究に中心を置いているのには、そうした資金面での制約が大きく働いていることはいうまでもないでしょう。いまの状態では私立大学が自力で、とりわけ自然科学系の研究大学になることは、ほとんど不可能に近いといわざるを得ないのです。

公的資金の問題は、こうした現実を踏まえたうえで考えられねばなりません。国立大学を含めて大学の存在が国家戦略の問題として浮上しつつあるといいましたが、そのことがどのような意味を持っているのかについて、現状では十分な検討がされているとはとうていいえません。グローバル化する経済競争のもとで生き残っていくためには、大学の教育研究水準の向上が重要だから、大学をなんとかしなければという話になっていることは確かです。大学という組織体の性格を変えなければというので、国立大学の法人化を中心に規制緩和がはかられてきたことも事実です。しかし組織を変えるだけでなく、それを教育研究の水準向上に結びつけていくためにもっと公的な資金を投入しよう、国際水準の大学をさらに整備し数を増やしていこうという話にはなかなかなりません。逆に公財政支出を全体として削減する方向にあります。総額を減らすだけでなく、公的資金をどのように配分するのかについても、やみくもに競争的な研究費を重視し増額をはかり、長期的な見通しを欠いたその場しのぎの資金投入をしているようにみえます。重要だといいながら国家戦略性がない、戦略性を十分に考えない大学政策がとられているように思えてなりません。

(3) 資金の配分構造

公的資金の配分方法についてはもちろん、それを変えようという努力がないわけではありません。ただそれは厳しい財政事情のもとで、文部科学省の予算全体が削減の方向にあることから、追加投入なしで配分の仕組みを変えて必要な資金を捻出する方向にあります。具体的にどちらの方向にあるかといえば、基盤的な資金よりは競争的な資金に、教育よりは研究に、学部よりは大学院に、人文社会系よりは自然科学系に、基礎研究よりは応用・実用研究に、教養的な教育よりも実務的な教育に、資金の配分構造を変えようという選択がされているといってよいでしょう。

総額は実質的に横ばいか減額というなかで配分だけ変えるのですから、公的資金は一方が増えれば他方が減るというトレードオフの関係に立っていることになります。であればこそ国家戦略としてそれでいいのか、十分かつ慎重に検討する必要もそれだけ大きくなります。その点から国立大学という税金の塊についても、明治以来営々と築き上げてきた国家的な財産なのですから、その財産をさらに増やすのか取り崩していくのか、もっと活用していくのか、いまは取り崩す方向にいっているようにみえるのですが、きちんと考える必要があります。私立大学についても国家戦略として慶応義塾や早稲田のように、自力で研究大学化してきた大学を国家が資金面で支援し、さらに私立の研究大学を増やす努力をしていかなければならない。それが国立に限らず、わが国の大学全体の研究水準を高めるうえできわめて重要だと思うのです。

4　国立大学法人の現実

(1)　国家戦略としての法人化

大学について国家戦略がないといいましたが、この数年間に行われた最大の国家戦略的な選択は、これまでの各章でみてきた国立大学の法人化であったと思います。国立大学を法人化し自立的な経営体にすれば、教育研究の活性化が可能になるのではないかというのがひとつのねらい、もうひとつは行財政改革の一環としての経費削減でした。二〇〇〇年に検討が始まり、二〇〇二年に法人化が決まり、二〇〇四年の春に一斉に八七の国立大学法人が発足したのは、ご承知の通りです。その法人化は、経費節減はともかく、教育研究の活性化という点で、どのような効果や成果を上げつつあるのか、法人化から四年目の段階ではまだ評価の難しいところですが、何が変わったのか、何が変わらないのか、どのような問題や課題がみえてきたのかは、すでにかなりの程度わかってきています。

それについては、これまでの各章で詳しく述べましたので、ここでは要約的にふれておきます。よりどころにするのは、二〇〇六年の春に、国立大学財務・経営センター研究部が中心になって実施した、学長・理事対象のアンケート調査の結果です（第4章参照）。

すでにみてきたことのおさらいになりますが、法人化によって国立大学がどう変わったのか、どのような効果があったのかについて、学長たちは、大学としての「個性化」とか「自主性・自律性の向上」という点で、大きな効果があったとしています。「競争力の向上」の点でも同じです。「管理運営の合理化・効率化」にも効果があったし、「組織の活性化」も進んだという評価になっています。ところが「財務の健全性」をみますと、学長の評価は必ずしも高くない。大学経営の最も根幹的な部分について、問題があるらしいことがわかります。

それから全学的な「合意形成」や「一体感の形成」という点でも、効果に対する評価は低い。国立大学はこれまで長い間、教授会自治をベースにボトムアップ型の運営をしてきましたから、学部の連合体のようなもので大学としての一体感が弱い。そのために執行部は大幅に強化されたものの、「合意形成」という点ではまだとても十分とはいえないという評価になっています。「教職員の意識改革」も、ほかの項目に比べるとあまり進んでいるとはいえないようです。とくに職員の意識改革が進んでいない。「教育・研究活動の活性化」については、二割程度の学長が「大いにプラス」だといっていますが、「ややプラス」を加えて四分の三程度です。微妙なところですが、まあプラスということでしょうか。「社会貢献の活性化」は大きなプラスという評価になっています。法人化によって、産官学連携等もありますが、さまざまな形で社会との間の交流活動、連携活動が広がっていることは事実で、それが数字に表れています。

これが法人化の現状についての学長たちの評価です。あくまでも学長の意見ですから、一般の教員にはまた違う意見があるでしょうが、学長からみれば問題点はあるものの、法人化は大学の経営面では積極的に評価されているといってよいでしょう。

(2) 文部科学省との関係

問題はここから先です。それでは、法人化によって具体的にどのような変化が進行し、それはどう評価されているのでしょうか。

まず、文部科学省との関係です。文部科学省と大学との関係で重要なのは、二つの点です。一つは、大学は法人化と同時に、六年間の中期目標を立てて中期計画を策定する、それをさらに年度ごとにブレークダウンした実施計画を作り、毎年度その実績を報告して文部科学省（国立大学法人評価委員会）の評価を受ける。六年（実質的には五年）後には計画全体の達成度の評価を受け、それに応じて次期の中期計画期間の予算配分が決まるという仕組みになっています。これは企業経営の場合のＰＤＣＡです。「プラン・ドゥ・チェック・アクション」というサイクルを、法人化し「経営体」化したことによって、国立大学も導入せざるを得なくなったのです。

それまでの国立大学は実質的に「ドゥ」しかありませんでした。つまり、来た予算を年度末までにきちんと使い切ることが重要で、実質的に「プラン」もなければ「チェック」もない、チェックに基づく「アクション」もない。文部科学省から一定の基準に基づいて算定・配分される予算を年度末までにきちんと消化して、定められた教育研究活動を展開するのが基本で、経営的な努力といえば新規概算要求の形で、特定の事業（たとえば講座や学科の増設、新規定員の獲得など）についての予算獲得を試みるだけという方式で、長年の大学運営がされてきたのですから、根本的ともいうべき大きな変化であり進歩です。

プランを立て、結果をチェックするためには、どうしても現状の把握が必要になります。中期目標・計画の策定を強いられることでようやく自大学の、部局を越えた全体像がみえるようになったという国立大学がほとんどといってよいでしょう。自分たちがいったい何をしてきたのか、これからしようとしているのか、自覚的・反省的に考えるようになったという点で、国立大学が法人化を機に、大きく変わったことは間違いありません。しかしその半面、書類作成のための時間や事務量が膨大なものになり、そのしわ寄せが職員だけでなく教員にも及び、悲鳴に近い声が聞かれることも確かです。やがてはルーティン化して負担の軽減が可能になるのでしょうが、当面は大きな問題として法人化のマイナス面の筆頭に挙げられているのはこの問題です。

文部科学省との関係でもうひとつ重要なのは、運営費交付金という形でくる国からの公的資金の問題です。詳しくはこれまでの諸章に譲るとして、要は文部科学省の設定した基準に基づいて計算された、大学の運営費に必要な資金の標準的な額から、授業料や付属病院の診療収入のような自己収入を差し引いた金額が、運営費交付金という形で文部科学省から各国立大学法人に配分されます。その自己収入と運営費交付金、それからＣＯＥやＧＰのような公募・審査方式による競争的な公的資金、それにさまざまな寄付金や、共同研究・受託研究などの民間から得られる研究費、科研費などの競争的な公的研究費などを併せて、教育研究活動が展開されることになりました。このうちCOE・GP以外の研究費は、申請者である教員・研究者自身が獲得するものですが、数年前からこれら研究費に一定比率（三〇%）の間接経費（オーバーヘッド）がつくようになり、その一定部分が大学の収入になります。大学はこうしたさまざまな資金をもとに運営されているのですが、その最も重要なもの、比率的にも最も大きなものが総額で一兆二千億円にのぼる運営費交付金であることは、いうまでもありません。

運営費交付金にはこれまでと違って、費目や使途についての厳しい指定や縛りがありませんから、法人化によって経営の自由度は大幅に高まり自己裁量の余地が増しました。もちろん財務諸表の作成・提出・公表を求められていますし、監事が任命されて厳しい会計監査があり、文部科学省に対する毎年度の実績報告とその評価もあるわけですから、私立の学校法人に比べればさまざまな制約はありますが、それでも自由度が著しく高まったことは間違いありません。

ただ大学の側からすると、一種の「契約」である六年間の中期計画を前提に大学経営を進めるといっても、運営費交付金制度に関わる政府予算は単年度主義ですから、毎年の政府の予算編成方針に揺さぶられることになります。これは最初から決まっていたことですが、人件費を除く運営費交付金については一%の効率化係数がかかる、付属病院についても二%の経営改善係数がかかる、つまりそれだけ減額されることになっています。それを前提に経営計画を立てるのですが、対象外とされていたはずの人件費部分についても、六年間で五%はカットという話が突然出てくる、自己収入の重要な部分である授業料の標準額の引き上げが突然決まるということで、大学の側からしますと経営の前提条件が次々に変わってくる。毎年毎年、次年度の政府の予算編成方針がどうなるのか気にしていたのでは、長期的な展望に立った経営計画を立てるのは難しいという話になるわけです。また自由になったといってもさまざまな制約があり、文部科学省にお伺いを立てなければならない部分も少なくありません。依然として制約が大きいと感じている学長が、かなりの数いるというのが現状です。

(3) 大学経営の構造変化

次に、大学経営の構造がどのように変わったかですが、法人化以前の国立大学は、簡単にいってしまえばトップに学長がいて、各部局から選ばれた評議員からなる評議会があり、各部局には教授会が置かれていました。大学によっては、部局長会議を置いていたところもあります。意思決定は、最終的には評議会が行うことになっていましたが、実質的にはボトムアップ型で部局教授会の承認がなければ何もできない。部局長会議は学長のインフォーマルな諮問機関のようなもので、決定権限があるわけではありません。学長は評議会の議長、学部長は教授会の議長で、長といっても決定権限はない。制度上は評議会が決定機関でしたが各部局の代表の集まり、ということは教授会の代表の集まりですから、一部局でも「うちの学部は反対だ」ということになれば、延々と議論しても決定に至らないことがしばしばある。そういう時代が長く続いていました。

それが法人化によって大きく変わったことは、これまでみてきた通りです。学長を中心に役員会が構成され、学長が役員、つまり理事やその他（副学長など）の任命権を持ち、そこが経営の決定権限を握るというトップダウン型になりました。教育研究、いわゆる教学の面については教育研究評議会、経営面については経営協議会を学長の諮問機関としておき、経営協議会の外部委員の任命権も学長が持っています。この二つの組織には決定権限はなく諮問に応じて議論するだけですから、学長を中心とした役員会の権限がきわめて強くなりました。

文部科学省という行政機関から分離されて独立の経営体になったのですから、意思決定の必要な課題・範囲が一挙に広がりました。その結果、これは最初予想されていなかったことだと思うのですが、法人本部といいますか執行部の周りに補佐的あるいはブレーン的な機関というか、企画立案を中心としたスタッフ的な役割を果たすさまざま組織が作られ、そこに多数の教員が関わるようになってきました。これまでも各部局の代表を集めた、全学委員会と呼ばれるものがたくさんありました。法人化で、それらのコンセンサスを取り付けるための組織は大幅に減ったのですが、その代わりに実務的な性格の強い、室・本部などと呼ばれる、教員を長とし職員も参加する新しい組織が次々に姿を現したのです。

トップダウン型に変わり、学長権限が大幅に強化されましたから、学長たちは意思決定が迅速化、簡素化されたと評価しています。しかしこれまで長い間ボトムアップ型の大学運営をしてきたのですから、先ほどのアンケート調査の結果（第４章）にもあったように、合意形成や一体感の形成という点で不安が残っています。本部の決定事項に各部局が納得し、満足していない場合も当然出てきます。正規の組織図には存在しない、部局長会議のような連絡調整組織がどこの大学にも置かれているのは、そうした大学内部の緊張を緩和するための知恵といってよいでしょう。執行部中心のトップダウン型の組織になったとはいえ、各部局や個々の教員の利害に直接関わるような決定を一方的にすることは事実上不可能だし、望ましいことでもありません。合意の取り付けや一体感の形成にはどのような組織のあり方や手続きが適切なのか、まだ手探りの状態というところでしょう。

大学経営の構造が大きく変わり、それとともに正規の組織図にはない、さまざまなスタッフ的な機能を持った組織・部門が作られ、教職員の負担感が増しているというのが現状です。

(4)「国立・大学・法人」

このように国立大学の組織構造は、法人化によって大きく変わりました。しかし、国立大学法人が一つの経営体としてうまく機能しているのかどうかというと、どうも「国立」・「大学」・「法人」という三つの部分が互いにばらばらで、その複雑な関係が十分に整理し切れず、その結果さまざまな問題を生じているのではないかという思いが強くします。

国立大学法人は、いうまでもなく「国立」大学法人です。このことは当然ですが、法人化したとはいえ国立大学が依然として文部科学省の統制下にあることを意味しています。運営費交付金の額を決めるのは文部科学省ですし、人件費も文部科学省が標準的な額を算定して決めているのですから、非公務員化したとはいえ、たとえば給与水準を人事院勧告と無関係に決めることはできません。給与体系は自由に決めてよいことになっていますが、人事院勧告が出ればそれに準じてベースアップをし、地域手当の額を決めて支給しなければならない。人件費が抑制され毎年カットされるなかで自由にといわれても、ボーナス等で若干のメリハリを付ける以外に、給与体系を大幅にいじれるほど原資がないという問題もあります。また人件費のなかでも退職金は、退職者の発生に応じて国が支払うことになっており、各大学が退職金の引き当てをし積み立てているわけではありません。定員制がなくなったとはいっても、このことは人事政策上の大きな制約になっています。

施設整備の問題も深刻です。建物の新築だけでなく、大幅に遅れている耐震化や老朽化対策をするためには、年間千五百億円ぐらいの予算が必要とされていますが、実際に立てられている一般会計予算は五、六百億円程度しかありません。国立大学法人の資産は国の出資によるものですから、各大学が勝手に施設整備を進めるわけにはいかず、そのための資金もありません。各大学が独自に減価償却をして資金を積み立てるとか、外部から借り入れをして何年後かに建て替えるということも(付属病院を除いて)、法人化の制度設計のなかに入っていません。補正予算でも組まれない限り、毎年老朽化が進んでいくことになります。この面でも、「国立」であることに変わりはないといってよいでしょう。

それから移動官職の問題もあります。移動官職というのは、文部科学省が人事権を持っているポストです。事務局長をはじめ、国立大学の課長職以上のポストについては長い間、文部科学省が人事権を持ってきました。法人化後は、職員についても各大学に人事権が委譲されましたから、文部科学省との関係が大きく変わったことは確かです。しかし依然として移動官職の占めるポストは多数残っています。法人化前に本省から事務局長で来ていた職員は、ほとんどが法人の理事になりました。しかし人事権は実質的に本省にあり、大学側の事情に関わりなく文部科学省側の必要に応じて移動していく。この移動官職問題も、「国立」の部分に関わる問題として残っています。

次に国立大学法人の「大学」の部分ですが、大学は長い間教員中心の運営をされてきました。いまでもそれは基本的に変わりません。たとえば学長は、経営協議会の外部委員と教育研究協議会選出の同数の委員から構成される、学長選考会議で選任されることになっていますが、実際には教授会構成員(一部職員を加えているところもありますが)の意向投票を参考に、その結果を受け入れる形で決めている大学が大部分です。執行部である役員会のメンバー、あるいは先にふれた補佐的・ブレーン的な諸機関のメンバーも、各部局所属の教員のなかから選任されるのが普通ですから、「法人」の上層部というか中核的な部分は、結局のところ「大学」からの出向者で占められていることになります。

専任職である理事のなかには、外部の出身者や文部科学省からの移動官職もいますが、大多数は二年程度の任期で学内の教員から選任され、任期が終わればまたもとの部局に戻っていく仕組みになっています。その意味で、「法人」自体がまだ組織として十分に確立されていない。直接大学経営にあたる理事等の役職者の主要部分が「大学」からの出向者で、経営と教学が未分離の状況にあるわけです。私立の大学法人と違って、学長と別に理事長の職が置かれているのではないという制度設計上の特徴もあり、経営体化したとはいえ「大学」という組織を、教員の意向や参加なしで動かしていくことはできないという現実もあります。しかし、経営体としてこれでいいのか、戦略的で機動的な大学経営は「大学」依存のままでどこまで可能なのか。またこれまで「教員中心主義」の大学運営をしてきただけに、それを残したままの大学経営は優秀な教員の教育研究活動の時間を奪うことにならないか、といった問題があることは確かです。

「法人」部分の象徴的な問題としては、会計制度があります。法人化によって、国立大学法人はこれまでの官庁会計から、企業会計原則による会計システムに大きく変わりました。現金主義から発生主義への転換が繰り返し強調されてきましたが、しかし長年にわたって決められた予算を年度末までにきちんと使い切るという、官庁会計でやってきたのですから、突然企業会計原則に移行するといわれてもそう簡単にはいきません。しかも大学は営利企業とは違いますから、企業会計の仕組みをそのまま導入するわけにはいかず、専門家の目からみても中途半端で妥協的、複雑で難解な会計システムになっているようです。各大学法人に企業の監査役にあたる監事ポストが設けられたのも、法人化に伴う変化のひとつで、監事には公認会計士もいますし企業財務のプロもいます。その人たちの全国組織もできていて、新しい会計システムについていろいろ議論をしていますが、そこでもわかりにくいという意見が強く、改革の必要があるのではないかという声が出ているようです。

財務担当の理事対象のアンケートによりますと、新しい会計制度について職員の理解度が十分だと答えている人はゼロ。理解していない、あまり理解していないという答えが七割近くになっています。文部科学省自体、企業会計原則について理解が十分とはいえないようですし、現金主義的な官庁会計でやっているのですから、大学側は法人としての財務諸表のほかに本省提出の資料も作らなければならない。事務量が膨大になっている一因はそういうところにもあり、このままでいいのかという危機感を抱いている理事や学長が少なくないのが現状です。

それから「法人」については、事務部門と事務職員の問題があります。長い間事務部門は、文部科学省の出先機関でした。事務部門の人事にも運営にも、「大学」側は直接の権限も持っていませんでした。ただ教授会自治で、大学の管理運営に関わる事項の決定権限は教学の側にありますから、事務局は教授会の決定に従い定められた規則通りに執行するという、従属的な地位に置かれてきました。文部科学省に従属し、教授会にも従属するということだったのです。それが法人化し自立的な大学経営をしなければならなくなると、職員の質の低さが問題として表面化してきました。質が低いというより長い間従属的な地位に置かれ、経営などということとは無縁な職業生活を送ってきた職員たちは、本来持っているはずの能力開発の機会を与えられずに来たという方が正しいでしょう。

これまで事務職員には企画立案や独自の判断能力は、ほとんど期待されてきませんでした。ルーティン化された仕事をこなすこと、会計でいえば配分された予算を費目通り、年度末までに一円の狂いもなく使い切り、書類を整え、文部科学省に報告することだけが要求されていたのです。また日本の官僚のつねとして、専門的な職業能力はあまり期待されていませんでした。いつどこの大学やポストに移動しても仕事ができるという、一般的なゼネラリストとしての能力が期待されるだけで、あまり高度に専門的な能力を持ってしまうと、移動や昇進の機会が失われるというのが現実だったのです。

先にみたアンケートの結果によれば、人事担当の理事（大部分は文部科学省からの出向者です）の七割が、職員について人数だけでなく、能力のうえでの不足を訴えています。能力の不足感は業務のあらゆる分野に広がっています。

いままではすべて本省におんぶしてきましたが、自分たちで自立的に企画を立て、判断し、決定して実施に移していかなくてはならなくなって、その能力不足の問題が浮上してきたのです。自立的な経営上の問題には待ったなしで処理し対応しなければなりませんから、職員の能力不足は結局、教員側の負担過剰となって跳ね返ってきます。役員会の周りにさまざまな補佐的・補助的な組織が作られているといいましたが、それら企画や実務処理の組織の長はほとんどが教員です。スタッフにも多数の教員が動員されています。教育研究の活性化が重要な目的だったはずの法人化が、教員の時間を逆に奪っているのです。「法人」を運営していく学長にとっても理事たちにとっても、また教員たちにとっても頭が痛い問題といわねばなりません。

(5) 資金獲得の自己努力

このように法人化された国立大学はさまざまな問題に直面していますが、最大の問題はなんといっても資金の獲得にあるといってよいでしょう。運営費交付金に依存するのでなく、それ以外の資金獲得に努力するよう大学に求めるというのは、法人設計の重要なねらいのひとつでした。運営費交付金は毎年減額されますから、それ以外の資金の獲得努力をしてくださいということです。国立も私立も同じですが、最も重要な自己財源は授業料収入を中心とした学生納付金です。その授業料収入については国が標準的な授業料を決めています。各大学は、一〇％の範囲内で上げてもいいことになっていますが、上げた大学はありません。上げられるのは競争力のある大学ということになるでしょうが、逆に競争力のあるところは研究費等を含めて、運営費交付金以外の資金が獲得できますから授業料を無理に上げる必要がない。さらにいえば国が標準額を引き上げて大学の自己収入が増えれば、それに応じて運営費交付金の支給額が減らされることになっていますから、国立大学法人の側には引き上げへのインセンティブがないわけです。

学生の数を増やせば授業料収入が増えるのではないか、という考え方もあります。しかし国立大学は学生の数を自由に増やすことはできません。運営費交付金の算定が学生数をベースにしているということもありますが、なによりも一八歳人口が減少し定員割れの私立大学が四割を越える現状で、国立大学の学生数を削減しろという圧力はあっても、定員を自由に増やすことを認めようなどということはまずありえません。国立大学の学部のなかにはもっと学生を増やしても、従来通りの教育水準を維持していけるところがあるかもしれません。しかし学生数を増やすことが事実上不可能ですから、授業料収入を増やしようがないのです。

寄付金の獲得に努力すべきだという話もあります。実際に多くの国立大学が、寄付金の獲得が重要だとしています。しかし誰に寄付してもらうのか。日本の場合、フィランスロピーの伝統が弱いことはよく知られています。税制も、アメリカに比べて大学が寄付金を獲得するのに不利にできています。これまで「親方日の丸」で、寄付金を集めることに不熱心だった国立大学はともかくとして、私立大学の場合にも経営の重要財源になるだけの寄付金を集めることは難しいのが現状です。周年事業といいますが五〇周年だから、百周年だから寄付をくださいというのが一般的で、経常的に寄付金を集められる状況にはないのです。

寄付といえば、これまで全学的な同窓会を持っていない国立大学がほとんどでした。学部別の同窓会を持っている大学はありますが、大学全体の同窓会を持っている大学は数えるほどしかありませんでした。それが法人化して突然同窓会を作り、寄付をしてほしいといっても、卒業生にも学生にも愛校心に乏しいのが、少なくともこれまでの国立大学の特徴ですから、なかなかうまくいきません。寄付金を収入源のひとつにしていくには、さらに時間と努力が必要とされるでしょう。

企業との共同研究、受託研究などの研究費集めには、どこの大学も自然科学系中心に、法人化以前から積極的に努力してきました。研究費ですから基本的に研究契約を結んだ個別の教員のところにいきますし、研究費以外には使えません。アメリカの大学であれば、研究費にはすべてオーバーヘッド（間接経費）がついています。これは大学と研究費の提供者側との交渉で比率が決められるようですが、だいたい五〇％前後のオーバーヘッドを大学が取っています。しかし日本にはごく最近まで、オーバーヘッドの制度はありませんでした。ようやく科学研究費の一部に三〇％の間接経費がつくようになりましたが、企業等の研究費についてはっきりした取り決めがあるわけではありません。大学にとっての重要な財源・収入にはまだなっていないのです。

研究費は、それぞれの教員が研究の力量に応じて努力して獲得するものですから、どうしても特定の教員、さらには大学や学部に集中します。しかも企業は役に立つ研究に資金を出しますから、実用・応用研究中心になっていくことは避けられません。またそれに過度に依存すれば、知識の創造の場としての大学の独立性が脅かされ、知識創造に歪みが生ずる恐れがあります。研究費の獲得に努力すればするほど、アメリカの大学がすでにずっと以前から経験済みのいろいろな問題が、日本でも起きてくるでしょう。実際に研究費を受け取ったが研究をしなかったとか、不正使用したとか、論文を捏造したといった事件が次々に起こっています。そうしたひずみが出てくるのは避けられないことかもしれません。

公的な外部資金としては、ＣＯＥやＧＰがあります。これらは個々の教員ではなく、文部科学省が特定目的の研究教育費の枠を設け、大学がプロジェクトを立てて申請し、審査を経て決定されるという公募形式の資金です。教育と研究の活性化のための競争的な環境を作ろうというので、二〇〇〇年代に入ってからこの種のプロジェクトがいくつも出てきて、実際にかなりの成果を上げています。ただ、これら競争的配分予算の資金源はどこにあるかといえば、実質的にはいっこうに増えない文部科学省の高等教育関係予算の枠内にあるわけです。いってみれば大学にこれまでついていた予算の総枠のなかで、基盤的な部分を削って捻出しているのです。つまり各大学とも毎年削られる運営費交付金の、削られた分の穴埋めのために、ＧＰ関係の予算を取ろうと必死になって努力するという構図になっている。文部科学省も、大学関係の予算の総額をなんとか前年なみに維持したいと考えて、ＧＰ関係の予算をつけているというところがあります。

こうして基盤的部分が削られ、代わりに競争的な配分予算が増えれば、なんとか前年なみの資金を獲得したい大学が、その獲得に向けて走り出すのは当然といってよいでしょう。申請書作りに時間をかけ、人目を引きやすい「個性的」なプロジェクトを次々に打ち出すことになります。いまはそれが活性化の方向に働いているようですが、行き過ぎれば日常的な、最も基礎的・基盤的な教育研究活動がなおざりにされ、ひずみが生ずる危険性があります。マイナスの二次効果を生むことがないよう、その運用には慎重な配慮が必要でしょう。

しかし国立大学にとってその額からみても、個人ベースの競争的な資金という点でも、最も重要な公的な資金は科学研究費です。科学研究費は総額で二千億円弱にまで増えてきましたが、国公私を通じての競争的な配分予算です。国立大学は教員全員に申請を義務づけているところもあるほど、その獲得に向けて積極的な努力をしています。部分的ですがオーバーヘッドが三〇％ついてくるようになりましたから、研究費とはいえ大学経営にとっても、ますます重要性を増しつつある資金源といってよいでしょう。

このように財源としての外部資金はみた目にはいろいろありますが、実質的にはほとんどが研究費ですから、どうしても研究重視の大学の方が獲得に有利です。教育中心の大学はその恩恵にあまりあずかることができません。外部資金を獲得して財政的な自立をしろといわれても事実上、不可能なわけで、多数を占める教育中心の国立大学はとくに運営費交付金に依存せざるを得ないのです。

5　戦略的な課題

(1)　みえてきた問題点

こうして、四年目を迎えて国立大学法人についてはいろいろな問題点がみえてきましたが、全体的・総括的こととしてそれ以外の問題点をいくつか指摘するとすれば、一つは、法人化の制度的な枠組みがまだ安定するに至っていないということがあります。

六年間の中期計画と予算の単年度主義との間の矛盾はそのひとつです。中期の目標・計画を立てることを各大学に求め、その実績を毎年度評価し、最終年度に総括的な評価をして次の六年間の目標・計画につなげ、しかも予算の配分額の増減にも結びつけるということは、いわば大学と政府・文部科学省が一種のコントラクト（契約）を結んでいるということです。これだけの事業――教育研究活動や社会貢献活動をするという「契約」には、当然それに応じた資金の裏づけがなくてはなりません。ところが政府予算は単年度主義で、しかも財政緊縮で予算の削減が問題になっているのが現状ですから、予算額が毎年のように変動し予算の配分の仕組みが変わるという不安定な状態にあります。現行の中期計画自体、法人化前に立てられたものですし、激変期でやむを得ないという事情もあるかと思いますが、各国立大学法人は落ち着いて長期的な経営戦略を立てる余裕がなかなかできません。第一期の中期計画が終わりに近づき、第二期の計画策定が課題になり始めたいま、あらためて検討が必要な最重要の問題といってよいでしょう二つめの大きな問題は、序章でもふれましたが大学間格差の拡大です。八七の大学法人がありますが、そのなかには小規模の単科大学も、東京大学のようなマンモス型の総合大学もあります。だいぶ減りましたが四割近くが単科大学です。マンモス大学と単科大学は、簡単にいってしまえば、大きなマスと小さなマスのようなものです。大きな方は揺さぶれば余裕や余剰が出てきますが、小さな方は揺さぶっても何も出てこない。内部での資源の再配分を進めていく余裕のある大学と、それがほとんどない大学とがあるということです。このままだと競争的な研究費配分政策の推進のもとで、格差がさらに開いていくのは避けられません。

新制度の国立大学は一九四九年に一斉に発足しましたが、戦後の疲弊した時期でしたから資源の再配分、追加配分はほとんどありませんでした。それまで旧制の大学だったところと専門学校・高等学校・師範学校であったところとでは、出発時に持っていた資源がまったく違っていたわけです。その違いを埋める努力がある程度されてはきましたが、基本的に変わらなかったことはこれまでみてきた通りです。二〇〇四年の法人化の際にも、また同じことが繰り返されました。それぞれの大学のキャンパス等の物的資産も、人件費を含む予算額も教職員の数も、その時点で固定したうえで運営費交付金の算定がされたからです。文部科学省という行政機構から切り離され独立したのですから、それに伴って必要になったあらたな資源も、発生したあらたなコストもさまざまにあったはずです。しかしそれらに対する配慮や、資金や資源の投入はほとんどなされませんでした。法人としての発足時点での資源と資金の範囲内で「自由」にということになったのですから、実質的な予算削減があったのと同じことです。是正措置や、規模や属性に応じた配慮はまったくといってよいほどされなかったのです。

こうした格差のうえに基盤的な経費が削られ、競争的な資金を増やす方向で、研究重視の資金配分政策が強化されています。競争的な資金配分となれば、強者と弱者の差がますます出てきます。強者は、戦後の新制大学としての発足時も法人化の時も他に比べて多くの資源を持って出発した、具体的にいえば旧帝大形を中心とした「研究大学」ですから、増額される競争的研究費はそこに集中し、いわば「ウイナー・テイク・オール」的な状況になりつつあります。序章の終わりの部分に数字を示したように、研究費の獲得能力には歴然とした差がありますが、それを個別の大学の努力の差に還元して、獲得額の少ない大学を非難するのは間違っているといわざるを得ません。スタート地点の違う一〇〇メートル競走のようなもので、もともと早い走者が五メートルも一〇メートルも先からスタートしているのでは、差は開くばかりでしょう。

競争的な資金、とくに研究費を増やせば増やすほど、勝ち組と負け組とが分かれてくるのは当然でしょう。これだけ先端科学技術競争が激しさを増しているなかで、それが望ましいことだという考え方が財界や政界に支配的なのも、わからないではありません。しかし、大学に対する公的支援というパイを大きくしないで、基盤的な部分を削って競争的な予算の増額を続けるのは、貧しいものから奪って豊かなものに渡すに等しいわけで、小規模の地方大学はますます貧困化し地盤沈下していく恐れがあります。

国立の、とくに教育系や文系の単科大学では、人件費比率が八〇％を大きく越えている大学が少なくありません。教職員の給与が支出のほとんどを占める大学で、経費の削減をはかろうとすれば、教職員の数に手をつけるほかはありません。まずは職員からということになりますが、それも長年の定員削減で限界に来ています。付け加えておけば、国立大学の職員数は私立大学に比べて多いといわれますが、アメリカの大学とは比べものになりません。アメリカの私立研究大学では、教員の二倍を越える職員がいますが、日本では国立の研究大学でも、一倍にもならないでしょう。

そこで、いまでは教員が人件費削減の対象になりつつあります。人件費をどのように減らすか。いま一般的に行われているのは、退職した教員のポストをすぐに埋めないという方法です。半年とか一年は不補充を原則に、その間の給与を浮かす。国立大学の財務諸表をみると、どこでも剰余金が出たことになっていますが、その大部分はこうして浮かせた人件費とみてよいでしょう。もともと限られた物件費、たとえば水光熱費を削っても、それで数億円の剰余金が出てくることはありません。「黒字が出ている」と受け取る人たちもいるようですが、これを黒字とみるのには無理があります。こうした対応策を何年も続けられるわけはありませんから、やがては苦しくなった大学が教員数の実質的な削減に追い込まれることもありうる、というのが現状です。総合雑誌の特集のなかで、ある大学の教授が上流大学と下流大学の分化について、書いていましたが、国立大学の間でもそうした分化が、着実に進行しているのです。

研究の重要性ばかりが強調されますが、たとえば優秀な研究者は質の高い教育抜きには育成できません。安定的で日常的な、厚みのある学部教育の上に大学院があり、研究があるのであって、その教育の部分を軽視し取り崩すようなことをしていけば、研究のよって立つ基盤はますます脆弱化していきます。さらにいえば大学も研究者の世界も、ひと握りの超一流の研究大学や研究者だけで成り立っているわけではありません。広くて厚みのある裾野の上に高い峰がありうるのだということを、忘れてはならないと思うのです。

(2) 国家戦略の重要性

このようにみてくると国立大学、ひいては大学や高等教育全体についての国家戦略の重要性があらためて浮かび上がってきます。国立大学はなぜ必要なのか、どのくらいの数や規模が必要なのか。その国立大学に何を期待するのか。明治以来一世紀余りをかけて多額の税金をつぎ込んで作り上げてきた国立大学という国民の財産を、どうしようというのか。それを取り崩していこうというのか、さらに増やし活用していこうというのか。民営化や整理縮小を簡単に、また思いつきでいわないで、「国家百年の計」を立ち止まってじっくり考えたうえで、政策的な方向を打ち出す必要があるでしょう。

国立大学がいま何をし、どんな問題を抱えているのか、これまで十分に発信をしてこなかった大学の側にも問題があることは確かです。法人化を契機に、とくに地方国立大学の地域と社会に対する情報の発信量は、著しく増えました。実際に国立大学が地域の産業振興や市民生活といかに深い関わりを持っているか、認識のレベルは上がってきています。しかし、これまでの各章でみてきたような、変貌をとげつつある国立大学法人の現状について社会的な理解が十分かといえば、とてもそうはいえないでしょう。とりわけ政策決定に関わるいわゆる「有識者」たちが、進行している変化の現実をどこまで正確に認識しているのか、心もとない思いがします。国立大学をどうするのかについて、社会的にも政治的にもコンセンサスがないのが現状ではないのか。マスコミの報道をみていても、国民の税金で大学が維持されていること自体が悪であるような、国立大学いじめに近い記事ばかりが目立つように思えてなりません。

政府自体が、政策論の使い分けをしているようにもみえます。先端科学技術競争を強調するときには、大学にとって重要なのは研究だといいます。研究重視を強調するほど、それは国立大学重視にならざるを得ません。なぜならこれまでの国立大学・自然科学重視の国家政策の結果として、国際的な競争力を持った研究大学も研究者もその大部分が国立セクターに集中しているからです。ところが行財政改革の必要性を強調するときには、経費の節減論で運営費交付金のカットから国立大学不要論、民営化論まで飛び出してきます。その折り合いをつけるために「選択と集中」ということで、ひと握りの「重点大学」育成策が主張されるのでしょう。しかし、それら国立の研究大学は、わが国の大学のごく一部にすぎません。研究大学には私立大学もありますし、研究大学以外の教育研究の場にも、とくに若い優秀な研究者がたくさんいます。研究と教育、研究大学と教育大学を単純に二分できるわけではないし、そうすれば研究も教育を著しく活力をそがれることになるでしょう。

「選択と集中」をいう前に、国公私立の七五〇校に近い大学が、また八七校の国立大学が、一つのシステムとしてどのような構造を持ち機能を果たしているのかを十分に把握し、理解したうえで、「選択と集中」政策の対象外に置かれることになる大学や、大学セクターのあり方を考慮に入れた政策を推し進める必要があるでしょう。大学の国家戦略とは、そうして熟慮された、全体と将来を見つめた政策構想を意味しているはずです。そして、そうした議論がなされず、国家戦略もみえないままに批判の槍玉に挙げられ、改革の対象とされているところに国立大学の苦しさがあります。いま必要とされ、期待されているのは国立大学の現実を見据えた、長期的で全体的な展望に立った国家戦略ではないでしょうか。

(3)　組織問題の戦略

抽象的な議論ばかりでは仕方ありませんので、最後に、より具体的な課題をいくつか指摘しておくことにしましょう。まず、組織問題に関わる戦略です。

国立大学の組織問題について、最も重要な課題は、「国立・大学・法人」のうちの「法人」部分の強化ではないかと思います。強化といっても権限や権力をもっと強め、拡大すべきだというのではありません。機能や役割の強化です。このことと関連して思い出すのは、はじめの方でもふれた、トロウ教授の指摘です。エリート・マス・ユニバーサルという、高等教育の三つの発展段階を特徴づけた論文のなかで、彼は大学の「管理運営の形態」について、こんなふうにいっています（『高学歴社会の大学』一九七六）。

エリート段階の大学では「一般的にいって管理運営の長になるのは、一定の任期で選挙され、あるいは任命された〔しろうとの〕大学教授にほかならない」。「マス段階に入り高等教育の規模が拡大し機能的にも多様化すると、管理運営にあたるスタッフの数は増大する。そうなると最高管理者のポストは……完全に専任化した管理者によって占められるという傾向が一般化し……この専任管理者の下には多数の官僚制的スタッフが置かれ、たえずその規模を拡大していく」。「ユニバーサル段階に近づくと、巨大化する教育費が財政的な責任をいっそう重いものにし、またより精緻な計画化された管理運営方式を求める圧力が強くなっていく。大学はシステム・アナリストやエコノミストなど予算計画の知識を持った専任の専門スタッフを、ますます多く雇い入れるようになる」。

これはアメリカの経験をもとに、トロウが図式化したものですが、規模の拡大という中立的な条件の変化が、管理運営の仕組みをどう変えていくかを問題にしているという点で、日本の現状や方向を考えるうえでも役に立ちます。

たとえば、日本の高等教育はユニバーサル段階に達したといわれますが、トロウの特徴づけによると、国立大学法人の組織運営の仕組みはようやくエリート段階からマス段階に移り始めたところ、とみた方がよさそうです。教学と経営の分離は不十分ですし、理事長をかねる学長は「完全に専任化した管理者」というにはほど遠く、しろうとの大学教授が教員集団の意向投票をもとに選ばれて、任期付きでそのポストにつくという例が依然として一般的だからです。役員（理事）会のメンバーの場合にも、もっぱら任期付きのしろうと大学教授が任命されているという点ではほぼ同様だというのは、これまでみてきた通りです。

さらにいえば、「官僚制的なスタッフ」であるはずの事務局職員の専門性や職務能力が低く、また「たえずその規模が拡大」するどころか、逆に縮小に向かっていることも指摘しておくべきでしょう。トロウの指摘した変化の趨勢に逆行しているわけです。国立大学の法人化とともに、「教員の職員化」が進行しつつあるのではないかといいましたが、量・質両面での官僚制的スタッフの不足が、教員を動員することによってカバーされようとしているのです。これでは教員が、企画判断業務を含む事務的な、「官僚制的」な仕事に時間とエネルギーを奪われ、教育研究の活性化どころか沈滞や水準低下を招いたとしても不思議はないでしょう。アメリカなみの競争力を持った大学作りのために、国立大学を法人化をしようというのなら、まずは「法人」の中核である事務局の縮小ではなく拡充整備をはかるべきだったのです。

いまさらそれをいっても始まりませんが、政府・文部科学省は少なくとも、事務職員の数をさらに減らさざるを得ないような運営費交付金の定率削減はやめて、職員の能力アップを援助し、さらには書類の提出要求を必要最低限にとどめて、教員が教育研究と社会貢献活動以外の管理的・事務的な業務に動員されるのを防ぐよう、極力配慮すべきでしょう。

もちろん問題が長い間、教授会自治をベースにした教員中心の大学運営に慣れ親しんできた、大学と教員の側にもあることは否定できません。「経営体」化したとはいっても、「共同体」性を併せ持っているのが大学という組織体の重要な特徴です。教学だけでなく、管理運営についても教員中心主義で、教授会自治でやってきたのですから、法人化したのちも「経営」に関与することに、大多数の教員は抵抗感がない、いや当然だと思っているとみられるからです。しかし、いうまでもないことですが、大学の教員は教育研究のプロフェッションであって、法人化した大学の管理運営や経営は本来の職務ではないはずです。経営と教学の分離と、それに対応した新しい専門的な管理者層や職員層の形成は、教員が教育研究活動に専念できるようにするためにも、避けがたい方向とみるべきでしょう。教員自身の意識変革が必要とされているのです。

制度設計上、学長が理事長をかねることになっている国立大学で、経営と教学の分離をどこまで、どのように進めるのかは難しい問題です。これからしばらくは経営体と共同体、ボトムアップとトップダウンの境界をどのように設定していくのかについて、葛藤をはらんだ試行錯誤が重ねられることになるでしょう。大学は「慣行の束」だといいましたが、法律や規則を変えるだけで、次の日から教職員の意識や価値観が一変し、経営者マインドに満ちた学長が選任され、まったく新しい管理運営システムが動いていくというわけにはいきません。意識変革を含めて、教職員が経営と教学の分離に慣れ、新しい「慣行の束」を作り上げていくにはまだまだ時間が必要です。「カネ」という資源を増やせないというのなら、政府・文部科学省はせめて「トキ」という資源を国立大学法人に投入する必要があります。中期目標・計画期間が一期終わっただけの時点で、法規通り動いていないからといって、性急な評価や批判のもとに法人の権限や権力のさらなる強化をはかるような愚は、なんとしても避けるべきでしょう。

(4) システム問題の戦略

もうひとつは、システム関連の問題、とりわけ財政と財務に関わる問題です。国立大学法人は、財政面でも自立化への努力を求められていますが、自己収入や外部資金の獲得の努力に限界や制約があること、しかもその限界や制約に大学間に、単純化していえば、研究機能の強い「研究大学」とそれ以外の大学との間に著しい差異があることは、すでにみてきた通りです。

この点でも引き合いに出されることの多いアメリカですが、たとえば有名なカリフォルニアの州立高等教育システムの場合、カリフォルニア大学・カリフォルニア州立大学・コミュニティカレッジという三層のうち、州政府の交付金に依存する度合いが低く、財政的な自立度が高いのは博士課程を持ち、ノーベル賞受賞者をたくさん抱え、研究機能の強いことで知られるバークレイやＵＣＬＡなどの有名キャンパスを持つ、カリフォルニア大学だけです。法人格もこのカリフォルニア大学だけが持っています。学部の上に修士課程だけを置くカリフォルニア州立大学は、運営経費の八割近くを州政府が負担しているのです。州民なら誰でも入学できる「ユニバーサル型」のコミュニティカレッジについては、あらためていうまでもないでしょう。つまり州財政のもとで、三つのタイプの高等教育機関は機能に応じて差異的な扱いを受けていることになります。

わが国の国立大学の間にはもちろん、このような三層の区分やタイプの違いが制度的に設けられているわけではありません。八七校のすべてが独立の法人格を持ち、また規模の大小はあれほとんどの大学に博士課程の大学院が置かれています。しかしだからといってすべての大学が、カリフォルニア大学のような研究大学ではないことは、いうまでもないでしょう。各大学の間に、とくに研究機能の面で実質的に著しい格差がある、いいかえれば公的・私的を問わず研究費を主体とする外部資金の獲得能力に差異があることは、関係者の誰もが知っている現実です。それは、財政面ですべての国立大学法人を一律にあつかうことの妥当性に、疑問を投げかけるものだといってよいでしょう。

これまでみてきた通り、八七の国立大学法人は、財務の面でそれぞれにきわめて「個性的」です。文部科学省の国立大学法人の財務分析は、八つのタイプの大学群を設定して行われていますが、そうした設定を避けがたいものにしている各大学の「個性」が、引き継いだ歴史的な遺産や果たしている役割と不可分の関係にあることも、指摘してきた通りです。しかもそうした「個性的」な大学群を作ってきたのは、明治以来の国家政策であって、それぞれの大学自身ではありません。たとえば、七校だけで運営費交付金の三割近く、科学研究費の四割強を占める旧帝大系の総合大学群も、人件費比率が八割を越え、外部資金の獲得額がきわめて少ない教員養成系の単科大学群も、まさに国家政策の産物なのです。これから行われる財務を中心とした六年間の実績評価にも、それに応じた時期六年間の財政的な措置にも、そうした「個性」に対する十分な配慮が不可欠であることは、いうまでもないでしょう。

このことは、わが国の高等教育システム全体のなかで、教育研究条件の点でも規模の点でも、エリートセクター的な位置を占めている国立大学群に、どのような役割を期待するのかという、わが国の社会と国家にとっての戦略的な課題とも、深く関わっています。国立大学群がその前身校を含めて、これまでもっぱら研究と専門職業人養成の二つの機能を期待されて、発展してきたことは、たとえば学部・研究科の編成にみられる通りです。私立セクターが水準を高め整備されたいまでは、この二つの機能が国立セクターだけのものではなくなっていることは、いうまでもないでしょう。しかし、コストのかかるこの二つが依然として、多額の公的資金の投入を受ける国立セクターの主要な役割であることに変わりはありません。それは裏返せば国立セクターが、急速なマス化の進展にもかかわらず、高等教育機会の開放・平等化という点で、十分な役割を果たしてこなかったことを意味しています。そしてそのことが、国立大学の存在に向けられた政治的社会的に厳しい、批判的なまなざしの大きな理由になっているのです。

しかしだからといって、いまの時点で国立セクターに、カリフォルニアシステムのもとでのコミュニティカレッジのような役割を期待するのは、無理というものでしょう。必要なのは多額の国費の投入によって作り上げられてきた、この国家的な資産ともいうべき特徴的な大学群を、新しい時代と社会の要請に見合うよう、どう活用していくのかを、国家戦略の視点から再検討することだろうと思うのです。国際的な先端科学技術競争の激化だけでなく、専門職業人養成の大学院段階への移行、教員の再免許制にみられるような専門的職業に関わる知識・技術のリフレッシュの必要性、地域貢献を中心とした社会貢献への期待の増大などは、そうした国立セクターの二つの機能に対する、新しい期待の高まりを示唆するものとみてよいでしょう。

新しい時代と社会の要請を考えたとき、一県すくなくとも一校という国立総合ないし複合大学の配置が、県という行政単位を含めて妥当かどうかという問題はひとまずおくとして、地方分散的な国立大学の配置も、きわめて重要な国家の資産のひとつといえるかと思います。ことさらに社会貢献をいわなくても、市民生活と大学との関わりが深くなる一方のいまの時代、総合性が高く、研究や専門職業教育の機能の強い国立大学は、地域社会のなかで、ますますその重要性が増しているとみるべきでしょう。ここでも必要なのはその活用であり、機能の再編や、場合によっては（学部・学科の増設といった）拡充であって、削減や縮小ではないはずです。県や地域単位でみれば国公私立の大学は、総合性の高い国立大学を中心に、たとえば教員の（非常勤講師等による）交流などを通して、一つの人的・知的なネットワークを形作っています。少子化の時代を迎えて大学の再編統合がいわれていますが、国立大学は地域的な再編の一つの核として活用されるべきなのです。

(5)　国家戦略の見直しを

もうひとつ、高等教育における公的資金の投入額とその配分をどうするのかという、最も重要な国家戦略上の問題があります。ＧＤＰ比でみたわが国の高等教育に対する公財政支出が、〇・五％と、欧米先進諸国の一％前後に比べて著しく少ないことは、いまではよく知られています。それをもっと引き上げる必要があるというのは、国公私立を問わず、大学関係者の共通の認識といってよいでしょう。自然資源に乏しいわが国にとって、人的・知的資源の開発は最重要の国家的な政策課題であり、実際にそのことを強調する政治家も少なくありません。にもかかわらずそれが高等教育を含めて、教育に対する公財政支出を増やすべきだという声にならないのは不思議なことといわねばなりません。

ただ、高等教育費についていえば、大学側からの要求が欧米諸国なみの水準にというばかりで、何にどれだけ公的資金の投入額を増やせというのか、具体的な方針や要求額が示されてこなかったのも事実です。最近ようやく私立大学関係団体が、経常費助成の額を倍増して六千億円まで引き上げるべきだ、という具体的な要求を提示して話題になりましたが、財政事情の厳しさばかりがいわれるなかで、もっと具体的な要求の形で増額要求をしていく必要があることは確かです。高等教育への公財政支出が少ないということは、民間資金、というより授業料等の学生納付金という形で、私的・個人的資金が多額に支出されていることを意味しています。実際にGDP比でその額は一%と、公的なそれの二倍にのぼっています。増額が可能であるとしたら、それはなによりもそうした私的な教育費負担の軽減のために、いいかえれば私立セクターのために使われる必要があるでしょう。大学関係者は、国公私の別を超えた視点から、公的財政支出の増加を要求していくべき段階に来ているのではないかと思うのです。

公的財政支出についてはさらに重要な問題として、配分の問題があります。この一〇年ほどの間に公的財政支出について起こったのは、その配分構造の大きな変革であり、変革の基本的な方向は「選択と集中」にあるとみることができます。国際的な経済競争重視の国家戦略のもとで、総枠が厳しく制約されて縮減に向かっている公的資金を、教育よりも研究へ、学部よりも大学院へ、基礎研究よりも応用研究へ、基盤的部分より先端的部分へ、人文・社会系よりも自然系へ、教養教育よりも職業・専門教育へと傾斜をかけ、また重点的に再配分する動きが、着実に強められてきたのがこの一〇年です。しかもその公的資金の配分過程にさまざまな形で、「評価」と「競争」の仕組みが組み込まれていることはご承知の通りです。大学・教員のどちらについても優勝劣敗、「ウイナー・テイク・オール」的な状況が、ますます支配的になり、その結果として大学間だけでなく、学部や教員間の格差構造が顕在化し、強化され始めているのです。

こうした傾斜のかけ方、重点の置き方には、つねにバランスの問題がつきまとっています。とくに、投入する資金の総額を増やさず、配分の仕組みと構造だけを大きく変えるというのは、一方から奪ったものを他方に差し出すことになり、一方の犠牲において他方が富み栄えることになりかねないからです。実際にその傾斜のかかり方をみていると、すでにバランスが大きく崩れ始めていること、それが研究と専門職業人養成に特化してきた国立大学の場合により顕著であることがみてとれます。そしてそれが、ひいては国立と私立のセクター間のバランスの崩れにもつながっていることを、忘れてはならないでしょう。

バランスの崩れは、セクター間だけでなく、大学や部局、さらには学問分野や教員の間にも利害の対立や軋轢、分裂を生む危険性をはらんでいます。国立大学の間では、旧帝大系を中心とした研究重視のひと握りの大学とそれ以外の大学、大学の内部では研究費の獲得に有利な自然系と人文社会系の間で、対立や分裂の兆しがみえ始めています。評価と競争を重視するシステムのもとで、一番大切なのは大学と大学人間の連帯と信頼のはずなのに、いまの資金配分政策は、大学における教育研究活動を強化し活性化するよりも、それを弱体化させ掘り崩す方向に働いているのではないか。国際的な経済競争重視の国家戦略が、高等教育の国家戦略を強く規定しているのが現状ですが、このままでよいのかどうか、国家戦略の全体を反省的に見直すべき時が来ているのではないでしょうか。

参考文献

序　章

阿曽沼明裕『戦後国立大学における研究費補助』多賀出版、二〇〇三年
天野郁夫「国立大学」（清水義弘編『日本の高等教育』第一法規、一九六八年、所収）
天野郁夫『日本の高等教育システム』東京大学出版会、二〇〇三年
天野郁夫『大学改革の社会学』玉川大学出版部、二〇〇六年
永井道雄『大学の可能性―実験大学公社案』中央公論社、一九六九年
ＯＥＣＤ教育調査団、深代惇郎訳『日本の教育政策』朝日新聞社、一九七二年

第1章

阿曽沼明裕『戦後国立大学における研究費補助』多賀出版、二〇〇三年
天野郁夫『日本の高等教育システム』東京大学出版会、二〇〇三年
大崎仁編『戦後大学史』第一法規、一九八八年
海後宗臣・寺﨑昌男『大学教育　戦後日本の教育改革9』東京大学出版会、一九六九年

神山正『国立学校特別会計制度史考』文教ニュース社、一九九五年
教育事情研究会編『中央教育審議会答申総覧（増補版）』ぎょうせい、一九九二年
国立学校特別会計研究会編著『国立学校特別会計三十年のあゆみ』第一法規、一九九四年
国立大学等の独立行政法人化に関する調査検討会議『新しい「国立大学像」について』二〇〇二年
佐藤憲三『国立大学財政制度史考』第一法規、一九六四年
寺﨑昌男『増補版　日本における大学自治制度の成立』評論社、二〇〇〇年
東京大学『東京大学百年史』通史1、通史2、通史3、一九八五年
日本近代教育史料研究会編『教育刷新委員会・教育刷新審議会会議録』岩波書店、一九九八年
文部省『わが国の高等教育』一九六四年
臨時教育審議会「教育改革に関する第三次答申」一九八八年
蝋山政道編『大学制度の再検討』民主教育協会、一九六二年

第2章

天野郁夫「国立大学の財政制度—歴史的展望—」（『国立大学の財政・財務に関する総合的研究』国立学校財務センター研究報告、第八号、二〇〇三年一二月、所収）
『国立大学における資金の獲得・配分・利用状況に関する全国調査　中間報告』国立大学財務・経営センター、二〇〇四年
『国立大学における資金の獲得・配分・利用状況に関する総合的研究』（国立大学財務・経営センター研究報告、第九号）

二〇〇五年
『国立大学法人経営ハンドブック』国立大学財務・経営センター、二〇〇四年
「予算参照書」文部科学省、二〇〇一年

第3章

『大学＝地域交流の課題―国立大学教員調査の結果から―』（国立学校財務センター研究報告、第三号）一九九九年
『国立大学における資金の獲得・配分・利用状況に関する総合的研究』（国立大学財務・経営センター研究報告、第九号）二〇〇五年

第4章

『国立大学法人の財務・経営の実態に関する総合的研究』（平成一五～一八年度日本学術振興会科学研究費補助金最終報告書）

第5章

天野郁夫『日本の高等教育システム』東京大学出版会、二〇〇三年
海後宗臣・寺﨑昌男『大学教育　戦後日本の教育改革9』東京大学出版会、一九六九年
学校教育研究所『新日本教育年記』第1巻、第2巻、一九六六年
黒羽亮一『戦後大学政策の展開』玉川大学出版部、一九九三年

高等教育研究会編『大学審議会全二八答申・報告集―大学審議会十四年の活動の奇跡と大学改革―』ぎょうせい、二〇〇二年
大学基準協会編『大学基準協会十年史』一九五七年A
大学基準協会編『大学基準協会創立十年記念論文集　新制大学の諸問題』一九五七年B
大学設置審議会大学設置計画分科会「昭和61年以降の高等教育の計画的整備について」一九八四年
中央教育審議会「大学の質の保証に係る新たなシステムの構築について・大学院における高度専門職業人養成について・法科大学院の設置基準等について（答申）」二〇〇二年
中山茂『アメリカ大学への旅』リクルート出版、一九八八年
日本近代教育資料研究会編『教育刷新委員会・教育刷新審議会会議録』第一三巻、岩波書店、一九九八年
法律時報・法学セミナー編集部編『法律時報増刊　シリーズ司法改革Ⅰ　法制養成・ロースクール構想』日本評論社、二〇〇〇年
文部省大学局「高等教育の計画的整備について―昭和50年度高度教育懇談会―」一九七六年
横浜国立大学現代高等教育研究所編『増補　中教審と教育改革』三一書房、一九七三年

終　章

マーチン・トロウ、天野郁夫・喜多村和之訳『高学歴社会の大学』東京大学出版会、一九七六年
マーチン・トロウ、喜多村和之監訳『高度情報社会の大学』玉川大学出版部、二〇〇〇年

あとがき

振り返ってみれば、国立大学にはずいぶんお世話になった。最初に入学した大学も、再入学した大学も国立で、都合一一年間教育してもらった。職業生活の方は、最初の五年間こそ研究所（といっても国立）だったが、二五年間を二つの国立大学で過ごして定年を迎えた。私立大学からの誘いもあったが、ここまできたら国立大学と関わりのある仕事の方が、筋が通るのではないかという思いもあって、国立大学財務・経営センター（当時は国立学校財務センター）研究部に採用していただいた。センターに籍を置くようになったのは一九九六年の春である。

こじんまりしたそのセンターを研究者人生の最後の宿り場に、ゆっくり研究三昧の生活を送れるはずだった。ところが行財政改革とのからみで、その年の秋には早くも国立大学の法人化の議論が浮上し、九八年末には、五年後の法人化が事実上決まってしまった。それとともに、センターの性格も急速に変化し、たとえば法人化をめぐる諸外国の動向と現実、法人化に伴う財務・経営問題への対応などが、研究部にとっての重要な調査研究上の課題として浮上してきた。結局、法人化の実施に前後する一〇年間を、国立大学と切り離せぬ関係にある、国立大学に対するサービス機関ともいうべきセンターで、心忙しく過ごすことになった。

大学の問題を研究の主要なテーマのひとつとし、しかも人生の大部分を国立大学で過ごしてきたのだから、国立大学の現実について一応の経験と情報は持っているつもりだった。しかしセンターで、あらためて国立大学の、とくに財政・財務関連の問題に取り組んでみると、たちまち自分の無知と情報の乏しさを痛感させられることになった。法人化後のいまこそ、毎年度の実績報告や財務諸表を含めて、国立大学の情報の発信量は急増したが、それ以前には、国立大学関連のとくに管理運営や財務の実態について、公開された資料もデータも皆無に等しかったのである。研究は、最も基本的な情報やデータを集める、というより作ることから始めなければならなかった。情報や資料の公開を原則とする法人化がなかったら、国立大学（ひいては大学全体）の情報の面での「鎖国」状態は、さらに続いたに違いない。

研究上の問題はそれだけではなかった。最初の大学では一応経済学を四年間勉強し、財政や会計、経営などについて入門的な授業を聞いて卒業したことになっている。しかしそれは半世紀も前のことである。それだけでなく再入学後は社会学や教育学に転向し、仕事の方ももっぱら教育学関連の分野でしてきたのだから、財政も、財務や経営もまったくの素人に等しい。といって、あらためて本格的に経営学や会計学を勉強し直すだけの能力も体力もない。途方にくれる思いだったが、それでも同僚や研究者仲間に恵まれ、共同研究や調査に参加している間に、門前の小僧よろしくこの領域の専門用語にも耳が慣れ、国立大学の財政や財務の問題について自分なりに理解が深まった。本書に収めたのはそうした問題関心の産物であり、センターで仕事をさせていただいた一〇年間の総決算、出来がよいとはいえないが卒業論文のようなものである。

いまになって考えてみれば、センターは国立大学の法人化の問題を、研究者の目で捉えるには絶好の位置を占めていた。国立大学とも文部科学省とも、つかず離れずのほどよい距離にあり、しかも研究部といってもごく小規模の、国立大学の施設整備のための資金調達というセンター本来の業務からすれば付随的な、目立たない存在だったからである。専任スタッフわずか数名のその研究部では、部外の研究者や関係者の協力を得て、いくつかの調査研究プロジェクトを進めることで、法人化の具体化の作業に中立的な立場から、若干の寄与をすることができたのではないかと思っている。収録した論文のほとんどは、そうして共同研究の成果を踏まえたものにほかならない。

なお、各章のもとになった論文と講演記録の初出は、次の通りである。

序　章「国立大学論――格差構造と法人化」『大学財務経営研究』第三号（二〇〇六年）（国立大学財務・経営センター）

第1章「国立大学の財政制度――歴史的展望」『国立大学の財政・財務に関する総合的研究』（国立学校財務センター研究報告、第八号、二〇〇三年）

第2章「国立大学の財政と財務――法人化前夜」『大学財務経営研究』第一号（二〇〇五年）

第3章「国立大学の法人化――現状と課題」『名古屋高等教育研究』第六号（二〇〇六年）（名古屋大学高等教育研究センター）

第4章「国立大学法人の現実と課題」『大学財政財務研究』第四号（二〇〇七年）

第5章「専門職業教育と大学院政策」『大学財務経営研究』第一号（二〇〇四年）

終　章「国立大学法人の現実と課題」『二一世紀フォーラム』No.106（二〇〇七年）（財団法人政策科学研究所）

最後になったが、本書は私のこれまでのどの本よりも、多くの方々のお力添えの産物である。

文句ばかり多い高年齢の研究者を、寛容に処遇をしてくださったセンターの大崎仁・前所長、研究部の同僚として知的な刺激を与え、また共同研究者として協力してくださった市川昭午名誉教授・山本清教授・丸山文裕教授・島一則助教授、客員の矢野真和教授（東京大学・昭和女子大学）・金子元久教授（東京大学）・小林雅之教授（東京大学）、多数にのぼるためお名前は挙げないが共同研究者の若い世代のメンバーの方々、面倒な調査に協力してくださった学長をはじめとする国立大学関係者の皆さん、それになによりも本書の刊行を快く引き受け、内容を含めて的確な指摘をしてくださった東信堂の下田勝司社長、編集担当の二宮義隆さんに、心より感謝の意を表したい。

二〇〇八年初春

著　者

著者紹介

天野郁夫（あまの いくお）

東京大学名誉教授。

1936年神奈川県生まれ。一橋大学経済学部卒業。東京大学大学院教育学研究科博士課程修了。教育社会学・高等教育論専攻。名古屋大学教育学部助教授、東京大学教育学部教授を経て、国立大学財務・経営センター教授を歴任。

主要著作

『試験の社会史』（東京大学出版会、1983年、サントリー学芸賞）
（現在は、平凡社ライブラリー、2007年）
『高等教育の日本的構造』（玉川大学出版部、1986年）
『大学―試練の時代』（東京大学出版会、1988年）
『近代日本高等教育研究』（玉川大学出版部、1989年）
『大学―変革の時代』（東京大学出版会、1994年）
『日本の教育システム』（東京大学出版会、1996年）
『教育と近代化』（玉川大学出版部、1997年）
『大学―挑戦の時代』（東京大学出版会、1999年）
『大学改革のゆくえ』（玉川大学出版部、2001年）
『日本の高等教育システム』（東京大学出版会、2003年）
『大学改革』（東京大学出版会、2004年）
『学歴の社会史』（平凡社ライブラリー、2005年）
『教育と選抜の社会史』（ちくま学芸文庫、2006年）
『大学改革の社会学』（玉川大学出版部、2006年）、ほか

国立大学・法人化の行方――自立と格差のはざまで

2008年4月20日　初　版第1刷発行　〔検印省略〕
2008年8月10日　初　版第3刷発行　定価はカバーに表示してあります。

著者Ⓒ天野郁夫／発行者 下田勝司　装幀 桂川潤　印刷・製本 中央精版印刷

東京都文京区向丘1-20-6　郵便振替00110-6-37828
〒113-0023　TEL（03）3818-5521　FAX（03）3818-5514　発行所 株式会社 東信堂
Published by TOSHINDO PUBLISHING CO., LTD.
1-20-6, Mukougaoka, Bunkyo-ku, Tokyo, 113-0023, Japan
E-mail : tk203444@fsinet.or.jp http://www.toshindo-pub.com

ISBN978-4-88713-820-9 C3037